조선 후기
훈민정음 연구의
역사적 변천

조선 후기 훈민정음 연구의 역사적 변천

이상혁

도서출판 역락

머리말

어렸을 때의 기억이 있다. 우리 문자는 어떻게 만들어졌을까? 그리고 그 원리는 무엇이었을까? 왜 인류의 수많은 민족은 서로 다른 말과 문자를 사용할까? 그러한 의문이 대학에 들어오면서 어느 정도 풀리게 되었지만, 국어국문학도로서만 만족할 수 없는 지적 호기심과 욕구가 아마도 학문의 길에 접어들게 한 계기가 된 듯 싶다.

대학원에 들어와 한동안 서양 언어학 이론에 빠져 보면서, 그 정합적이고 논리적인 모델에 대하여 감탄하고 경이로워했던 기억이 있다. 필자뿐만이 아니라 그러한 서양의 언어학 이론이 국어학에서 어떻게 적용될 수 있는가 하는 문제를 고민해 보지 않은 국어 연구자는 거의 없을 것이다. 필자 역시 마찬가지였으나, 그 서양 이론에 대한 추종이 오히려 왠지 모르게 나의 학문적 연구를 위축시킨다는 편견(?)에 이르게 하였고, 역설적으로 나 자신이 공시적 언어학 이론을 확대 재생산해 낼 수 있는 역량을 지닌 사람인가 하는 회의를 품게 하는 이유가 되었다.

자연스럽게 필자는 서양 이론에 의존하지 않는 국어학의 영역을 탐색해 보고 싶었고, 그 와중에 예전부터 관심을 가졌던 우리 고유의 문자 '훈민정음'에 대한 진지한 탐색을 하기 시작했다. 그래서 박사 논문을 '훈민정음'이라는 주제로 쓰게 된 셈인데, 그러한 연구 계획을 하기 전에 필자는 보편적 '언어학사' 안에서 개별적 '국어학사'는 어떻게 그 위치를 잡을 수 있을까 하는 전제에 대한 고민을 하지 않을 수 없었다. 결국 개별 언어학사로서의 국어학사에서 그 서술 대상 중 가장 긴요하다고 생각한 것은

'훈민정음' 연구의 역사적 흐름이었다.

　　그래서 15세기에 만들어진 우리의 문자, 훈민정음이 그 이후 어떻게 많은 연구자들에 의해 새롭게 인식되었는지에 대한 관심을 갖았으며, 그 결과 '조선 후기'에 '조선 전기(중세국어)'의 훈민정음은 어떻게 수용되고 이해되었는가 하는 점에 대하여 천착하게 되었다. 1940년, 『훈민정음』 원본이 발견된 이후에 '훈민정음'에 대한 연구는 활발하게 이루어졌으나, 상대적으로 '조선 전기'에 창제된 훈민정음에 대한 '조선 후기' 연구자들의 수용 태도과 그 의식에 대한 논의가 충분하지 않다는 데서 "조선 후기 훈민정음 연구의 역사적 변천"이란 주제로 글을 쓰게 된 것이다.

　　기존의 국어학사가 시대별 통사 중심의 서술이라면 이번에 출간되는 이 책에서는 특정 주제 중심의 국어학사 서술이다. 다시 말하면 주제가 우선하고 그 주제 안에서 시대별 연구 및 연구자를 재해석하고 평가하며, 그 의의를 찾고자 모색된 연구 성과다. 따라서 각각의 세부 주제를 한데 묶어 주는 것이 문자로서의 '훈민정음'이라는 상위 주제이고, 그것을 조선 후기의 시대별 연구자 중심으로 논의해 본 것이 이 글의 기본적인 골격이다.

　　책을 내면서 앞으로도 이 연구에서 다루지 못한, '훈민정음'에 대한 다양한 논의를 전면적이고 총체적으로 해야 한다는 의무감이 앞선다. 그리고 '훈민정음'이라는 우리 고유 문자에 대한 '세계화'가 필자가 짐작한 것보다 턱없이 부족한 현실을 보면서 세계 속에서 우리 문자가 나아가야 할 길을 모색하는 자기 반성의 기회를 이번에 갖게 되었음을 밝힌다.

　　박사 논문으로 쓴 글을 다시 읽어보고 정리하다 보니, 국어학 연구자답지 못한 문장, 어휘 표현, 지나친 한자 노출 등이 눈에 거슬렸고 부끄러웠다. 그리고 부족한 논의를 더욱더 보충하고 수정하면서 보다 더 나은 연구가 되도록 도모했어야 했지만, 만족스럽게 그리 되지 못한 점 역시 필자가 책임을 져야 할 몫이다. 여러 선생님들의 많은 조언과 질정을 부탁드린다.

　　아무래도 잊을 수 없는 분들이 있다. 부족한 필자의 논문을 심사할 때, 성심성의껏 많은 지적해 주신 심사위원들이 그 분들이다. 고려대학교에 입학해서 학부와 석사 과정에서 지도를 아끼지 않으셨던 약천 김민수 선생님, 그리고 먼 길 마다하지 않으시고 대구에서 올라오셔서 부족한 논문을 지적해 주신 영남대 유창균 선생님, 엷은 미소 속에 날카로운 지적을 해 주신 서울대 이병근 선생님, 그리고 가장 가까운 곳에서 항상 꾸지람을 해 주시는 홍종선 선생님, 그리고 박사 논문을 지도해 주시면서 앞으로 필자가 견지해야 할 학문적 태도를 일깨워 주신 지도 교수 솔미 정광 선생님께 지면을 통해 감사의 말씀을 전한다.

　아울러 항상 주위에서 비판적인 학문적 조언자로 많은 도움을 주고 있는 선후배 동학들께도 고마움을 전한다. 그리고 특별히 잘나지도 못한 필자에게 이렇게 책을 내기까지 항상 격려와 애정을 보내준 사랑하는 부모님, 친지, 가족 모두에게 고마운 마음을 표하고 싶다.

　끝으로 어려운 출판 사정에도 불구하고 흔쾌히 책을 만들어 주신 도서출판 역락의 이대현 사장님과 그리고 출판·인쇄를 위해 힘써 주신 편집장님 이하 여러분들께 심심한 사의를 표한다.

2004년 2월
안암동 개운산 산허리에서
이상혁

차 례

제1부

서 론

1 연구 목적 및 방법

1.1 연구 목적

이 글은 국어학사의 입장에서 조선 후기[1] 훈민정음 연구의[2] 변천을 국어 의식, 특히 문자 의식을[3] 통해서 고찰하는 데에 그 목적을 둔다. 지금까지 국어학사의 기술은 국어학 문헌에 대한 해제 및 실증적 연구라는 측면에서 큰 성과를 거두어 온 것이 사실이다. 국어학적 가치가 있다고 판단되는 여러 문헌에 대한 서지학적 해제는[4] 국어학사 기술의 밑바탕이 되었으며 그것을 바탕으로 한 그 문헌에 대한 실증적 연구는 과거의 연구자들이 이루어 놓은 업적에 대한 정확한 분석을 보여 주었

---

1) 이 논문에서는 조선후기라는 용어를 일관되게 사용하였다. 기존의 국어학사에서는 실학 시대라고 일컬어지는 시기를 말한다. 그 구체적인 시기는 李晬光의 『芝峰類說』(1614)에서 權靖善의 『正音宗訓』(1906), 『音經』에 이르는 기간으로 설정하였다. 따라서 17C에서 20C 초에 이르는 시기가 된다. 그러나 權靖善의 문헌의 경우는 시기상으로 볼 때 엄밀히 말해서 조선후기에 해당하지 않는다. 그러나 이 문헌이 17C~19C의 여러 다른 문헌과 그 성격 상 비슷한 이유로 조선후기에 넣기로 한다.
2) 이 글에서 언급하고자 하는 훈민정음 연구는 문헌으로서의 『訓民正音』에 대한 연구이라기 보다는 문자로서의 '訓民正音'에 대한 연구를 가리킨다.
3) 국어 의식, 문자 의식이라는 개념은 본론 서두에서 자세히 다루기로 한다.
4) 이 분야의 연구사는 徐鍾學(1990)의 "文獻 및 註釋."(「國語研究 어디까지 왔나」(서울大學校 大學院 國語研究會編), 서울:東亞出版社)을 참고할 것.

다.

국어학의 연구 분야는 일반적으로 공시적 연구 분야와 통시적 연구 분야로 대별된다. 이 중에서 후자의 경우는 크게 국어사와 국어학사라는 두 영역이 하위 분야를 이룬다. 이 가운데 국어사 연구는 주어진 언어 자료를 통해 국어의 변천 양상을 회고적 방법 내지는 전망적 방법으로 연구하는 분야이기5) 때문에 통시적 국어 연구에서 순수 국어학의 범주에 들어 갈 수 있는 분야이다. 그러나 국어학사의 연구에서는 단순히 국어학적 자료만으로 그 역사적 흐름을 파악하기에 다소 무리가 따른다. 왜냐하면 국어학사 분야에서 특정한 시기의 모든 국어학적 내용을 하나도 빠짐없이 모두 다룰 수는 없기 때문이다. 즉 모든 국어학의 연구 성과에 대하여 가치 평가의 우선 순위를 두어 버릴 것은 버리고 취할 것은 취해서 역사적 흐름 속에서 재배열하고 재해석할 수밖에 없다. 그러므로 국어학사는 단순한 역사적 사실에 대하여 실증적 분석뿐만이 아니라, 현재의 관점에서 새로운 역사적 해석 내지는 평가까지도 떠안고 있는 분야라고 할 수 있겠다.

그런데 국어학사의 영역에서는 국어학사의 개념을 어떻게 잡을 것인가 하는 문제와 관련하여 연구의 목적과 범위가 달라질 수 있으며, 서술 방법에 따라서 국어학사의 서술은 전혀 다른 각도에서 접근될 수 있다. 이 점에 주목하여 이 논문에서는 지금까지 연구된 국어학사의 기존 성과를 바탕으로 하여 민족이라는 개념이 당대 연구자들에게 서서히 인식되기 시작한 조선 후기를6) 그 서술의 시대로 삼았다. 그리하여 '국어 의식사'라는 국어학사의 한 측면을 부각시켜 당대의 국어학적 성과 중에서 문자와 관련된 연구자들의 의식을 새롭게 재해석하고 그 역사적 의

---

5) 박병채(1989), 『국어발달사』, pp19~20. 참조.
6) 임진왜란과 병자호란이라는 국가적 위기를 경험한 조선은 이 시기에 들어오면서 자기 정체성을 찾고자 국학에 큰 관심을 두게 되었다. 그런 과정에서 제 민족에 대한 실체를 인식하고 자각하는 기운이 일었다.

의를 밝혀보고자 한다.

따라서 이 논문의 목적과 관련하여 아래와 같은 몇 가지를 구체적으로 해명하고자 한다. 우선, 이 시기의 국어학적 업적에 대한 검토를 통하여 당대 연구자들의 국어 의식, 특히 문자 의식의 양상은 그들의 국어학적 연구 성과에서 어떻게 나타나고 있는가 하는 점을 밝힐 것이다. '국어 의식', 특히 '문자 의식'이라는 개념을 도입하여 서술하고 해석하려 하는 것은 조선 후기라는 시대가 현재의 관점에서 바라볼 때는 학문적 엄밀성과 독립성이 상대적으로 결여되어 있다는 사실에서 출발한다. 그것은 곧 조선 후기의 성운학적 연구 중심에서 부분적으로 드러나는 순수 국어학적 연구들을 이 시대의 국어학사의 기술에서 보다 적극적인 태도로 끌어안으려는 의도와도 맞물린다.

따라서, 새롭게 설정된 '국어 의식', '문자 의식'이라는 요소를 국어학사의 기술에서 중요한 방법론적 기제로 끌어올릴 수 있는 설정 근거를 제시하고 그것의 개념화를 시도해 보고자 한다. 이 중 '국어 의식'이라는 개념은 기존의 국어학사 기술에서 언급되지 않은 바는 아니다. 그러나 주로 고대 국어학, 즉 훈민정음이 창제되기 이전의 국어학에서 국어학적 업적이 그 내용상 빈약했던 시기에 제시되었던 것이다. 그러나 이 글은 그 목적과 연구 방향이 과거의 국어 현상 자체를 연구하는 국어사의 관점에서 논의되는 것이 아니다. 그렇다고 조선 후기의 국어학적 성과나 업적을 실증적으로만 나열하는 국어학사의 관점도 아니다. 그렇기 때문에, 이 논문에서 언급하고자 하는 '국어 의식', 혹은 '문자 의식' 은 그 나름대로 조선 후기 국어학사를 기술하는 데 있어 중요한 변인이 될 수 있다고 생각한다.

둘째, 조선 후기의 국어 의식, 특히 문자 의식을 규명하기 위하여, 그 구체적 연구 대상을 훈민정음이라는 문자 체계에 주목하고자 한다. 특별히 훈민정음을 통해 당시의 국어 의식 내지는 문자 의식을 살펴보려는 것은 조선 전기에 창제된 훈민정음 문자에 대한 의식이 조선 후기로 오면서 어떻게 수용되고 변형되었는지를 보기 위함이다. 이 시대는 조선 전기에 창제된 훈민정음에 대한 다양한 견해들이 있었으며 조선 후기에 훈민정음에 대한 관심은 그 무엇보다도 특별한 것이었기 때문이다.

그 견해들은 우선 훈민정음에 대한 정음 일반 의식, 명칭 의식, 통용 의식, 기원 의식, 제자 원리로서의 상형 의식으로 나뉘어질 수 있는 거시적 국어 의식이 있다. 그리고 훈민정음이라는 문자의 초성, 중성, 종성, 자모 배렬 등에 대한 당대 연구자들의 미시적 국어 의식도 존재했었다. 그러한 의식들은 획일화된 의식이 아닐 뿐더러 당대 연구자들의 관점에 따라서 다양하게 전개되었다는 점에 주목하여 그 다양성을 주제별로 살펴볼 것이다.

셋째, 당대 각 연구자들의 국어 의식에 대한 체계화를 바탕으로 연구자 서로 간의 학문적 관련성 여부를 통시적으로 구명하고자 한다. 즉, 이 시대의 국어학사의 기술과 관련하여 많은 기존 연구의 성과는 주로 당시의 학자들의 업적을 개별적으로 제시하는 데에 그 연구의 초점이 맞추어 있기 때문이다. 이러한 점을 지양하고 조선 전기와 후기를 상호 대조하고 비교함으로써 훈민정음에 대한 연구가 어떻게 변천하였는가를 밝히려고 한다. 이 시대의 학적 전통에 대한 흐름을 통시적으로 체계화하려는 것은 단순히 조선 후기 국어학적 연구의 계보를 작성하고자 하는 차원만이 아니다. 오히려 과학으로서의 국어학이라는 개념이 정립되어 있지 못하다고 평가받는 당대 국어학적 연구의 양상을 좀더 다른 각도로 인식해 보고자 하는 의도를 내포하고 있다.

결국 이 논문은 조선 후기 시대의 국어학사 기술이면서 구체적으로는 문자 의식 중심의 국어학사 기술이다. 그 기술이 겉으로 드러난 당대의 업적에 대한 이해만을 의미하지는 않는다. 따라서 조선 후기 시대의 연구 성과와 업적을 바탕으로 '언어 의식(국어 의식)'의 흐름을 훈민정음 연구의 변천과 연관지어 문자 의식을 중심으로 설명해 보고자 하는 것이다. 따라서 이 글은 "조선후기 국어 의식에 대한 통시적 일면"이라는 의의를 지닌다.

1.2 연구 방법

본 연구와 관련하여 조선 후기 국어학사의 서술 방법을 몇 가지로 살펴보고자 한다.

첫째로 국어 의식을 조선 후기 국어학사 서술의 필수적 조건으로 제시해야 한다는 점이다. 기존의 연구가 의식사를 아예 배제했거나, 부수적인 측면에서 다루어 왔다면 앞으로의 국어학사 서술에서는 국어에 대한 사상, 신념, 태도, 철학 따위를 포괄하는 국어 의식사로서의 국어학 연구사가 되어야 한다. 그러한 관점에 입각한다면 아래와 같은 도식이 가능하리라 생각된다.

고대 국어	‖	중세·근세 국어	‖	근대계몽기 이후
의식사	‖	의식사	‖	의식사
		문헌사	‖	문헌사
		연구업적사	‖	연구업적사

이 도식에서 알 수 있듯이 의식사는 각 시기마다 반드시 들어가게 되며 개화기 이후 학문(과학)으로서의 국어학은 연구 업적사의 영역에

포함된다. 물론 이 연구 업적사는 체계로서의 국어학-서양식 학문 체계의 성립-에 속하는 대상에 대한 서술이며 체계로서의 국어학이 그 이전까지 소급될 수 있다면 연구 업적사의 시기는 앞당겨질 수 있다. 예컨대 조선 전기의 『訓民正音』과 같은 문헌은 대표적인 연구업적사의 대상에 해당할 수 있다. 그리고 조선 후기의 문헌 중 『訓民正音韻解』, 『諺文志』 등도 그 문헌의 성격상 연구 업적사의 대상으로 이해된다.

또한 국어 연구와 관련된 문헌이 역사상 가치를 지닐 때 그 문헌은 의식사와 연구 업적사와는 구별되는 그 나름의 독자성을 띨 수도 있다. 즉, 문헌의 서지적 측면과 그 문헌이 가지는 시대적 의미를 국어학사의 한 하위 분야로 서술하는 것이 가능하다. 그런데 기존의 국어학사는 고대 국어는 의식사 중심, 중세·근세 국어는 주로 문헌사 중심, 그리고 개화기 이후는 연구 업적사 중심의 국어학사 서술 내용의 양상을 취해 왔다. 따라서 의식사가 필수적으로 각 시기에 전제 요소가 되지 못하는 통시적 틀이었다고 생각한다. 그러나 앞으로는 각 시기의 국어학사 서술은 과거의 연구 업적사 중심의 국어학사가 아닌 새로운 국어학사의 하위 영역을 아래와 같이 파악해 볼 수 있다.

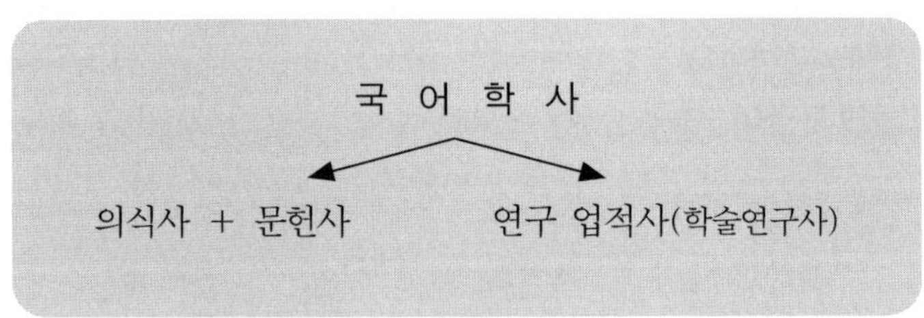

이러한 입장은 한편으로 金敏洙(1980), 兪昌均(1995)과 유사한 견해를 취하는 것이지만 다른 한편으로는 그것을 보완하는 의미를 지닌다. 즉 국어 의식을 국어학사의 서술 내용으로 삼는다는 면에서는 동일하지

만, 金敏洙(1980)에서 언어 의식을 국어학사의 연구 대상으로 채택한 것은 당대 연구자들의 실증적 연구가 거의 부재한 시기의 국어학사에 대한 자리메움의 의미를 지닌다. 만약에 근대계몽기 이전, 특히 고대 국어의 시기에 과학으로서의 국어학 연구 업적이 존재했다면 金敏洙(1980)의 관점에서는 서술 대상에서 국어 의식이 차지하는 비중이 매우 작았을지도 모를 일이다. 실제로 金敏洙(1980)에서 근대계몽기 이후의 국어학사 서술은 상대적으로 국어 의식사의 성격이 중심적인 내용으로 자리 잡고 있지 않다는 점에서 그 증거를 찾을 수 있다.

그러나 이 글에서는 생각을 달리한다. 즉, 국어에 대한 의식은 근대계몽기 이전이나 그 후나 언제나 국어학사 기술에 있어 전제 조건이자 필수 조건이어야 한다는 점을 강조하고 싶다. 그 국어 의식, 모어 의식은 단순히 특정한 시기에 특정한 개인에 의하여 구체화된 견해나 사고이기도 하겠지만 인간이 특정한 언어를 운용하면서 보편적으로 인식한 내지는 당대의 일반적 언어 의식으로도 간주될 수도 있기 때문이다. 따라서 국어학사에서 의식사의 서술은 체계적인 연구 업적이 거의 존재하기 않았던 시기에 단순히 그것을 보완해 주는 성격을 지니는 것이 아니라 그 시대의 국어 의식(이 글에서는 문자 의식)을 살필 수 있는 국어학사의 또다른 주된 내용이 될 수 있다.

그런 의미에서 李秉根(1995)에서 시사하는 바는 크다. 李秉根(1995)에서는 일관적이지 못한 국어학사 서술에 대한 문제점을 제기하고 있다. 즉 고대(삼국시대~고려통일) 및 중세전기(고려통일~훈민정음 창제)까지는 소위 민간 언어학(folk linguistics)의 시기인데 이 시기를 서술할 때는 문자 의식과 문법 의식 따위를 포함하여 국어학사를 서술하였으면서도, 중세 후기 이후부터는 부분적이든 체계적이든 연구사를 중심으로 국어학사가 이루어지고 의식사는 제외된 점을 지적하고 있다. 따라서 국어학사 전체에 걸쳐 국어 의식의 변천과 학술 연구사를 함께 일관성

있게 서술하던가 아니면 학술 연구사만을 따로 서술해야 함을 강조하였다. 따라서 이런 문제 제기와 관련하여 이 글에서는 국어 의식이라는 요소를 조선 후기 국어학사의 서술 대상으로 삼고자 하는 것이다.

국어학사의 정의에 대하여 앞절에서도 살펴본 바와 같이 연구자마다 관점이 약간씩 다름을 알 수 있다. 그런데 일반적으로 국어학사에 대한 정의는 두 부류로 나뉘어질 수 있다. 한 부류는 주로 '학술연구사', 혹은 '연구업적사'의 관점으로만 제한하여 국어학사를 정의하려는 입장이고, 다른 한 부류는 국어 연구와 관련하여 '학문사'로서의 국어학사가 아닌 '의식사'로서의 국어학사를 파악하려는 입장이다.

필자는 이 두 부류 중에서 조선 후기 국어학사의 서술을 위해서는 후자의 입장과 견해를 같이 하고자 한다. '의식사'로서의 국어학사의 서술이 '학술연구사'의 입장에서 언급되기 어려운 시기, 즉 근대계몽기 이전의 모든 시기의 국어학사 서술을 위한 자리메움의 성격이 아니라 고대부터 현대에 이르기까지 전면적인 '의식사'로서의 국어학사가 되어야 한다고 생각한다. 따라서 국어에 대한 의식은 근대계몽기 이전 이후를 막론하고 국어학사의 기술에서 전제 조건이자 필수 조건이어야 한다[7]. 이러한 입장은 독립된 언어학이 성립되지 않았던 시기의 언어학사의 서술에서도 일반적 경향이다.

둘째, 이 글의 연구 방법과 관련하여 국어학사의 서술 대상(연구 내용)의 영역을 좀더 확대하려고 한다. 기존의 국어학사에서 '국어 의식'이라는 서술 내용을 담고 있는 연구는 金敏洙(1980)와 兪昌均(1995) 뿐이다. 그런데 이 두 연구의 서술에서도 '국어 의식'은 체계적인 학문으로서의 국어학이 존재하지 않았던 시기에 국어학사의 기점을 최대한 소급하려는 경향과 맞물려 기술되고 있다. 그러나 필자는 그러한 관점에서 더

---

7) 이상혁(1996). "국어학사의 서술과 관련된 몇 가지 문제.", 「어문논집」(고려대)35. p.145.

욱 발전하여 '국어 의식'이 국어학사에서 '국어 의식사'라는 하위 분야로 기술되어야 한다고 생각한다.

그렇다면 국어학사에서 제기한 조선 후기 '국어 의식'의 구체적인 서술 대상이 무엇이 될 수 있을 것인가? 이 물음에 대한 답을 제시하기 위해서 먼저 우리는 '국어 의식'이라는 개념에 대하여 정의할 필요가 있다.

이 글에서는 '국어 의식'을 국어와 국어 연구에서 연구자들이 인식한, 우리말글에 대한 일체의 사고 양상을 말한다. 그러한 '국어 의식'은 크게 거시적인 국어 의식과 미시적인 국어 의식으로 나뉠 수 있다. 전자의 경우는 당대 연구자들이 인식한 우리말글 전반에 걸친 일반론적 국어 의식이며, 후자의 경우는 연구자들이 남긴 국어학적 업적에서 드러나는 우리말글에 대한 개별적 국어 의식이다.

이렇게 국어 의식을 조선 후기 시대 국어학사의 서술 대상으로 삼는 것은 그 나름의 의의가 있다. 우선 이 시대가 체계적인 국어학으로서의 학문이 아직 성립된 시기가 아니다. 따라서 당대 연구자들의 다양한 국어학적 의식이나 업적을 '연구사, 학문사'의 입장에서 서술하기에는 무리가 있다. 이 점에 주목하여 이 시대의 국어학사의 서술을 '의식사'의 입장에서 서술하는 것도 타당하다고 생각한다.

셋째, 국어학사의 서술 방법은 당대 연구자들에 대한 시대별 업적 중심적 서술도 중요하겠으나, 주제별 중심의 서술도 이루어져야 한다. 우선 기존의 국어학사에서는 보면 대체로 연도순에 초점을 맞추어 연구자와 그 업적을 연대기적으로 나열하는 서술 방법을 보이고 있다. 그러나 조선 전기와의 비교론적 시각으로 조선 후기 국어학사를 서술한다면 주제별 중심의 관점이 더 필요하리라 생각된다. 조선 전기에 창제된 훈민정음이라는 문자 체계가 조선 후기에 오면서 어떻게 다양하게 해석되고 인식되느냐 하는 점은 훈민정음에 대한 조선 후기 연구자들의 경향을 주제별 서술에서 더욱 분명하게 제시될 수 있을 것이다.

또한 당대 연구자들의 연구 업적에 대하여 비교론적 시각에서 현재
적 재평가가 이루어져야 한다. 기존의 국어학사에서는 연구자들의 업적
에 대하여 실증적으로 분석하고 그 업적에 대한 의의를 시대별로 객관
적으로 서술하는 데 치중하고 있다. 그러나 이 글에서는 선학들의 실증
성을 바탕으로 당대 연구자들의 '국어 의식-문자 의식'이 왜 그렇게 전개
되었는가 하는 점에 초점을 맞추어 조선 전기와 후기의 비교를 통한 재
평가(재해석)하고자 한다. 예컨대 조선 후기에 이러한 연구들이 있었고
그것은 이러한 의의를 지닌다는 식의 서술보다는 현대의 시각에서 볼
때 그 시대의 연구가 조선 후기라는 시대적 한계에도 불구하고 다음 시
대, 그 이전 시대와 어떤 고리를 형성하고 있다는 식으로 서술을 해 나
가고자 한다. 그것은 실증적 국어학사에서 벗어난 비평적 국어학사의
양상이 될 것이다.

넷째, 인문과학으로서 국어학사를 새롭게 인식하고자 한다. 우리 국
어학이 독립된 학문으로서 자리를 잡은 시기는 근대계몽기 이후 주시
경의 국어 연구가 그 출발이라고 볼 수 있다. 따라서 엄밀한 의미에서
진정한 국어학사의 기점은 갑오경장 이후 시기라고 보는 견해가 타당할
수도 있다8). 그러나 과학으로서의 국어학으로 분화가 제대로 이루어지
지 않았던 시기의 국어에 대한 선인들의 의식을, 그들의 업적을 평가하
기 위해서는 국어학사를 단순히 독립된 학문의 역사로 바라보는 단선적
시각에서 벗어날 필요가 있다. 즉 개화기 이후의 국어 연구와 비교해 볼
때 개화기 이전의 순수 국어학적 업적은 그 자체가 독립된 텍스트의 형

---

8) 高永根 편(1985)에서는 이 시기를 진정한 국어학사의 시기로 간주하지 않으며 실학
   시대의 어학적 업적들, 이를테면 申景濬의 『訓民正音韻解』, 柳僖의 『諺文志』 등도
   엄격한 의미의 국어학적 업적이라고 하기 어렵다는 입장을 취하고 있다. 또한 우리
   선인들의 국어에 대한 신앙적 태도나 차자표기 자료에 비쳐진 국어 의식의 자취는
   마땅히 국어학사의 테두리에서 벗어나야 할 것이라고 언급하면서 조선 시대의 우리
   선인들의 업적과 서양인들의 연구는 '國語學的 業績'이라 불러 참된 의미의 '國語
   學 業績'과 구분하여 처리하는 것이 좋다고 하였다.

태로 이루어져 있지 않거나, 체계적인 개인의 업적이 아닌 경우가 상대
적으로 많았기 때문에 인문 과학이라는 큰 범주의 틀에서 바라보아야
한다. 그렇게 되면 특히 조선 후기의 국어학사에서는 당대 연구자들의
신분, 사상적 바탕, 학적 계보, 우리말글을 바라보는 의식 모두가 넓은
의미의 국어학사의 대상이 되며 그러한 기술은 인문 과학적 시각이 전
제되지 않으면 안 되는 것이다. 이러한 전제는 이전의 국어학사가 인문
과학의 성격을 지니고 있지 않았다는 것이 말하는 것이 아니라, 국어학
사의 서술에서 인접 학문에서 제기된 인문 과학적인 내용을 바탕으로
학제적 접근이 이루어져야 한다는 점을 의미한다. 이러한 경향은 언어
학이 독립된 학문으로 자리를 잡기 이전의 서구 언어학사에서도 같은
양상으로 전개되기 때문이다.

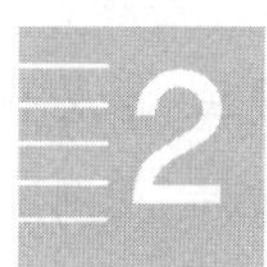

2 선행 연구의 검토

　선행 연구는 두 가지 측면에서 살펴볼 수 있다. 첫째는 조선 후기 국
어학사에 대한 총체적인 연구라는 측면에서 단행본 중심의 연구사가 그
것이고, 둘째는 이 글에서 한정한 '훈민정음'이라는 문자 연구와 관련된
연구사가 그것이다. 이 글은 조선 후기 국어학사 혹은 국어학 연구사이
기 때문에 그 선행 연구는 조선 후기 국어학사의 연구사 성격을 지닌다.

2.1 국어학사 일반에 대한 연구사

조선 후기 국어학에 대한 총체적인 연구는 일반 국어학사의 서술의 한 부분으로 이루어져 왔다. 그런데 일반 국어학사의 체계를 갖춘 연구들은 1960년대 이후에 본격적으로 등장하게 된다. 그 이전의 국어학사 연구는 간혹 국어사 연구와 구분이 되지 않는 것도 더러 있었고9), 그 내용도 총체적인 접근이 아니었다.

그러나 국어학사를 연구해야 한다는 최초의 인식은 일제 시대의 安廓(1922)으로부터 제기되었다. 그는 『朝鮮語原論』이라는 간략한 책의 14장에서 '朝鮮語學史'라는 제목을 붙여 국어학사를 정리해야 한다는 필요성을 제기하고 있다. 이 글은 비록 매우 짧은 언급이었으나, 고려 시대의 외국어 교육, 조선 시대의 한글 창제, 국어 교육 등에 관하여 다양하게 다루었다.

그 후 金允經은 그의 저서 『朝鮮文字及語學史』(1938)의 본론에서 제1장 훈민정음 창제 이전의 문자, 제2장 훈민정음을 중심으로 한 문자 중심의 국어학사를 서술하였다. 이 책은 크게 보면 훈민정음을 창제를 기준으로 그 이전과 이후로 양분하여 서술되었는데, 조선 후기 국어학사는 朴性源의 『華東正音通釋韻考』의 범례부터 權靖善의10) 『正音宗訓』에 이르기까지의 내용을 연구자와 그 연구자의 저서를 중심으로 담고 있다. 즉 주로 인물 중심의 국어학사 서술이다.

최현배(1940)도 해방 이전의 국어학사 서술을 담고 있는 업적이었

---

9) 대표적인 것이 金亨奎(1954)의 『국어학사』로 국어사적인 내용이 국어학사라는 틀 속에 채워져 있음을 볼 수 있다.

10) 金允經 스스로도 그가 權靖善의 『正音宗訓』을 직접 보지 못했다고 밝히고 있으며, 國文硏究所 委員들의 硏究報告書 중에 周時經의 硏究報告書에 인용된 것을 소개한다고 하였다. 그래서인지 모르나, 그는 權靖善을 權貞善으로 잘못 쓰고 있는 점이 발견된다.

다. 그러나 이 책에서 국어학사의 면모를 보이는 부분은 '첫째매 셋째가름' 부분이다. 그는 조선 후기의 국어학 연구의 흐름을 크게 두 부분으로 나누고 있다. 임진왜란 때부터 경종 말기까지를 '한글변동시기'라 하여 한 부분으로 묶어 서술하고 있고, 그 이후부터 갑오경장 이전까지를 한글 간편화 시기라 하여 또 한데 묶어 서술하고 있다. 조선 후기라는 한 패러다임의 시기를 두 부분으로 하위 구분하고 한글의 역사를 서술했다는 점이 그 의의를 지니고 있다.

해방이 된 후 국어학사와 관련된 업적으로 우선 꼽을 수 있는 연구는 洪起文(1946)이다. 이 책은 金敏洙(1980)에서도 밝히고 있듯이 비교적 사실과 고증이 정확한 것이 특징이었다. 그 뒤를 이은 것은 方鍾鉉(1948)이었다. 이 책은 크게 세 부분으로 나뉘어 있는데, 맨 마지막 부분에서 훈민정음 창제 이후를 '正音 時代, 諺文 時代, 國文 時代'로 3분하여 서술하고 있다. 이 중 조선 후기에 해당하는 시기는 '諺文 時代'로 설정하였다.

1950년대 이후의 국어학사의 저술은 金亨奎(1954)에서 이루어졌다. 그러나 이 책은 국어사와 국어학사의 개념이 혼란했던 시대의 저술이었는지 아니면 저자 자신이 의도적으로 한데 묶은 것인지는 모르지만, 국어의 역사를 서술한 국어사의 성격이 강한 책이다.

그 이후에 등장한 50년대 국어학사의 서술은 李崇寧(1956)이었다. 이 저술은 현재까지도 국어학사의 일반론을 거론할 때 효시가 되는 연구이다. 그는 이 글에서 이전까지의 국어학사를 비판하고, 그 연구 대상은 오직 국어학에 관한 학자와 학설, 그리고 문헌이어야 한다고 주장하였다. 그리고 사실 기술에 충실하고 시대 배경을 살펴보고 사관을 수립해야 한다는 것 등을 제시하였다. 비록 李崇寧(1956)에서 설정한 여섯 시기 중에서 실학 시대라고 일컬어졌던 조선 후기 시대를 그가 나중에 본격적으로 서술하지는 않았으나, 국어학사에서 조선 후기를 '실학 시대'로 설정한 것은 그가 처음인 듯하다.

1950년대를 마감하면서 '通史'로서의 국어학사의 업적을 일구어낸 것은 兪昌均(1959)에서였다. 이 책은 서술 범위를 고대부터 1950년대에 이르기까지 광범위하게 서술한 것이 그 특징이며, 무엇보다도 주목할 점은 체계적인 국어의 업적이 부재한 시기의 국어학사 서술을 위해 고대인의 언어에 대한 신앙적 태도 등과 같은 국어 의식을 국어학사의 대상으로 처음 설정했다는 것이다. 그리고 조선 후기의 국어학 연구를 성운학의 부흥과 실학적 학풍의 관련성 속에서 모색하고 있다. 이러한 경향은 兪昌均·姜信沆(1961)에서도 그대로 이어졌으며, 兪昌均(1969)에서도 서술 태도상의 변화는 거의 없었다.

1960년대에 주목할 만한 국어학사 연구는 金敏洙(1964)에서 비롯되었다. 이 연구는 金敏洙(1980)에서 全訂版으로 다시 나오게 되는데 沈在箕(1992)에서는 "이 책은 국어에 대한 인식과 국어를 중심으로 한 문화현상 전반을 국어 연구의 역사 속으로 연접시킴으로써 국어 문화사와 국어학사를 슬기롭게 결합한 업적이다."라고 평가하였다. 이 책에서는 조선 후기를 전통 국어학의 시기 중 근세로 보고 크게 문자음운학의 발달과 사서편찬의 심화를 이 시대의 대표적 특징으로 파악하고 있다. 그리고 고대와 중세 전기 시대를 兪昌均(1959)과 마찬가지로 국어학사의 큰 범주 속에 설정하고 국어학적 업적이 부재한 당시를 여러 국어 의식이 존재했던 시기로 파악하고 있다. 국어학사에서 체계적으로 그 서술 대상을 확대한 업적이다.

1970년대에는 김석득(1975)의 국어학사가 저술되었다. 이 저술은 조선조의 국어학이 역사상에 바탕을 두고 있음을 밝히고, 그 역사상이 언어철학과 운학에 어떻게 적용되어 훈민정음이 창제되고 조선 후기의 성운학 연구가 활발했는가 하는 점을 그 내용으로 삼고 있다. 여기서는 국어학사의 기점을 훈민정음이 창제된 시기로 파악하고 있는 점이 그 특징이다. 그리고 조선 후기 국어학사와 관련하여 18세기 국어학과 역사상이라는 관점에서 崔錫鼎, 申景濬, 李思質, 黃胤錫, 鄭東愈, 柳僖, 權靖善으로 이어지는 조선 후기의 국어학 연구자들을 다루고 있다.

李崇寧(1976)은 沈在箕(1992)에서도 밝혔듯이 연구사 중심의 국어학사가 아니라 에피소드 중심의 국어학사로 일반 교양인들도 쉽게 읽을 수 있도록 홍미 위주로 꾸며진 독특한 저술이었고, 그 뒤를 이어 姜信沆(1979)의 국어학사 저술이 등장하였다. 이 책은 1987년에 조선 시대 부분을 보완하여 새롭게 구성하였는데, 조선 후기의 국어학 연구를 '實學的 學風 時代'로 규정하고 여러 연구자들의 견해를 문자·음운에 관한 연구, 언어 자료의 정리, 역관들의 문법 연구, 어의 및 어원 연구 등으로 나누어 저술되어 있다.

1980년대에 들어서면서 국어학사의 연구는 일면 그 이전까지의 국어학사 연구를 보완하는 성격을 띠고 있다. 金敏洙(1980)가 그러하고, 김석득(1983), 兪昌均(1987), 姜信沆(1987) 등은 자신들이 저술했던 그 이전의 국어학사를 보완하고 개정한 것들이었다. 그런 가운데 북한에서는 처음으로 국어학사에 관한 종합적인 연구가 나왔는데 그것이 김병제(1984)이다. 이 책도 우리 국어학사의 기점을 고대로부터 파악하고 있는 점이 특징이고, 조선 후기의 국어학 연구를 '17세기후반기~19세기 전반기의 조선말 연구'라 하여 崔錫鼎에서 鄭允容에 이르기까지 인물과 그 저서의 중요한 견해를 중심으로 서술되어 있다.

한편 高永根(1985)에서는 '國語學史의 認識方法論'을 통해 진정한 의미의 국어학사의 기점은 갑오경장 이후로 인식하고자 하는 태도를 취함으로써 종래에 전통 국어학 시기를 국어학사의 영역에서 배제하려는 의식을 드러내고 있다. 국어학사에 대한 이러한 의식은 냉정하게 우리 국어학의 역사를 바라보고자 하는 의도와 서구식 학문으로서의 국어학의 역사만을 진정한 국어학사로 인식하고자 하는 특징을 지니고 있지만,

현대 국어학과 전통 국어학의 단절이라는 한계를 극복하지 못할 수 있는 개연성을 띠고 있는 인식 태도가 될 수도 있다. 그밖에 80년대에는 金鍾塡 외(1986), 권재선(1989)의 국어학사가 있었으나, 큰 주목을 받지는 못했다.

1990년대에는 김형주(1992)[11], 兪昌均(1995), 鄭光 외(1997) 등의 국어학사가 저술되었다. 兪昌均(1995)은 兪昌均(1987)의 내용을 1995년에 다시 발행한 것으로 조선 전기와 후기를 '韻學的 연구가 기준이 된 時代'로 파악하고 있다. 여기서 조선 후기는 운학 연구의 부흥기로 바라보고 있으며, '經世聲音論의 전개, 운서의 편찬, 훈민정음의 연구, 語義와 자류주석, 이두의 정리와 문법적 고찰의 胎動' 등의 분류를 중심으로 제학자와 그 저서를 상세하게 다루고 있다. 단순히 시대순의 업적 나열을 지향하고 그 나름의 사관을 제시하고 있다.

鄭光 외(1997)는 최근에 서술된 국어학사 연구서로서 조선 후기를 전통적 국어 연구 중에서 실학 시대의 정음 연구 시대로 파악하고 제학자와 그 연구 업적을 제시하여, 조선 후기를 실학 학풍이 배경이 된 시대의 국어학 연구 시기로 설정하여 기술하였다.

지금까지 기존의 국어학사 연구의 흐름을 개괄하였는데, 이상과 같은 국어학사 저술의 일반적인 특징은 조선 후기에 국한한다면 크게 두 가지 정도로 요약된다. 각 연구자들의 사관이 약간씩은 다르지만 우선 대체적으로 대부분의 연구들이 실증적인 관점을 취하고 있다는 점이 그 하나의 특징이다. 둘째는 기술 방법론의 입장에서 볼 때 시대별 인물 중심의 서술이다. 즉 시대적 순서에 그 중심을 두고 각 인물의 저서를 해석하고 평가한 점이다.

---

11) 김형주(1992)의 『국어학사』는 김민수(1980)의 국어학사 서술을 그대로 따른 것으로 보인다.

2.2 훈민정음 연구의 연구사

지금까지의 훈민정음에 대한 연구는 주로 조선 전기, 즉 훈민정음이 창제된 시기를 중심으로 이루어졌다. 당연히 이 시대에 훈민정음이라는 문자가 만들어졌다는 사실에서 기인하는 것이다. 따라서 이 시대 이후에 이루어진 훈민정음 연구 업적들은 모두 훈민정음에 대한 연구사가 된다. 따라서 엄밀한 의미에서 조선 후기의 여러 연구자들이 전개한 훈민정음에 대한 의식도 실상 그 자체가 훈민정음에 대한 연구의 출발이라고 할 수 있다. 그런데 이 논문은 조선 후기의 여러 연구자들의 훈민정음 연구에 대하여 역사적으로 살펴보는 것이므로 그에 대한 연구사는 조선 전기의 훈민정음 연구사와는 구별된다. 그러나 조선 후기의 훈민정음 연구에 대한 문자 의식사적 접근이 선행 연구에서 거의 부재한 상황이다. 문자에 대한 논의는 주로 조선 후기의 국어학사에서 인물이나 문헌(텍스트)을 중심으로 소략하여 기술되고 있다. 따라서 이 논문에서는 조선 전기의 훈민정음 문자 의식과 후기의 훈민정음 문자 의식을 비교하여 서술할 것이므로 조선 전기의 훈민정음 연구를 중심으로 그 연구사를 전개하고자 한다.

조선 전기 훈민정음 연구에 대한 주된 논의는 크게 훈민정음 창제의 동기와 목적, 훈민정음 창제의 배경, 훈민정음의 기원설, 훈민정음의 제자 원리 등을 중심으로 이루어져 왔다.

훈민정음 창제의 동기와 목적에 대한 논의를 살펴보면, 강길운 (1972)에서 훈민정음 창제의 목적이 한자음을 注音하는 데 있다고 하였고, 그 용도가 확대되어 고유어의 기록에까지 이르게 되었다고 주장하였다. 그리고 정치·사회적 배경을 중시하여 훈민정책이나 국권확립, 통치나 지배 이데올로기의 수단으로 훈민정음이 창제되었다고 보는 견해들이 나오기도 했다. 홍기문(1946), 金敏洙(1969), 이우성(1976), 강만길(1977) 등이 그것이다. 또한 한자와 훈민정음의 조화로운 병용을 의도하여 훈민정음이 창제되었다고 金完鎭(1972)에서는 주장하기도 하였고, 남풍현(1980)에서는 훈민정음의 창제를 차자 표기의 발전적 대체로 보고자 했다.

훈민정음 창제의 배경과 관련해서는 姜信沆(1963)에서 性理大全과의 연관성을 중심으로 심도있게 논의되었으며, 홍기문(1946)과 공재석(1967, 1968)에서는 起一成文圖와의 관련성이 고찰되기도 하였다. 또한 역학적 배경을 중심으로 『훈민정음』 〈制字解〉와 연관지어 김완진(1983, 1984), 유정기(1970), 이정호(1972) 등의 논의가 있었다.

훈민정음의 기원을 어디에 두는가 하는 문제와 제자 원리에 대한 논의는 다양하게 전개되었다. 姜信沆(1987), 孔在錫(1967, 1968), 金完鎭(1983, 1984), 安秉禧(1990)에서는 우리 문자 꼴을 대체로 古篆 기원설에서 찾고 있고, 兪昌均(1966), 李觀洙(1979)에서는 파스파 문자 모방설을 제기하였으며, 李基文(1974, 1980)에서는 파스파 문자모방설에 대한 부분적 긍정의 입장을 취했다. 김선기(1969)에서는 口訣 문자로부터의 발달을 제기하기도 하였다. 梵字 기원설에 대해서는 李能和(1932)에 의해 제기된 적이 있으나 최근에 이를 말하는 연구자들은 거의 없으며 또한 權悳奎(1923), 金允經(1938)에서는 고대 글자 기원설을 제기하기도 하였다. 李鐸(1946, 1947, 1949)에서는 河圖의 원형에 나타나는 기본 도형 기원설을, 조영진(1969), 이성구(1983)에서는 태극사상 기원설을 주장하기도 하였다.

또한 훈민정음의 제자 원리에 대한 논의는 초성의 기본자의 경우 〈制字解〉의 설명과 같이 발음 기관의 모습을 상형한 것으로 받아들인 연구들이 대부분이지만, 홍기문(1946), 공재석(1967, 1968), 姜信沆(1987), 金永萬(1987), 안병희(1990) 등에서 起一成文圖에 있는 도형을 초성의 기본자로 삼았다는 주장을 펼쳤다. 중성자의 경우 일반적으로 天, 地,

人의 三才를 추상화하여 상형한 것을 통설로 인정하나, 중성의 기본자를 발음 기관을 상형하여 만들었다는 권재선(1988)의 견해가 있었고, 이환묵(1887, 1988)에서는 중성자가 두 단계의 가획에 의해 만들어졌음을 주장하였다. 兪昌均(1966)에서는 초출자과 재출자를 만들 때 기본자에 일점과 이점의 가점이 이루어진 것으로 파악하였다.

조선 후기 훈민정음 연구와 직간접적으로 관련되는 논의는 주로 당대 인물 중심의 연구와 문헌(텍스트) 중심의 연구가 주류를 이루고 있다. 문자 의식 등의 주제별 중심의 논의는 거의 찾기가 어렵다. 柳寅晚(1947)에서는 이사질의 한글 학설에 대하여 논의했으며, 柳昌植(1957)에서도 李思質의『訓音宗編』전반에 대하여 재평가하는 언급이 있었다. 또한 洪以燮(1953)은 鄭東愈의〈晝永編〉권1에 등장하는 100여 개의 외국 어휘를 살펴보았다. 또한 姜信沆(1958)에서는 조선 후기의 국어 연구의 부흥이 실학이 아닌 성리학의 심화에 기인한다는 바탕하에 崔錫鼎에서 柳僖에 이르는 조선 후기의 연구자 전반을 계통적으로 다루었다. 또한 柳昌植(1958)에서는 琴榮澤의 한글 학설을 朴性源과의 관련 속에서 살펴보고 그 의의를 밝혔으며, 兪昌惇(1958)은 柳僖의『諺文志』를 처음으로 번역한 업적을 일구어냈으며, 朴泰權(1959)에서는 柳僖의『諺文志』를 국어학사상의 가치를 평가하면서 근대 국어학의 총정리라고 했다.

박지홍(1963)에서는 국어학사의 시대 구분에 대한 새로운 고찰이 있었고, 兪昌均(1968)에서는 국어학사의 개념 규정에 대하여 논의하면서 국어학사의 개념을 확대하였다. 金智勇(1968)이 崔錫鼎이 지은『經世正韻』이 일본에 한 문고에 있음을 밝히고 그 원문을 함께 실어 그 해제를 달았다. 이 이후에는 崔錫鼎의『經世正韻』에 대한 보다 실증적인 연구들이 나타나기 시작했다.

姜信沆(1970)에서는 조선 후기의 운서 중 현실적 국어 의식이 반영된『三韻聲彙』와『奎章全韻』를 비교하여 고찰하였다. 한편 李崇寧(1970)에서는 皇極經世書가 조선 후기 언어 연구에 끼친 영향 관계를 살펴보려도 시도가 있었다. 그리고 朴泰權(1970)에서는 黃胤錫의 국어학적 견해에 대하여 전반적으로 언급했으며, 金錫得(1972)에서는 崔錫鼎의『經世正韻』에 대하여 역학적인 입장에서 그 의의를 고찰하는데 그 초점을 맞추었다. 그 이후 金錫得(1973)에서는 權靖善의『音經』을 바탕으로 국어학자의 의식 구조를 해명하려는 시도가 전개함으로써 權靖善에 대한 국어학적 관심이 새롭게 싹텄다. 金錫得(1975)에서는 崔錫鼎과 申景濬의 국어학적 견해를 비교하여 살펴봄으로써 조선 후기 연구자들의 특징을 비교하였다. 朴泰權(1976)에서는 柳僖의 국어학사적 위치에 대하여 전반적으로 살펴보았으며, 黃希榮(1977)에서는『華東正音通釋韻考』의 전반적인 고찰이 있었다.

金敏洙(1981)에서는 姜瑋의『東文字母分解』에 대하여 그 이본과의 관계를 논하였고 아울러 그 내용 전반에 걸친 해제를 제시하였다. 姜信沆(1982)에서는 李圭景의 문자와 언어에 대하여 살펴보았고, 姜信沆(1986)에서는 鄭東愈의 〈晝永編〉 안에서 드러나는 훈민정음 관계 기사에 대한 고찰을 통해 그의 정음관을 심도있게 살펴보았다. 姜信沆(1986)에서는 조선 후기 연구자들의 업적과 정음관을 각각의 인물 중심으로 살펴보았다. 한편 권재선(1986)에서는 姜瑋의『東文字母分解』와『擬定國文字母分解』사이의 차이를 고찰했다. 정경일(1984)에서는『奎章全韻』에 전반에 대한 고찰이 있었으며, 鄭卿一(1989, 1990)에서는『華東正音通釋韻考』에 대한 운학적 연구와 그 聲母 체계에 대한 연구가 국어사적으로 고찰되었지만 국어학사상의 의의도 띠고 있었다. 兪昌均(1989)에서는 皇極經世書가 국어학에 끼친 영향에 대하여 언급하면서 조선 후기에 발흥한 운학 연구는 이에 기인함을 밝히고자 하였다.

金敏洙(1990)에서는 石帆의『諺音捷考』에 대하여 해제 중심의 논의를 전개하였다. 또한 姜信沆(1991)에서는 黃胤錫과 皇極經世聲音唱和圖의 관련성을 黃胤錫의 저술을 통해 살펴보았고. 姜信沆(1992)에서는 申景濬의 『訓民正音韻解』에 대하여 전반적으로 고찰하면서 皇極經世聲音唱和圖와의 관련성을 언급하였다. 도수희(1992)에서는 鄭東愈의 언어관에 대하여 일반적으로 고찰하였으며, 도수희(1992)에서는 柳僖의 『諺文志』에 대하여 기존의 시각과는 달리 그 모방성과 미흡함을 객관적으로 바라보고자 하는 시도를 하였다. 李秉根(1995)에서는 李晬光의 『芝峰類說』에 대한 국어학사상의 성격을 새로이 밝히고자 하였다. 김성규(1998)에서는 崔錫鼎의 『經世正韻』을 그 원문과 함께 번역하고 그 해제를 달았다. 한편 배윤덕(1990, 1991, 1995)에서는 운학적 관점에서 崔錫鼎의 『經世正韻』를 살펴보았고, 배윤덕(1994)에서는 『四聲通解』와 『訓蒙字會』와 관련하여 柳僖의 『諺文志』를 살펴보려는 시도가 있었다. 그리고 배윤덕(1997)에서는 『四聲通解』와의 관련성 속에서 黃胤錫의 『理藪新編』를 고찰하였다. 이러한 연구는 순수 국어학적인 연구라기보다는 성운학과 국어학의 관련을 모색하는 양상이었다.

3 문제제기

　이 글에서는 지금까지 연구된 국어학사의 서술 관점과는 다르게 국어학사 서술과 관련하여 새로운 몇 가지 문제들을 제시하고자 한다. 공시적 국어 연구가 그 하위 분야에서 자생적이든 서구에서 들어온 방법론이든 간에 특정한 이론에 기대어 언어 현상을 밝혀 오고 있듯이 연구

사 중심의 통시적 국어 연구도 새로운 방법론(Methodology)이 서술의
전제 조건으로 필요하다. 이것은 언어 자체의 변화에 관심을 두는 연구
에서도 마찬가지여서 국어 계통론과 같은 연구 분야를 제외한다면 국어
사 역시 공시적 방법론에12) 의거하여 기술된 점을 부인하기 어렵다.

　　그런데 단순한 실증적인 국어학사의 기술만으로는 우리 선인들이 인
식했던 국어에 대한 보다 체계적이고 근본적인 이해가 부족하다고 생각
한다. 현재의 입장에서 볼 때 과거의 문헌과 업적에 대한 기존의 실증적
연구가 유사한 연구들의 누적 현상으로 그 빛을 이제 발하지 못하고 있
다. 이러한 시점에서 새로운 국어학사의 기술이 요구되는 것은 당연한
것이다. 따라서 새로운 국어학사 기술을 위하여 기존의 국어학사 연구
(문헌 해제 및 실증적 연구)를 바탕으로 하되 우리는 그 반성적 접근을 다음
의 네 가지의 문제로 제기하고자 한다.

　　첫째, 국어학사는 새롭게 재정의될 수 없는가?
　　둘째, 국어학사의 서술 범위와 대상(연구 내용)은 그 영역이 좀 더 확
대될 수는 없는가?
　　셋째, 국어학사의 서술 방법은 연구자의 시대별 업적 중심적 기술보
다 주제별 중심의 기술이 선행될 수는 없는가? 아울러 조선 후기 국어
학사의 서술이라면 당대 연구 업적에 대하여 조선 전기와의 비교론적
시각에서 기술될 수는 없는가?
　　넷째, '언어학사'라는 인문과학으로서 국어학사를 새롭게 인식할 수
는 없는가?

---

12) 여기서 공시적 방법론이라고 언급한 이유는 국어사와 관련된 언어 자료와 그 현상
　　에 대한 설명을 현재의 이론(current theory)에 기대어 해명하고 있다는 점에 주목하
　　였기 때문이다. 예컨대 국어 유음에 대한 변천을 기술할 때 최신의 이론으로 그
　　변천의 제 양상을 설명하는 것 등을 가리킨다. 따라서 국어사를 공시적으로 연구
　　한다는 의미로 쓴 것이 아님을 밝혀둔다.

이러한 네 가지 정도의 문제 제기를 통해 이 글에서는 그 시대를 조선 후기로[13] 잡게 되었다. 그것은 다음과 같은 이유에서이다. 우선 훈민정음 창제라는 국어학사상의 최고 역사적 사건 이후 훈민정음에 대한 다른 각도의 해석과 인식이 이 시대부터 본격적으로 등장하고 있다는 사실 때문이다. 그리고 다음은 이 시대의 국어학적 업적이 비록 순수하게 독립된 국어학 연구들이 아니지만 국어학 연구의 근대적 전개 양상의 실마리를 제공하거나, 혹은 당시의 근대 지향적 의식들이 이 시대 연구 업적에서 종종 살아 숨쉬고 있다는 사실에 기인한다. 이 시대를 설정한 이러한 이유와 함께 위에서 제기한 네 가지의 문제를 바탕으로 조선 후기 국어학사의 서술을 위한 전제를 살펴보도록 하자.

4 조선 후기 국어학사 서술을 위한 전제

4.1 조선 후기 국어학사의 정의와 서술 대상

4.1.1 국어학사에 대한 기존의 정의

기존의 국어학사 연구에서는 조선 후기의 국어학사라는 한정된 시기의 국어학사에 대한 정의는 없다. 다만 전장에서 언급한 바와 같이 특정

---

13) 일반적으로 이 시기는 국어사에서는 근대 국어 시기, 기존의 국어학사에서는 주로 실학 시대라고 일컬어지는 시대이다. 이 글에서는 일단 조선 후기 국어학 시대로 부르기로 한다.

한 시대를 염두해 두지 않는 '국어학사'에 대한 일반론적인 정의가 있을 뿐이다. 그러나 이 논문은 조선 후기라는 특정한 시기를 설정하여 전개되는 것이므로 이 특정한 시기의 국어학사에 대한 정의를 내리는 일은 최소한 이 논문의 전개 과정을 위해 필요하다고 생각한다. 그런데 조선 후기의 국어학사에 대한 정의를 위해서는 모든 시대를 포괄하는 일반론적인 국어학사에 대한 정의를 살펴보지 않을 수 없다.

李崇寧(1956)에서는 국어학사는 문자 제정(훈민정음 제정) 이후에 제기된 언어에 대한 새로운 인식과 각 학자의 업적을 연구하여 하나의 연구사를 엮는 학문이라고 정의하였다.

박지홍(1963)에서는 국어학사란 쉽게 말해 국어학의 역사라고 전제하고 그 때문에 우리는 무엇보다 먼저 '국어학의 탄생'에서 이를 구해야 할 것이라고 하였다.

金敏洙(1980)에서는 국어학이 발전해 온 역사가 곧 국어 연구사이며 국어학사라고 하였다. 그런데 고대인의 언어관이나 언어 의식, 중세와 근세의 문자 및 음운에 관한 연구 등은 소중한 과거의 전통이라고 전제하고 우리의 국어학사에는 서양식 체제가 아닌 그 의식사도 포함되는 것이 오히려 당연하다고 하였다.

김석득(1983)에서는 국어 연구사란 역대 국어학자들이 이룩한 우리말과 글에 대한 학술적 연구를 분석하여, 그 학맥을 모색하는 학문으로 우리말과 글에 대한 교육 및 정책적인 문제와 같은 것은, 학문의 이론이 없는 비학술적인 것이므로, 국어 연구사에 제외되어야 한다고 하였다.

김병제(1984)에서는 조선어학사는 우리 선조들의 조선말에 대한 초보적인 언어의식을 가지게 된 때로부터 시작하여 보다 높은 단계의 언어학적 견해를 전개한 역사 즉 조선말 연구의 '역사'라고 하였다.

高永根(1985)에서는 국어학사란 국어학이 성립된 이후부터 오늘에 이르기까지 국어학이 걸어온 길을 음운, 문법, 어휘에 걸쳐 뒤쫓음으로써 국어학 연구의 줄거리를 체계적으로 엮은 우리 학문사의 한 분과를 의미한다고 하였다.

金鍾塤 외(1986)에서는 국어학사는 문자 그대로의 국어학의 역사이며, 일반 언어로서의 보편성과 한국 언어로서의 개별성을 가진 국어가 지금까지 누구에 의해서 어떻게 연구되어 왔는지를 체계적으로 기술해 나가는 것이 국어학사라고 하였다. 그리고 권재선(1989)에서는 국어학사는 우리말 연구의 역사라고 하였다.

兪昌均(1995)에서는 韓語와 國語를 구분하고14) 국어학사는 국어학에 대한 역사라 하였다. 그러므로 국어학사는 국어에 대한 과학적인 기술은 말할 것도 없거니와, 국어에 대한 제정책, 국어를 응용한 제과학과의 상호 관련성도 아울러 고찰할 수 있게 된다고 하였다. 또한 여기에서 순수한 언어과학적 성과만을 대상으로 하는 한어학사와는 구별된다고 하였다.

姜信沆(1995)에서는 국어학사는 언어학으로서의 국어학의 연구사를 뜻하며, 그러므로 국어학 관계의 서지 해제, 표기법의 변천, 언어 정책에 관한 사항 등까지 국어학사에 포함시켜 온 태도는 국어학사의 내용에서 제거되어야 한다고 하였다.

정광 외(1997)에서는 국어학사란 국어 또는 한국어를 대상으로 하여 연구하는 학문, 즉 국어학의 역사를 말한다고 하고 우리말에 대한 역사적인 연구라든지 공시적인 현대 국어의 연구를 모두 국어학에 포함시킬 수 있으며 국어학사는 이런 학문의 연구사를 말한다고 하였다.

위에서 여러 연구자들은 그 나름의 국어학사에 대한 정의를 내리고 있다. 그 정의의 양상은 크게 두 갈래로 대별된다. 하나는 오로지 학술사 내지는 연구사의 시각에서 국어학사의 개념을 이해하는 입장이며,

---

14) 국어라는 말은 한국이라는 국가적 배경을 전제로 했을 때만 성립할 수 있고, 韓語는 일어, 영어 등과 같은 개별 언어로 간주되므로 한국이라는 국가를 배경으로 하지 않더라도 존재할 수 있는 것으로 兪昌均(1995)에서는 파악하였다.

다른 한 양상은 학술사 및 연구사와 아울러 언어 의식, 언어 정책, 서지적 해제 등도 국어학사의 개념 속에 포괄할 수 있다는 입장이다. 또한 전자의 입장 중에는 국어학사의 기점을 설정하는 문제와 관련하여 다양한 이견을 보이기도 한다15).

　　이러한 다양한 견해를 바탕으로 이 글에서는 우선 국어학사를 '국어학 연구사'라는 용어로 바꾸어 표현하여 그 나름의 국어학사에 대한 정의를 내리고자 한다. 그 정의는 국어학사의 서술 대상과도 밀접한 관련을 맺는다.

4.1.2　국어학사와 조선후기 국어학사의 재정의

　　국어학사를 '국어학 연구사'라는 용어를 써서 다시 가늠해 보면서 국어학사의 서술 대상이 무엇이어야 하는지에 대하여 생각해 볼 것이다. 우리는 '국어학(國語學) 연구(研究) 사(史)'를 그 단어가 지니는 지시적 의미에 주목하여 다음과 같은 세 가지의 서술 대상을 상정할 수 있다.

　　서술 내용이나 대상의 입장에서 ① 국어에 대한 체계적 인식으로서의 국어학(國語學)이 그 첫째이며, 연구 행위의 입장에서 ② 국어 인식의 태도로서의 연구(研究)가 둘째이고, 과거의 사실과 평가에 대한 방법의 입장에서 ③ 객관적 사실과, 객관적 사실의 현재적 재해석으로서의 역사(歷史)가 셋째다.

　　①은 의식으로서의 국어학, 문헌 자료로서의 국어학, 과학으로서의 국어학이 국어학사 서술의 내용이 된다는 의미를 함의하고 있다고 해석할 수 있다. 따라서 국어학사의 하위 영역이 위의 세 가지라면 진정한 국어학사의 서술은 의식사를 포함하여 이루어져야만 한다. 한편 ②는 국어를 연구한 인식 태도의 문제로 파악될 수 있는 것이므로 역시 국어학사 서술의 한 부분을 이루는 내용이라고 할 수 있겠다. 마지막으로 ③

---

15) 이 문제와 관련된 내용은 다음 장의 국어학사의 서술 범위에서 다루고자 한다.

은 서술 방법의 두 가지 측면을 함께 가지고 있다는 의미에서 국어학사 서술의 형식적 측면으로 이해할 수 있다.

이렇게 '국어학 연구사'라는 단어에 주목하여 이 세 가지 요소를 가지고 분석적으로 사고해 보더라도 '국어 의식을 포함한 국어학 연구에 대한 역사적 해석'이 진정한 국어학사가 되어야 함을 우리는 다시 한 번 확인할 수 있다. 물론 이 중에서 첫 번째 요소는 반드시 충족되어야 하며 그와 더불어 ②, ③의 내용이 구체화될 때 국어학사의 영역은 새롭게 확대되고 과학사의 일부로 그 위치를 부여받을 수 있을 것이다.

따라서 이 글에서는 '국어학사'를 '언어학의 하위 분야로서 국어 연구의 역사와 제반국어 의식의 역사'로 정의하고자 한다. 이렇게 정의가 된다면 조선 후기의 국어학사의 정의는 '조선 후기 시대 국어 연구의 역사와 제반 국어 의식의 역사'로 역시 정의될 수 있을 것이다.

4.2 조선 후기 국어학사와 국어학사의 서술 범위

우리가 국어학사의 서술 범위에16) 대하여 살펴본다면 우선 고려될 수 있는 것이 국어학사로 인정될 수 있는 시기의 문제이다. 즉 국어학사를 위한 서술 시기를 어느 시대까지 소급할 것인가 아니면 어느 시대까지만 한정할 것인가 하는 문제와 관련이 된다. 이 문제에 대해서는 학자들마다 이견이 있는 것이 사실이다. 또한 그 이견만큼 국어학사 서술의 내용에서 많은 차이를 보이고 있다. 따라서 국어학사 중에서 조선 후기

---

16) 국어학사의 서술 범위라고 하면 일견 국어학사 서술 내용의 범위를 가리키는 개념이 될 수도 있으나, 이 글에서는 국어학사로서 서술될 수 있는 시대의 범위만을 지칭하는 개념으로 설정하고자 한다. 따라서 국어학사 서술 내용의 범위에 해당하는 것은 '국어학사의 서술 대상'이라는 표현으로 앞 절에서 대신하였다.

국어학사의 서술 범위에 대한 언급을 하기 위해서는 우선 기존의 국어학사 연구에서 제시되고 있는 국어학사의 서술 범위에 대하여 살펴볼 필요가 있다.

4.2.1 기존의 국어학사 서술 범위

우선 高永根(1985)에서는 20세기 전후의 '개화기'를 국어학의 성립 시기로 파악하고 있다. 따라서 진정한 의미의 국어학사는 이 시대 이후의 업적을 대상으로 서술되어야 한다는 견해이다. 이 사실은 20세기 전후 이전의 국어와 관련된 내용이 경험적 관찰을 바탕으로 이루어진 연구 성과라기보다는 언어에 대한 철학적·심리적 접근이요, 문헌학적 소산이라는 점에 주안점을 두는 관점에서 기인한다. 즉 과학적 연구로서의 국어학이 성립된 시기를 '개화기' 이전까지 소급하지 않기 때문에 그 이전은 아예 국어학사의 테두리에서 벗어나는 시기이거나, 아니면 '국어학적 업적'이라는 용어를 써서 국어학적 인식 활동의 소산의 시기로 평가하고 있다.

이러한 입장과 유사한 관점을 가진 태도는 姜信沆(1995)에서도 살펴볼 수 있다. 여기서는 국어학 관계의 서지 해제, 표기법의 변천, 언어 정책에 관한 사항도 국어학사의 내용에서 제거되어야 한다고 보면서 갑오경장 이후부터를 국어학사의 실질적인 서술 시기로 파악하고 있다. 예를 들어 언해된 서적들의 표기법에 대한 고찰, 훈민정음 창제 동기 및 목적에 대한 지나친 천착, 正音廳, 諺文廳, 刊經都監 설치 등에 관한 경위 설명 등은 국어학사와는 별도로 고찰되어야 한다는 입장을 견지하고 있다. 따라서 갑오경장 이전의 시기를 국어 의식의 발아 시대, 중국 운학에 입각한 국어 고찰 시대로 간주하고 있다.

위의 두 입장은 약간의 시기적 차이를 제외하고서는 거의 일치하는데 두 입장의 공통점은 바로 국어학의 개념을 '과학으로서 체계화된 것'

으로 초점을 맞추어 파악하고 있다는 점이다. 즉 서구의 방법론이 등장하고 그것에 직·간접적으로 영향을 받은 연구 성과가 진정한 학문으로서의 국어학이라는 점을 강조하고 있다. 따라서 개화기, 갑오경장 이전의 국어 연구와 관련된 내용을 '國語學的 業績' 내지는 '우리 민족의 국어에 대한 반성'이라고 약간 모호하게 규정하고 있다.

그러나 李崇寧(1956)에서는 국어학사 서술의 기점을 훈민정음이 창제된 이후로 보고 있다. 다만 여기서도 순수 과학적 연구만을 연구 대상으로 한다고 언급하면서 언어 정책적인 면은 국어학사의 기술에서 제거되어야 한다는 입장을 보이고 있다. 그 순수 과학적 연구라는 것은 '국어'와 관련된 논의만을 국어학사의 대상으로 삼겠다는 것이다. 서술의 기점과 관련하여 비슷한 견해를 취하는 김석득(1983) 역시 〈訓民正音解例〉를 국어학사 서술의 출발로 설정함으로써 국어학의 개념을 우리 고유의 문자가 만들어진 이후로 잡고 있다.

한편, 金敏洙(1980)에서는 국어학사 서술의 범위를 확대하여 '개화기' 이전의 국어학을 '傳統 國語學'으로 설정하고 국어학의 개념 규정에 대한 서구적 관점에서 탈피하고 있다. 그리하여 과학으로서의 국어학이 성립되지 못한 시기의 국어학사를 당대인들의 국어 의식에 초점을 맞추어 의식사라는 관점에서 서술해야 한다고 하였다. 그것은 국어학사 기술의 범위를 우리가 언어 생활을 처음으로 시작한 때가지 소급하여 넓힌 것으로 고대, 중세, 근대의 국어 연구 또한 국어학사 서술의 대상으로 바라보고 있는 것이다. 아울러 그러한 서술 영역의 확대는 연구 방법과 관련하여 과거 업적을 평가하는 데 있어 절대적 가치가 아닌 역사적 가치에 근거한 취사 방법, 서술 방법의 사실성에 바탕을 두어 이루어져야 한다고 강조하고 있다.

이 밖에도 兪昌均(1995)에서는 우리 조상들이 가졌던 언어의 신앙적 태도로부터 국어학사 서술은 시작되어야 한다고 보았으며, 康允浩

(1967)에서는 19세기 전반, 중반기의 서양인의 한국어 연구가 국어학사 연구의 기점이 될 수 있다는 독특한 입장을 제시하였다. 후자와 관련하여 생각해 본다면 이것은 서양인의 과학적 학문 태도와 관련된 인식의 틀이라고 볼 수 있다. 즉, 여기서는 서양인들을 당시에 어느 정도 체계적인 연구와 사고에 익숙했었던 부류로 판단하고, 그들의 업적이야말로 과학으로서의 국어학의 시초가 될 수 있다고 판단하지 않았나 생각한다.

지금까지 국어학사의 서술 범위를 인식하는 태도에 대하여 여러 관점들을 살펴보았다. 그런데 우리는 국어학사 서술 범위에 대한 생각을 다른 관점에서 살펴볼 필요가 있다. 다른 관점에서 살펴본다는 의미가 함의하고 있는 것은 '국어학사'라는 국어학의 하위분야에서도 특정한 학문이 걸어온 '歷史'라는 측면에 주목해야 한다는 점이다.

4.2.2 새로운 국어학사의 서술 범위와 조선 후기 국어학사

우선 역사라 함은 과거의 객관적인 사실이라는 점과 아울러 그 사실에 대한 현재적 재해석을 포괄한다. 이러한 개념 규정에 근거한다면 우리가 국어학사를 서술하는 것은 국어학의 흐름을 사실대로 나열하는 것만을 지칭하지 않는다[17]. 즉 국어학사의 서술에는 과거 국어학 연구의 흐름에 대한 실증적 이해와 아울러 현재의 시각에서 과거의 업적을 바라보는 눈이 반드시 개입해야 한다는 점을 같이 전제하고 있다. 따라서 국어학사의 서술은 과거의 사실도 사실이려니와 현재의 안목에서 그 해석의 지평을 당연히 확대하는 방향으로 나가야 한다[18]. 그렇다면 국어

---

17) 李崇寧(1956)에서 우리는 국어학사의 서술 태도를 다음과 같이 알 수 있다. "국어학사는 국어학의 연구사이기는 하나, 국어학에 대하여 과거의 업적에 대한 사실의 기술로 만족할 수 없고 비판을 통하여 과거의 국어학에 대하여 반성을 주며 정당한 내일의 방향을 제시하는 학문이다."

18) 이러한 연구 대상과 관련하여 언어학사 서술의 대상의 결정에 있어 두 가지 입장

학사의 범위는 새로운 두 가지 축이 형성될 수 있다.

그 하나는 국어학사 정의 확대요[19], 다른 하나는 국어학 형성 시기의 확대다. 전자의 경우는 국어에 관심을 가졌던 당대 연구자들의 국어 의식을 국어학의 정의에 포함되어야 한다는 것이고, 후자의 경우는 이전까지 국어학의 성립 시기로 볼 수 없었던 시대를 '국어 의식으로서의 국어학 시기'로 새롭게 해석해야 한다는 것이다. 따라서 본격적인 논의에 앞서 진정한 국어학사의 시대적 서술 범위를 高永根(1995)과 같이 개화기 이후의 연구 대상에 국한해서는 안 된다는 가정이 성립한다.

그렇다면 국어학사의 서술 범위는 과학으로서의 국어학이 형성된 시기만을 가리키지는 않는다. 조선 후기도 국어학사의 서술 범위로 들어갈 수 있는 시기가 되는 것이다. 비록 서구적 관점에서 볼 때 조선 후기의 여러 연구들이 체계성과 과학성을 제대로 갖추고 있지 않다고 하더라도 국어에 대한 여러 견해와 그 의식이 국어학사의 서술 대상이 된다면 조선 후기는 국어학사에서 그 서술 범위에 속하는 것이다.

4.3 조선 후기 국어학사와 언어학사

이 문제와 관련하여 김현권(1991)에서 제기한 언어학사 서술의 방법론에 관한 다음의 네 가지 질문을 생각해 보도록 하자.

을 생각해 볼 수 있다. 김현권(1991)에서는 경험주의적 결정론의 입장과 과학사가적 입장으로 대별하고 있는데 전자의 경우는 언어에 대한 텍스트 자체만을 서술 대상으로 보고 이러한 텍스트들이 이를 연구하는 학자들과 무관하게 그 자체로 주어져 있다는 입장이다. 반면에 후자는 과거의 언어에 관한 진술을 그 인식론적 가치와 결부시켜 대상을 규정하는 입장이다.

19) 이 문제는 이미 조선 후기 국어학사의 정의와 서술 대상에 대하여 살펴보면서 전 장에서 다루었다.

1) 역사가로서 언어학사가는 무엇을 연구 대상으로 기술해야 하는가?

2) 기술의 대상이 되는 바를 어떤 방식으로 기술할 것인가?

3) 언어학 발달의 제단계를 어떻게 구분 지을 것이며 그 근거는 무엇인가?

그리고 언어학 발달이란 과연 무엇을 의미하는가?

4) 언어학사를 단지 독자적인 언어학의 한 영역으로 간주할 것인가 아니면 보다 폭넓은 과학사의 지평에 위치시킬 것인가? 즉 언어학사와 과학사와의 관계를 어떻게 규정할 것인가 하는 문제이다.

여기에서 제기된 질문들 1), 2), 3) 4)의 문제는 개별 언어학사인 국어학사의 서술에서 반드시 고려되어야 한다.

1)의 문제와 관련하여 우리는 앞에서 언급한 바와 같이 과학으로서의 국어학의 위치를 차지하고 있지 않은 개화기 이전의 국어학적인 내용까지도 모두 포괄하는 입장을 취해야 한다. 이 말이 함의하고 있는 것은 크게 두 가지로 정리될 수 있다. 그 하나는 겉으로 드러난 연구 업적뿐만이 아니라 과거의 국어학 연구자가 가지고 있었던 언어 의식까지도 포괄해야 한다는 점이다. 다시 말해 그것은 언어 연구자가 처해 있는 입장이나 관점을 의미하는 것이다. 이것은 특정한 언어에 대한 일반적 언어관이다. 그러므로 우리는 특정한 학파의 성립, 학자들의 출현, 그 시기의 사회적 환경까지도 기술의 대상으로 삼아야 한다. 다른 하나는 국어학사를 서술하는 시대적 범위에 관한 것이다. 고대, 중세, 근대의 국어학 관련 연구가 학문적 체계성에 맞지 않는 비체계적인 것이라고 하더라도 우리 국어에 대한 당대 사람들의 소중한 탁견들이 여러 문헌에서 존재하는 한, 이 시대들의 연구도 반드시 국어학사의 대상에 포함되어야 한다.

　또한 2)의 문제를 해결한다는 입장에서 두 가지 측면으로 서술 태도가 강조되어야 한다. 그 하나는 의식사 중심의 서술이 국어학사의 전 시기에서 다루어져야 한다는 전제이고 다른 하나는 과거의 국어학 연구자가 처한 사회적 변인-사회적 위치, 시대적 배경-을 고려해야 한다는 점이다. 이러한 서술 태도를 국어학사의 서술에서 무시할 경우 그 국어학사는 단순히 문헌학적이고 실증적인 국어학사에 머물 수밖에 없다. 그러나 최근의 언어학사의 서술이 그러하듯이[20] 과거의 국어학에 대한 진술은 반드시 서술하는 학자의 관점과 입장이 개입되어야 한다. 그것은 과거의 국어학에 대하여 가장 타당성 있는 서술을 뒷받침하는 동시에 특정한 학문 분야의 역사로서 그 연구사가 갖는 진정한 의의가 될 수 있기 때문이다.

　3)과 관련하여 우리는 당연히 다음과 같은 질문을 던질 수밖에 없다. 국어학 연구의 발전의 제단계를 어떻게 구분 지을 것이며 그 근거는 무엇인가? 그리고 국어학 연구의 발전이란 과연 무엇을 의미하는가? 이것은 국어학사 기술에서 시대 구분론과 그 궤를 같이한다는 점에서 주목할 필요가 있다.

　일반적으로 국어학사의 시대 구분은 크게 연대기론적 관점과 왕조사의 관점 등으로 대개 나뉘어져 왔는데 우리는 이 장에서 논의한 국어학사 서술의 기본 전제를 바탕으로 국어 의식의 변모 과정을 국어학사 시대 구분에 변인으로 삼을 필요가 있다. 즉, 의식사라는 국어학사의 하위 분야의 설정이 전 시기에 걸쳐 가능하다는 전제하에 일차적인 시대 구분에서는 연대기적 시대 구분에서 벗어나 각 시기에서 가장 두드러진 국어학 연구의 줄기를 그 구분 기준으로 설정하는 것이 필요하다고 생각한다. 따라서 3)의 문제도 국어학사와 밀접한 관련을 맺고 있는 것이

---

20) Bahner(1984)에서는 언어학사의 기술을 위해 인식론적 측면과 사회·역사적인 요인을 상호 결합할 필요성이 있다고 주장한다. 김현권(1991)에서 재인용.

된다.

그리고 4)의 문제를 규명하기 위해서는 1)의 연구 대상, 2)의 서술 태도, 3)의 시대 구분의 기준 등에 주목하여 조선 후기의 국어학사는 국어 의식을 중심으로 궁극적으로 사상사(History of ideas)에 결부시켜야 할 것이다. 일반적으로 말해 언어학사를 과학사 또는 과학 인식론의 입장에서 본다면 먼저 과학의 동향에 대한 연구로부터 방법론에 대한 지식을 추출하여 이를 언어학사에 투사시켜 언어과학의 인식론적 차원에서 과거 역사를 조명해야 할 것이다(김현권, 1991. 707~708).

그러므로 국어학사를 독자적인 국어학의 한 영역으로 취급할 수도 있으나 과학사의 한 분야로서 언어학사가 그 상호 관련성을 맺고 있듯이 국어학사 역시 최소한 일반 언어학사의 지평 위에서 그 독립성이 확보될 수 있을 것이다. 이러한 차원에서 언어학이 제반 사회 과학과 관련성21) 못지 않게 국어학사와 인접 학문과의 상관성이 ‘국어 의식사’라는 관점에서 제기될 때 국어학사 서술에서 새로운 지평이 마련되리라 생각한다.

물론 아직 사상사라는 특정한 과학사가 국어학사에서 어떻게 그 위치를 차지해야 하는지에 대해서는 많은 부분 숙제를 남겨 놓고 있는 것도 사실이다. 또한 그러한 국어 사상사에 입각한 서술이 의의를 가지기 위해서는 국어학사를 기술할 때 과거의 역사적 사실들에 대한 단순한 실증이나 발견이 아니라 서술자 자신의 고유한 원리나 법칙에 의거한 해석이어야 할 것이다. 그렇다면 ‘국어 의식사’라는 국어학사의 하위 분야가 과학사로서의 사상사, 좁게는 언어 사상사에 접근할 수 있는 여지

---

21) Helbig, G(1973)에서도 “…최근에 특히 분명하게 밝혀진 사실은, 언어학이 과거보다 훨씬 더 제반 사회 과학 속으로 통합되지 않으면 안된다는 점, 그리고 오로지 미시 언어학 연구에만 국한될 수 없는 것이며, 오히려 무엇보다도 언어와 사고와 사회에서의 복잡한 제반 관련을 연구 대상으로 하여야 한다는 점이다.…”라고 언급하고 있다. 任桓宰 譯(1984). 『言語學史』, 서울:경문사에서 재인용.

는 충분히 있다고 생각한다. 이러한 문제는 특히 우리 국어학사에서 조
선 후기 국어학사와 근대계몽기 이후 국어학사 서술에서 가능할 수 있
다고 생각한다.

제 2 부

조선 후기 훈민정음 연구를 통해 본 거시적 문자 의식

훈민정음 일반에 대한 의식

조선 후기 정음 일반에 대한 의식은 훈민정음이라는 문자와 관련된 양상으로 전개된다. 그러한 의식은 주로 당대 연구자들이 훈민정음이라는 문자 체계의 전체적인 부분을 포괄적으로 이해하려고 했던 점에 주목하여 그들의 정음관을 대변하는 일반적인 국어 의식이라고 볼 수 있다. 이 장에서는 그러한 정음 일반에 대한 의식이 개별 연구자들에 의해 어떻게 전개되고 있는지 살펴보기로 한다. 아래의 여러 사료들은 姜信沆(1995)에서 제시된 것을 바탕으로 하였으며, 일부는 필자가 추가한 것도 있음을 밝혀둔다.

1.1 洪良浩의 정음 일반 의식

洪良浩의 정음 일반에 대한 의식은 그의 저서인 〈經世正韻圖說序〉(耳谿集 卷十二21-24)에서 드러나는 다음의 언급을 통해서 확인할 수 있다.

明白簡易 使童子婦人可以與知 引而伸之 足以盡天下之文 通四方之音 猗歟盛哉 大聖人作爲 可與太皥畫卦史皇制字 同其功矣(글자가 명백하고 간

단하면서 쉬워 아이들이나 부인들로 하여금 알 수 있게 하였고, 그것을 확대시키면 천하의 글을 다 표현할 수 있고 사방의 음을 통하는데 충분하게 하였다. 아 성대하구나 대성인의 업적은 복희가 괘를 긋고 창힐이 글자를 만든 일과 그 공이 같구나)

위에서 파악할 수 있는 洪良浩의 정음 일반에 대한 의식은 크게 세 가지 정도로 요약될 수 있다. 우선 자형의 문제와 관련하여 그는 글자가 보기에 명백하고 간단하다고 인식하고 있다. 그리고 언어 습득론의 차원에서 훈민정음이라는 글자는 누구라도 배우기가 용이하다고 밝히고 있다. 또한 그는 훈민정음이라는 문자가 지닌 表音的 특성 및 注音的 특성을1) 찬양하고 있다.

이러한 정음 일반에 대한 洪良浩의 의식은 조선 전기에 훈민정음이라는 문자를 인식하는 태도와 사뭇 다르다. 그는 훈민정음의 간결성, 문자로서 훈민정음 습득의 용이성, 그리고 훈민정음의 표음성과 주음성에 대한 장점을 어느 정도 인식하고 있었던 것이다. 조선 전기에는 비록 훈민정음이라는 문자가 창제되기는 하였으나, 그 문자 자체에 대한 주체적인 의식은 조선 후기보다 덜 했었다. 예컨대, 崔萬理와 같은 보수적인 한문주의를 고수하려는 세력의 득세와 연산군의 諺文 禁壓의 失政 따위는 당시에 훈민정음을 주체적인 우리 문자로 인식하는 데 방해가 된 것이 사실이다. 그러나 이 시대는 민족이라는 자기 정체성을 의식하고 그

---

1) 이 글에서는 훈민정음의 表音性과 注音性을 구분하여 설명하고자 한다. 전자는 문자로서 훈민정음이 고유어나 '東音'을 표기하는 특성으로 이해하고자 하며, 후자는 문자로서의 훈민정음이 '華音'을 비롯한 다른 언어의 음을 표기하는 특성으로 이해하고자 한다. 후자의 경우는 한 언어의 표기 수단으로 다른 언어의 음을 전사하는 경우이므로 메타표기적(meta-transcription) 특성이라고 할 수 있을 것이다. 주음성이라는 표현을 일반언어학의 그것으로 확대할 수 있는가하는 의문을 제기할 수 있겠으나, 위의 본문에서 '주음성'의 개념을 제시한 것은 그것을 표음성의 개념과 대립적으로 파악하고자 하는 의도에서가 아니다. 넓은 의미에서 보면 주음성도 표음성 속에 포함된다. 그러나 이 글에서는 훈민정음의 표음적 특성을 대내적 표기 특성으로, 주음적 특성을 대외적 특성으로 파악해 보고자 구분한 것이다.

것을 구체화하려는 시도를 가졌던 시대인 만큼 이러한 洪良浩의 의식은 그 시대에 당연한 결과였을 것이다.

조선 전기는 『訓民正音』 서문에 드러나는 여러 의식-소위 자주·애민·실용 정신이라고 일컬어지는 의식에도 불구하고 훈민정음 문자에 대한 적극적 의식이 상대적으로 부족했지만 조선 후기로 접어들수록 우리 것에 대한 능동적이고 적극적인 의식이 위의 글에서 드러난 것이다. 이러한 정음 일반에 대한 의식은 이후의 일련의 연구자들에게도 발견되고 있다.

2.1 申景濬의 정음 일반 의식

申景濬 또한 그의 저서 『訓民正音韻解』의 〈訓民正音圖解叙〉 부분에서 정음에 대한 자기 나름의 의식을 전개하고 있다.

其文 點畫甚簡 而淸濁闢翕初中終音聲 燦然具著 如一影子(한글은 점과 획이 대단히 간략하고 청탁과 벽흡의 기준으로 각각 나뉘어지는 초중종성을 한 그림자처럼 완전히 갖추고 있다.)

其爲字不多 而其爲用至周(그것은 글자로 삼은 것은 많지 않으나 그 쓰임으로 삼은 것은 두루 미친다.)

書之甚便 而學之甚易 千言萬語 纖悉形容(한글은 쓰기가 매우 편하고 배우기도 매우 쉽고, 수많은 말도 자세히 표현할 수가 있다.)

雖婦孺童駿 皆得以用之 以達其辭 以通其情(비록 부녀자나 아이들이 어리석다고는 하나, 모두 한글로 써서 자기의 말을 전달하고 감정을 통하게 할 수 있다)

世宗大王製訓民正音　此古聖人之未及究得　而通天下所無字也(세종대왕께서 훈민정음을 창제하셨는데, 이것은 옛 성인도 궁리하지 못했던 일이며 세상을 두루 살피어 보아도 다시 없는 일이다)

正音不止惠我一方　而可以爲天下聲音大典也(훈민정음은 우리 나라에만 혜택이 그치는 것이 아니라 세상의 모든 소리를 기록할 수 있는 큰 법이다)

正音之理　有能推例善用　則不止三十六字母　而變通無窮矣(훈민정음의 이치는 예를 미루어 잘 쓸 수만 있다면 36자모에만 그치는 것이 아니라, 그 변통(쓰임)이 끝이 없는 문자 체계이다)

위의 원문은 申景濬이 정음 일반에 대하여 의식한 내용을 열거한 것이다. 위의 내용은 크게 다섯 가지로 정리될 수 있다. 우선 그는 洪良浩와 마찬가지로 자형의 간결성을 훈민정음의 장점으로 들고 있다. 그리고 그는 초성, 중성, 종성에 대한 삼분법적 의식을 드러내고 있다. 조선 전기에 훈민정음을 제정할 때도 중국 성운학의 이분법적 의식을 극복하고 삼분법적 의식을 바탕으로 문자를 만들었으나, 그러한 의식이 申景濬에게는 淸濁과 闢翕이라는 기준을 중심으로 계승되고 있는 것이다. 청탁은 자음에 대한 분류 기준일 터이고, 闢翕은 모음에 대한 분류 기준에 해당하는 것이다. 종성은 만들지 않고 초성을 다시 쓰므로 종성에 대한 의식은 초성에 준한다고 볼 수 있다.

또한 그는 훈민정음 사용의 편리성과 표현의 용이성에 대하여 언급하고 있다. 그래서 아이들이나 부녀자들도 훈민정음으로 그들의 의사 표현을 쉽게 할 수 있음을 강조하고 있다. 아울러 申景濬은 한글이 천하의 聲音을 기록할 수 있는 체계라고 의식하고 있다. 이것은 한글의 표음성에 대한 강조일 뿐만 아니라 한글이 그 특성 상 주음 기호로서 그 역할을 충분히 다 할 수 있는 체계임을 강조하고 있는 대목이다. 애초에 훈민정음의 창제 목적이 한자음을 표기할 수 있는 언어 기호로서 기능한 점을 인정한다면, 그는 그러한 차원에서 한글을 파악하고 있다고 봐도 무방할 것이다. 즉 훈민정음은 대내적으로는 고유어와 조선 한자음을 기록하는 우리 고유의 문자 체계인 동시에 보편적으로는(대외적으로는) 중국 한자음인 華音을 완전히 전사할 수 있는 기호 체계라는 점을 申景濬은 의식하고 있었던 것이다.

3.1 黃胤錫의 정음 일반에 대한 의식

黃胤錫은 그의 저서인 『理藪新編』 卷二十 〈韻學本源〉에서 다음과 같은 그의 정음 일반에 대한 의식을 드러내고 있다.

> 惟本國正音雖曰後出而字樣簡潔便於日用東方之有國字自此始焉(훈민정음은 나중에 나온 글자이지만, 그 글자의 모양이 간결하여 날마다 쓰기에 편하다. 우리 나라에서 나라의 글자를 갖게 된 것은 이로부터 비롯되었다)

黃胤錫은 위의 언급에서 알 수 있듯이 세 가지 정도로 정음 일반에 대한 의식을 드러내고 있다. 그는 첫째로 자형의 간결성을, 둘째로 쓰임의 용이성을 이전의 다른 연구자들과 똑같이 의식하고 있다. 그리고 셋째로 조선 전기에 창제된 훈민정음을 우리 國字라고 인식하고 있다. 즉 國字의 출발을 이전의 이두나 한문이 아니라 훈민정음에서 찾고 있다. 이것은 조선 전기의 한문주의 중심의 시각에서 벗어나는 의식이다. 이 시대에 식자층에서 진정한 우리의 글자를 한문이 아니라 훈민정음이라고 인식한 점은 조선 후기라는 시대적 상황을 반영하는 것이기도 하겠지만, 그것은 곧 우리 문자의 위상이 이 시대에 그 만큼 격상되었다는 점을 대변하고 있다고 볼 수 있다2).

4.1 鄭東愈의 정음 일반에 대한 의식

鄭東愈는 그의 漫筆集인 〈晝永編〉 二에서 다음과 같은 정음 일반에 대한 의식을 보여 주고 있다.

訓民正音 卽天下之大文獻 豈直爲朝鮮一區言語傳寫之資而已哉 音韻之學盛於沈約周顒(훈민정음은 천하의 위대한 문헌으로서 우리 나라 한 구역 안의 언어만을 기록하기 위한 책이겠는가? 음운학으로서 훌륭하기가 심약과 주옹보다 훌륭하다)

若使倉頡造書之時 有正音 而並傳 則其時字音千萬世無差誤之理…중략…未知字內更有此等文獻乎 嗚呼 唯我世宗大王易所謂聰明睿知神武不殺之聖也(고대 창힐이 문자를 만들었을 때부터 훈민정음이 있었다면 그 당시부터 전혀 오차가 없이 글자의 소리를 함께 전해왔을 것이다. 이러한 일은 오직 세종대왕 같은 총명하고 지혜로운 성인만이 할 수 있는 일이다)

訓民正音 俗稱諺文 多爲婦人及下賤所用 以致轉輾訛誤 雖世稱博雅之士 鮮有知正音字母之義者…중략…凡有意於此 學者 必先明四聲通攷之非 世宗朝舊本然後可免其差誤也(훈민정음을 속칭 언문이라고 하여 부인들이나, 아랫사람들이 많이 사용하기 때문에 뒤틀리고 잘못되고 오차가 생기어, 박식한 인사라는 사람들도 훈민정음 자모의 이치를 아는 자가 드물다. 훈민정음에 뜻이 있는 학자들은 먼저 반드시 四聲通解의 잘못됨을 밝히고 세종 당시의 훈민정음 구본을 살펴보고 그 다음에 착오가 없도록 해야 할 것이다)

鄭丈東愈工格物 嘗語不佞 子知諺文妙乎 …중략… 若註以諺文 傳之久遠

---

2) 우리 문자에 대한 긍정적이고 적극적인 의식은 우리 문자를 더 이상 한자보다 낮은 위상을 띠는 체계로 인식하지 않았던 당시 연구자들의 의식에서 나타난다. 이와 관련된 문제는 우리 문자의 명칭에 대한 의식을 다룬 다음 장에서 자세히 다루기로 한다.

寧失眞爲慮(정동유 선생은 격물에 정통한 분인데, 일찍이 나에게 다음과 같이 언급하셨다. 그대는 언문의 지묘함을 아는가? …중략… 만일 언문으로 기록하여 전한다면 아무리 오래 간들 어찌 본음이 변할 것을 근심할 것이랴?)[3]

위의 원문에서 鄭東愈는 세 가지 정도로 훈민정음의 우수성을 찬양하고 있다. 그 첫째로 그는 훈민정음이라는 문자는 한 지역의 언어만을 표기할 수 있는 문자 체계가 아니라 보편적인 주음 기호로서 온 세상의 모든 음을 전사할 수 있는 체계라고 언급하고 있다. 이러한 의식은 申景濬의 정음 의식과 유사한 견해로 중국 한자음과 조선 한자음을 훈민정음으로 충분히 기록할 수 있다는 생각이다. 즉 훈민정음이라는 문자의 표음적 성격과 중국 한자음의 전사 수단으로서의 주음적 성격을 함께 인식하고 있는 대목이다.

鄭東愈는 또 反切法의 불편함을 인지하고 그 대체 수단으로서의 훈민정음 문자의 우수성을 언급하고 있다. 한자음을 전사하기 위하여 기존에 사용해 왔던 反切法은 한자음의 정확한 표기를 위해서는 불충분한 표음법이라고 가정하고, 훈민정음이 고대로부터 있었더라면 그 단점을 보완할 수 있었을 것이라고 단언하고 있다. 여기서도 이러한 그의 의식은 훈민정음의 표음성을 높이 평가한 의미이기도 하려니와 한자음의 표기를 위한 주음 기호로서 훈민정음의 역할을 강조한 것이기도 하다.

일반 언중들이 훈민정음이라는 문자를 익혀 사용하는 것은 그들의 절름발이 언어 생활에 대한 해결책이겠으나, 식자층이 훈민정음이라는 문자를 익혀 사용한다는 의미는 한자음의 정확한 전사를 위한 것일 것이다. 따라서 그의 정음 의식은 식자층에게도 훈민정음이라는 문자가 유용한 표기 체계임을 강조한 태도이다. 따라서 조선 후기의 문자 생활

---

3) 이 내용은 유희의 언문지에서 유희가 그의 스승인 정동유의 정음 의식을 언급한 것이다.

에서 훈민정음은 일반 언어 생활의 편리함과 유용함뿐만이 아니라, 식자층의 학문 진작의 필요성을 위해서도 충분히 기능할 수 있음을 鄭東愈는 의식했던 것이다.

그러한 그의 의식은 훈민정음에 대한 연구 필요성으로 귀착된다. 즉 박식한 사람들도 정음 자모 이치를 모른다고 지적하고, 정음학에 뜻을 둔 학자들은 『訓民正音』부터 찬찬히 살펴보고 연구해야 함을 언급하고 있다. 그러한 문제 제기 때문인지는 모르나, 그의 제자인 柳僖는 훈민정음에 대한 본격적인 저술로 평가받는 『諺文志』를 저술했을 뿐만 아니라, 鄭東愈가 자신에게 강조한 정음 의식을 그의 『諺文志』 본문에서 밝히고 있다.

요컨대 鄭東愈의 정음 일반에 대한 의식은 반절법이라는 표음법보다 훈민정음 문자의 표음성과 주음적 성격을 더 강조한 것이다. 그리고 그는 그것을 보다 발전시키기 위해서는 후대의 연구자들이 「훈민정음」에 대하여 좀더 심층적 연구를 해야한다는, 정음에 대한 적극적인 의식을 드러낸 연구자라고 할 수 있겠다. 鄭東愈의 〈晝永編〉이 漫筆集에 해당하기 때문에 그 속에 드러난 그의 정음 일반의 의식이 일천한 것으로 파악할 수도 있겠으나, 그가 그의 제자인 柳僖에게 깊은 영향을 주었다는 점에서 그의 정음 일반에 대한 의식도 높게 평가할 만하다.

5.1 李思質의 정음 일반에 대한 의식

李思質은 그의 저서 『訓音宗編』 〈第十二聲音總論問答〉에서 정음 일반에 대한 의식을 다음과 같이 드러내고 있다.

訓音作字 不取會意之法 而惟取音通意之妙(훈민정음은 회의와 같은 육서

로 문자를 만든 것이 아니어서, 오직 음만 취해도 뜻이 통하도록 되어 있
는 지묘함이 있다)

訓音則不祖六法何也 曰訓文之作 本爲聲音也 是故 其主意也在聲 其致力
也在聲音 聲音若通 則不但通人之言 盡人之情而已 律呂歌謠高下節奏之
推而通曉者 不待師曠之聰 而人皆能之矣 其功豈少哉(훈민정음은 한자와
같이 육체법을 안 따르고 그 창제가 근본적으로 소리를 바탕으로 이루어
졌다. 이런 이유로 그 주된 뜻이 소리에 있으며 소리를 통한다면 단지 사
람의 말만 통하는 것이 아니라, 사람의 정을 다 표현할 수 있다. 그 뿐만
아니라, 음악, 가요의 고저도 밝게 연주할 수 있으며, 사광에게 배울 것 없
이 누구나 다 할 수 있으니 훈민정음의 공이 어찌 적다고 할 수 있겠는가?)

　李思質은 또한 『訓音宗編』〈第九訓音全文聲音起例〉에서 다음과 같
은 정음 일반에 대한 의식을 전개하고 있다.

按一初聲合十一中聲 以生十一音 十七初聲各各合十一中聲 以成全音一
百八十七 又按一中聲八變音 則十七中聲所變者 凡一千四百九十六聲 於
是乎 人之言語禽獸昆蟲之聲 無不畢形之(즉 하나의 初聲이 11중성과 합
하여 11음절이 생기고, 17초성이 11중성과 각각 합하여 187음절이 생기며,
한 中聲과 8변음으로 1496성이 생기어, 이로써 사람의 말과 짐승, 곤충의
소리까지 다 표기할 수 있다)

　위의 원문으로부터 유추할 수 있는 李思質의 정음 일반에 대한 의식
은 세 가지 정도로 요약된다. 우선 그 첫째가 표의 문자 체계인 한자와
훈민정음을 구분하고자 했던 의식이다. 즉 '會意之法'으로 대표되는 한
자의 문자 체계는 표의적 성격이 강한 글자이므로 소리를 바탕으로 하
는 훈민정음과는 성격을 달리하는 체계임을 인식하고 있다. 그와 함께
李思質은 표음성을 띠고 있는 훈민정음이 지묘함이 있다 했으니 이러한
표현은 그가 훈민정음이라는 문자를 최소한 한자와 동등한 존재로, 아

니 그 이상의 존재로 인식하고 있다는 방증이다.

표의 문자인 한자와 표음 문자인 훈민정음을 구분하는 의식을 바탕으로 李思質은 훈민정음이라는 문자 체계가 우리의 의사 소통을 위해- 비록 글이라고 할지라도- 더 유용하며, 심지어 언어의 정서적 기능에 주목하여 감정 따위를 표현하는 데도 상대적으로 한자보다 낫다고 의식하고 있다. 이 말이 함의하고 있는 것은 한자로 의사 소통이나 감정 표현을 하는 것이 불충분했다는 점이다. 따라서 이러한 의식은 우리의 언어 생활에서 훈민정음이 갖는 유용성을 적극 강조한 태도라고 할 수 있을 것이다.

그리고 李思質은 '人之言語禽獸昆蟲之聲'이라는 표현을 통해 '言語'와 '聲'에 대한 구별 의식을 드러내고 있다. 즉 그가 표현한 '人之言語'는 문맥으로 비추어 볼 때 인간의 구강에서 나오는 구체적이고 분절적인 음성에 해당한다고 볼 수 있다. 반면에 '禽獸昆蟲之聲'은 동물의 입에서 나오는 비분절적 음향에 해당한다고 볼 수 있다. 모든 소리를 훈민정음으로 표현할 수 있다면 굳이 인간과 동물로 나누어 그 소리의 차이를 각각 '言語'와 '聲'으로 표현할 이유가 없다. 그러나 추측컨대 李思質은 두 소리 사이의 구별 의식을 가지고 있었기 때문에 위와 같은 표현으로 제시했다고 볼 수 있다. 따라서 그는 음성과 음향에 대한 변별력을 내재적으로 의식한 것인데 이러한 소리들을 모두 훈민정음이라는 문자 체계로 표현할 수 있다고 했으니, 그는 훈민정음의 표음적 성격을 통해 표음 문자의 우수성을 의식하고 있었던 것이다. 따라서 그는 음성과 음향을 구분 의식을 통해 이러한 소리 모두를 전사할 수 있는 훈민정음 문자 체계에 대한 장점을 알고 있었던 연구자라고 할 수 있을 것이다.

6.1 柳僖의 정음 일반에 대한 의식

柳僖는 그의 저서『諺文志』에서 다음과 같은 정음 일반에 대한 의식
을 전개하고 있다.

況文章必常簡奧 以簡奧通情 莫禁誤看 諺文往復 萬無一疑 子無以婦女學
忽之(한문은 간결하면서도 오묘한 것을 존중하여 내용을 잘못 알아보기 쉬
우나, 한글로 쓰면 조금도 의심한 점이 없으니, 부녀자나 할 학문이라고 소
홀히 해서는 안된다)

諺文雖刱於蒙古 成於我東 實世間至妙之物 比之文字 其精有二 文字則制
以六儀 爲物散亂 不可以一例推萬狀 諺文則以中係初 以終係中 各有條脈
縱橫整齊 婦人孺子咸能頓悟 其變化殆 如大易之爻 錯綜往來 無不各從其
次序 體之精也 文字則古人諧聲之外 偏方之加 漸久漸多 古人轉注外 後
來詞客 任意變讀…중략…恒起訟辨 諺文則若移動全部則已 欲誤一字之
形 得乎欲改一字之晉 得乎 此用之精也(한글은 비록 蒙古字에 의거하여
만들어졌으나, 우리 나라에서 만들어졌으며 실로 대단히 묘한 것으로 한자
보다 뛰어난 두 가지 점이 있다. 한자는 육서법에 의해 만들어진 것이기
때문에 그 모양이 산란하여 한 예로써 만 가지를 미루어 살핀다는 것은 불
가능한 일이다. 그러나 한글은 중성으로 초성을 이어받고, 종성으로 중성
을 이어받아서, 각각 차례가 있고 가로 세로가 가지런하여, 여자들이나 아
이들이라고 하더라도 모두 쉽게 깨칠 수 있다. 그리고 그 변화는 거의 주
역의 爻數와 같아서 아무리 뒤섞여도 각기 그 순서를 따르지 않은 것이 없
으니 이는 그 자체의 정교함이다. 한자는 諧聲4) 외에 또 획수를 더하는 것
도 있어서, 세월이 흐를수록 글자수가 더 늘어나서 옛사람들이 전주한 것
외에 후세의 문인들이 제멋대로 바꾸어 읽어서 …중략… 항상 그 시비가
일지만, 한글은 전부를 옮기면 그만이며, 단 한 글자도 잘못 쓸 수 없고, 다

---

4) 六書의 하나로 두 글자를 합쳐 새로운 글자를 만드는 방법이다. 한 글자는 뜻을 나
타내고 다른 글자는 음을 나타내어 글자를 만드는 것으로 形聲과 같은 의미이다.

한 글자의 음을 다르게 읽을 수 없으니, 이것이 한글의 쓰임이 정교한 점이다)

以釋文無反切互爲之弊　通情無言語誤看之慮 …중략… 律呂音調可聽而不可見 今以筆墨形容之 亦奇哉(한글은 한문 문장을 해석할 때처럼 반절을 잘못 이해하는 폐단도 없고, 뜻을 전달할 때 말을 잘못 알아보는 두려움도 없으며…중략…율려와 음조는 귀로 들을 수 있어도 눈으로 볼 수 없는 것인데, 그것을 지금은 한글을 가지고 필묵으로 형용하게 되었으니 역시 기이한 일이다)

柳僖는 본인 스스로가 '諺文'이5) 한자보다 뛰어난 두 가지가 있음을 밝히고 있다. 그 하나는 '此體之精也'로 표현된 뛰어난 점이고, 다른 하나는 '此用之精也'로 표현된 뛰어난 점이다. 전자와 관련된 구체적인 것은 자형의 정교함과 初中終聲의 결합으로 음절이 구성될 때의 정교함을 언급한 내용이다. 그는 한자는 그 모양이 산란하여 일례로 萬狀을 살피기 어려움을 지적하고 있다. 그 반면에 諺文은 부녀자나 아이들이 배울 수 있을 만큼 자형과 그 자형의 결합이 가지런하다는 점을 강조하고 있다. 이러한 그의 의식은 우리 문자에 대한 긍정적 태도인 동시에 문자 습득의 용이성을 강조한 것으로 그의 선진적인 정음 일반에 대한 의식을 엿볼 수 있다.

또한 柳僖는 언문을 사용함에 있어서도 언문이 한자보다 쓸모가 있음을 밝히고 있다. 이 '此用之精也'와 관련된 것은 한자의 폐단과 한글의 표음성에 대한 대조가 그 내용이다. 즉 한자는 그 수가 늘어 후세인들이 임의로 잘못 읽는 폐단이 있고 다툼이 있는 데 반해 한글은 잘못 쓸 수 없고, 한 글자를 다르게 읽을 수 없다는 장점이 있다는 것을 강조하고

---

5) 柳僖가 비록 '諺文'이라는 표현으로 훈민정음을 대신하고 있으나, 그는 이 '언문'에 대한 부정적인 의식을 드러내지 않고 있기 때문에 그의 '언문'은 훈민정음과 지시적 의미가 같은 것으로 본다.

있다. 그것이 언문이 한자보다 쓸모에 있어서 정교한 점이라는 것이다. 즉 표의 문자가 근본적으로 안고 있는 문제를 표음 문자의 정교함으로 해결할 수 있다는 의식을 보여주고 있는 대목이다. 이는 柳僖 스스로가 표음 문자의 우수성을 인정하고 있다는 것이다.

그리고 柳僖는 이러한 표음 문자의 우수성과 관련해서 反切을 잘못 이해하는 폐단과 뜻을 글로 전할 때 오해의 소지가 생기는 점이 언문으로 표현되면 해소될 것을 인식하고 음악(가락)과 음조 따위조차도 언문으로 표현할 수 있다는 점에 놀라고 있다. 반절법의 폐단을 줄일 수 있다는 점을 의식하고 있다는 점은 그의 스승인 鄭東愈의 의식을 이어받은 소산이며, 음악과 음조 따위를 언문으로 형용할 수 있다는 의식을 인식하고 있는 점은 李思質과 동일하다.

요컨대 柳僖의 정음 일반에 대한 의식은 자형 및 자형 결합의 정교함, 쓰임의 정교함, 그리고 반절의 대체 수단으로서의 편리함 등을 강조한 의식으로 훈민정음 전반에 걸쳐 있다고 해도 과언이 아니다.

7.1 李圭景의 정음 일반에 대한 의식

李圭景은 그의 저서 『五洲衍文長箋散稿』에서 언어와 문자에 대하여 연구하고 논증한 결과를 40여개의 항목의 辨證說로 나누어 설명하였다. 아래의 원문은 그 중에서 〈諺文辨證說〉과 〈反切翻紐辨證說〉에서 언급한 내용이다.

> 諺文卽我世宗朝出自聖意 …중략…以翻萬物難狀之音(한글은 세종 때 세종대왕의 뜻으로 만들어졌는데, …중략…오만가지 표현하기 어려운 음도 다 기록할 수 있다)

若隨聲成字則增衍幾何字　生生不窮焉　雖使倉史製字　何以如此　夫天下萬國　各有其國之書 …중략…俱不如(한글은 소리를 따라 글자를 만들면 무진 무궁하게 새 글자를 만들어 낼 수가 있으니, 비록 倉史로 하여금 글자를 만들게 한다고 하더라도 이럴 수는 없으며 천하의 여러 나라가 제각기 그 나라 글자를 가지고 있어도 … 중략…그 갖춤이 한글과 같지 않다)

我王考靑莊公所撰盎葉記　訓民正音初終聲通用八字　皆古篆之形也…중략…翻切 凡十四行 逐字橫讀之若可拿多羅之類 自然如西域梵呪 盖字畫莫善於中國之篆籒 聲韻莫善於西域之唄呪 故兼此二妙者訓民正音也 匪聖人 烏能與於此乎(나의 조부인 李德懋가 찬한 盎葉記에서 말씀하시기를 "훈민정음의 初聲과 終聲으로 통용되는 여덟 글자는 다 고전의 모양이고 …중략…번절 열 네 줄을 글자를 좇아 옆으로 가나다라식으로 읽으면 서역의 범주와 같아지는데, 대개 이르기를 자획은 중국의 전주보다 나은 것이 없고 성운은 서역의 패주보다 나은 것이 없다고 하는데 이 두 가지의 묘를 겸하고 있는 것이 훈민정음이니 성인이 아니고서야 어찌 이와 같이 할 수 있겠는가라고 하였다.

翻切之法　莫妙于我之訓民正音也　非徒萬國之語　雖風雨烏獸忠多難象之音　皆可得以翻焉　則中原無窮之字　西域無窮之音　自在其中矣(번절법은 우리 훈민정음보다 못한데, 훈민정음은 비단 만국의 언어뿐만이 아니라 바람 소리, 비 소리, 새 소리, 짐승 소리, 벌레 소리 등 표현하기 어려운 소리까지도 다 표현할 수 있다)

정음 일반에 대한 李圭景의 의식은 대략 네 가지 정도로 정리될 수 있다.

우선 그는 훈민정음이 '翻[6)]萬物難狀之音'이라 하여 표현하기 어려운 여러 음을 전사할 수 있다고 했으니, 이 점은 훈민정음의 표음적 성격을 드러내는 구절이다. 따라서 李圭景은 앞선 연구자들과 마찬가지로 훈민

---

6) 여기서 '翻'이라고 함은 단순히 번역한다는 의미보다는 '전사한다'는 의미로 이해되어야 할 듯하다.

정음이 표음 문자라는 사실을 의식하고 있던 것이다.

그리고 李圭景은 자획은 중국의 篆籀보다 나은 것이 없고, 聲韻은[7] 서역의 唄呪보다[8] 나은 것이 없다고 하지만, 이 두 가지를 겸비한 것은 훈민정음 문자뿐이라고 역설하고 있다. 이러한 李圭景의 생각은 자획 내지는 자형에 있어 훈민정음이 篆籀에 버금 간다는 의식을 드러내는 것이고, 또한 훈민정음의 성운이 唄呪의 성운에 버금 간다는 의식도 담고 있는 것이다.

전자의 의식은 훈민정음 문자의 간결성과 깊은 관련이 있는 동시에 정음의 초성과 종성으로 통용되는 8자의 기원이 篆籀 모양이라는 그의 조부의[9] 한글 기원 의식과도 관련이 될 수 있을 것이다. 즉 훈민정음이 篆籀를 본떠 만든 문자라는 점에서 훈민정음도 篆籀만큼의 훌륭함을 지니고 있다고 판단한 것이다. 이 점은 다른 연구자들이 훈민정음의 자형 혹은 자획이 한자보다 간결하다고 보았던 의식과는 약간의 차이가 있다. 李圭景은 위의 문맥으로 볼 때 篆籀와 훈민정음 두 문자가 공히 자획의 측면에서 간결하다는 보고 있는 것이다.

후자의 의식은 훈민정음 자모의 결합 양상, 즉 음절과 관계되는 내용으로 유추될 수 있다고 생각한다. 그러한 근거는 본문에서도 제기되고 있지만, 翻切[10] 열 네줄의 글자를 따라서 가나다라식으로 읽으면 서

---

7) 이 본문에서 '聲韻'의 의미는 한자음을 논할 때 제기되는 성운의 의미일 수도 있으나, 초성과 중성과 종성을 합한 음절의 개념으로 혹은, 음성(소리)의 개념으로 이해되어야 할 듯 싶다. 즉 낱낱의 소리 마디 내지는 소리 덩어리에 해당하는 개념으로 파악하는 것이 오히려 타당하다.

8) 여기서 唄呪는 梵字를 가리키는 것으로 이해된다.

9) 李圭景의 祖父는 李德懋이다.

10) 宋의 毛晃의 「增修禮部韻略」의 서문에 "反切音韻展轉相協 謂之反亦作書翻 兩字相摩以成聲韻 謂之切 其實一也"라고 하였는데, 이것은 곧 '反'과 '切'은 결국 한 가지이니 '反'은 또 '翻'으로도 쓰인다고 하였다(국어학 사전, 1995 한글학회). 그렇다면 '反切'은 곧 '翻切'과 같은 의미인데 위에서 '翻切'은 윗글자의 聲과 아래글자의 韻을 합하여 이루는 '反切'의 개념보다는 음절 문자로서 한글의 별칭의 의미를 띠는 '反切'의 개념으로 이해하는 것이 타당할 것으로 생각된다.

역의 梵呪와11) 같다고 했던 표현에서 읽어낼 수 있다. 그렇다면 여기서 우리는 李圭景이 국어를 음절 문자로 의식하고 있다는 점을 확인할 수 있겠다.

李圭景은 또한 반절법의 불편함을 지적하며 훈민정음이 반절법을 대체할 수 있는 문자 체계임을 강조하고 있다. 그러한 대체가 가능한 것은 훈민정음이 만국의 언어 곧 음성뿐만이 아니라 음향까지도 기록할 수 있는 보편적 표음성을 띠고 있기 때문이라는 점을 부연하고 있다. 이러한 李圭景의 의식은 李思質이 언급한 음성과 음향의 구분 의식, 그리고 鄭東愈와 柳僖가 지적한 바와 같이 반절법의 대체 수단으로서 훈민정음의 역할을 강조한 의식의 계승이라고 할 수 있을 것이다.

8.1 盧正燮의 정음 일반에 대한 의식

盧正燮은 그의 저서 『廣見雜錄』에서12) 그의 정음 일반에 대한 의식을 드러내고 있다.

> 訓民正音可以通用於天下者也(훈민정음은 온 세상에 두루 쓰일 수 있는 글자다)

> 音非不丁寧曉喩　而終是假借他字　又是分合二字　豈如正音之直言동音강音簡易直捷哉(다른 자를 빌려 두 자를 나누고 합하여 음을 표음하는 반절법보다는 정음의 직음법으로 간결하고 빠르게 표현할 수 있다)

> 若復有如成公黃公之講究　而中華士大夫知其爲天下之文獻,　則安知不悅

---

11) 여기서 梵呪는 唄呪와 같은 의미로 역시 梵字를 가리키는 것으로 이해된다.
12) 廣見雜錄은 蓮谷先生文集의 卷之十三에 雜稿라는 형식으로 수록되어 있다.

繹之者哉 然余有所重爲之歎嗟者 此是天下之文字 而本土之人士 不思所
以講明而相傳 只付之婦女之不解楷書者·閭巷之不識文字者 私相常用而
已…중략…凡民之日用不知固自如是 而逐至於原本之不可得見 本國聖人
之作 而本國之人乃如是 則尙可以講明之 而達之天下乎(만약 다시 성공-
성삼문-과 황공-황찬-이 강구한 것처럼 중화 사대부가 천하의 문헌임을 알
게 된다면 어찌 기뻐하여 근원을 캘 줄 모르겠는가? 내가 거듭 안타까워하
는 까닭은 이렇게 훌륭한 천하의 문자인데 우리 나라 선비들이 이를 연구
할 생각은 않고 부녀자 또는 거리의 무식한 사람이나 사사로이 쓸 뿐이
니…중략…무릇 백성들이 날마다 쓰는 것을 진실로 이와 같이 알지 못하
며, 성인이 지으신 훈민정음원본까지 얻어보지 못하니 우리 나라 사람들이
어떻게 훈민정음을 연구하여 세상에 펼 수 있겠는가?)

盧正燮의 정음 일반에 대한 의식은 세 가지 정도로 나뉘어진다. 우
선 그는 정음의 주음적 특성을 강조하고 있다. 즉 훈민정음은 온 세상에
두루 통행될 수 있는 문자라고 하였으니, 이 점은 훈민정음을 가지고 東
音 뿐만이 아니라 華音까지도 표기할 수 있다는 의식이라고 볼 수 있다.

또한 그는 반절법의 번거로움 대신에 직접 모든 음을 표기할 수 있
는 훈민정음의 문자 체계를 보다 간결하고 빠른 것으로 이해하고 있다.
이러한 반절법 대체 수단으로서의 훈민정음의 위상을 높이 평가한 의식
은 앞에서 열거한 여러 학자들에게도 드러났듯이 조선 후기 연구자들의
일관된 태도였다.

그리고 마지막으로 그는 훈민정음이라는 천하의 문자를 식자층에서
도 연구해야 하는 당위성을 역설하고 있다. 이러한 의식은 鄭東愈가 정
음학 연구를 강조한 것과 같은 맥락으로 그 이면에는 훈민정음이 더 이
상 아랫사람들이 쓰는 천한 문자가 아니라, 일상적으로 모든 이가 쓰는
문자로 인식하고 식자층에서도 그 이치를 알아야 함을 강조하고 있는
태도라 할 수 있겠다.

9.1 鄭允容의 정음 일반에 대한 의식

鄭允容은 그의 저서인 『字類註釋』의 첫머리에서 그의 정음 일반에 대한 의식을 드러내고 있다.

若訓民正音　則只一ㄱ母而凡屬ㄱ音字　周流包括一定不易　而萬變不窮也 (훈민정음은 반절법과는 달리 자음을 간편하게 고정적으로 표음할 수 있다)

歌求子音之別標　訓民正音無以尙矣　書不幾字　字不幾畫　而經緯錯綜離合變化　字體楷正　摸寫簡便　五聲七音還相流通　凡天下萬字萬音　雖轉折精微形摸艱澁字　反切所不能盡字　惟此爲能盡字(훈민정음은 몇 글자 몇 획 되지도 않지만, 여러 가지로 변화하되 자체가 단정하여 쓰기에 간편하고, 반절법으로는 표음할 수 없는 천하의 온갖 자음이나 소리를, 변했으면 변한 대로, 세세하고 형용하기 어려운 것까지 모두 표음할 수 있다)

訓民正音可以通行於天下者也　…중략…　若其時有聖人作　而刱物製字如訓民正音　則豈復有字音之譌哉(훈민정음은 가히 천하에 통용될 수 있다. …중략… 만일에 옛날에 성인(세종)이 계셔서 훈민정음을 만들어 표음해 왔더라면 자음이 변하지는 않았을 것이다)

字母切音　本非華製　從西而來者也　何西音之製　可行於中華　而東音之製不可達之天下乎(훈민정음은 동음과 화음뿐만이 아니라 천하의 모든 음을 다 표기할 수 있으며, 자모가 서쪽(인도)으로부터 중국에 들어와 통행되고 있듯이, 한글도 천하에 통용될 수 있다.

여기서 鄭允容은 정음 일반에 대한 의식을 여러 모로 드러내고 있다. 그런데 그의 여러 의식은 이전이 연구자들이 강조한 것을 다시 언급하고 있다. 특히 그는 鄭東愈의 정음 의식과 盧正燮의 정음 의식을 계승한 점이 있다. 즉 훈민정음은 그 자형이 간결하다는 점, 훈민정음은 반절법보다 우수하다는 점, 훈민정음은온갖 음성을 기록할 수 있는 표음적이고, 주음적 특성을 지닌 문자라는 점 등이 그것이다. 따라서 훈민정음은 천하에 통용될 수 있는 훌륭한 문자라고 鄭允容은 의식하고 있다고 볼 수 있다.

이상으로 우리는 조선 후기의 여러 연구자들의 훈민정음 일반에 대한 의식을 알아보았다. 제학자들 모두 우리 문자의 우수성에 대한 자신의 견해를 피력함으로써 이 시대의 문자 의식의 한 양상을 파악할 수 있었다. 이들이 품었던 훈민정음 일반에 대한 의식은 다음과 같이 정리될 수 있겠다.

첫째, 조선 후기의 여러 연구자들은 훈민정음이라는 문자의 자형이 간결하면서 정교하다는 견해를 밝혔다. 중국 글자인 한자보다 그 글자의 모양이 간단하면서도 오묘하다는 의식을 드러내고 있다. 洪良浩, 申景濬, 黃胤錫, 柳僖, 李圭景, 鄭允容 등이 제시한 바 있다.

둘째, 조선 후기의 여러 연구자들은 훈민정음의 표음적 특성과 주음적 특성에 주목한 의식을 드러냈다. 본문에서 언급한 바 있으나, 이 두 특성은 본질적으로는 한 개념의 상하 관계에 있다고 볼 수 있다. 그러나 당시의 제학자들은 훈민정음을 한 국가 안에서 그 나라의 말의 표기 수단으로만 의식한 것이 아니라, 소위 '天下의 聲音'을 다 표기할 수 있는 수단으로 훈민정음이라는 문자를 의식했다. 따라서, 이 글에서는 훈민정음이라는 문자에 대해 당시의 연구자들이 보편적 표기 수단 내지는 발음 기호로까지 의식했다는 점에 주목하여 훈민정음의 주음적 특성을 표음적 특성으로부터 부각시켜 보았다. 이러한 의식을 드러낸 연구자들은 洪良浩, 申景濬, 鄭東愈, 柳僖, 李圭景, 盧正燮, 鄭允容 등이다.

셋째, 조선 후기의 여러 연구자들은 훈민정음이 사용하기 편리한 문자라는 점을 언급하면서 그 문자를 통한다면 의사 표현이 용이할 수 있을 것이라는 의식을 전개하였다. 이러한 의식 역시 제 나라 문자에 대한 우수성을 강조한 것으로 그러한 의식은 문자 습득의 용이성이라는 의식과 맞물려 훈민정음 중심의 언어 생활이 그 이전 시대보다 실질적으로 강조된 양상이었다. 따라서 이러한 의식 속에는 제 나라의 문자를 폄하하거나 낮추어 보는 의식이 드러나지 않았다고 볼 수 있다. 이러한 의식을 보여 준 연구자들은 洪良浩, 申景濬, 黃胤錫, 李思質 등이다.

넷째, 조선 후기의 여러 연구자들은 그 동안 불편하게 사용해 오던 반절법을 대신할 수 있는 체계로서 훈민정음의 우수성을 의식하고 있었다. 실상 반절법을 이용해 온 계층은 주로 양반층이었다. 그런데 주로 한자를 사용하는 그들에게조차 훈민정음이라는 문자가 유용한 특성이 의식되었다는 것은 곧 훈민정음이 특정한 계층만을-아녀자나 아이들 위한 문자가 아니라 모든 계층이 자기의 처지에 맞게 이용할 수 있는 문자라는 것을 방증한다고 볼 수 있다. 이러한 의식을 강조한 연구자들은 鄭東愈, 李圭景, 盧正燮, 鄭允容 등이다.

다섯째, 조선 후기의 몇몇 연구자들은 훈민정음이 지니고 있는 장점을 인식하도록 식자층에게 훈민정음 연구의 필요성을 역설하는 의식을 전개하기도 하였다. 그러한 의식은 鄭東愈와 盧正燮의 언급에서 발견할 수 있었다. 이러한 연구자들의 주장은 이 조선 후기가 바로 훈민정음 연구의 부흥기라고 평가하는 기존의 시각에 대한 근거로서도 그 의미를 띠고 있다고 할 수 있다.

그 밖에 훈민정음을 '國字'로서 적극적으로 의식한 黃胤錫, 보편언어학적 시각에서 '言語'와 '聲'을 통해 음성과 음향의 구별 의식을 드러낸 것으로 파악되는 李思質, 자형 결합의 정교함을 강조하여 그 나름의 음절 의식을 드러낸 柳僖의 국어학적 견해들이 주목할 만한 훈민정음 일반에 대한 의식이었다.

이 시대의 훈민정음 일반에 대한 의식은 대개 여러 연구자들마다 공통되는 면이 있었다. 그러나 그들의 훈민정음 일반에 대한 의식은 그 이전 시대, 즉 조선 전기보다 훨씬 적극적이고 긍정적인 일관성이 존재하는 것이었다. 그런 의미에서 각 연구자들의 국어 의식을 천편일률적이라고 치부하기에는 그들이 전개한 의식이 선진적이라고 할 수 있다. 이렇게 훈민정음 일반에 대한 그들의 의식은 훈민정음이 더이상 한자의 그늘에만 머무를 수 없었던 조선 후기라는 시대적 상황과 무관하지 않았다고 볼 수 있을 것이다.

2 훈민정음 명칭에 대한 의식

2.1 諺文에 대한 새로운 개념 접근

우리 문자에 대한 조선 후기의 의식을 논하기 위해서는 조선 전기와 비교론적 접근이 필요하다고 전장에서 언급하였는데, 이 장에서는 먼저 '諺文'에 대한 현대 국어 사전의 정의의 문제점을 제시하면서 논의의 출발점을 삼으려 한다. '언문'에 대한 현대 사전의 뜻풀이는 다음과 같다.

㉠ 국어대사전(1996, 금성판)
  언:문[諺文] 몡 {'상말을 적은 글자'라는 뜻} '한글'을 한문(漢文)에 상대하여 낮추어 일컫던 말.
㉡ 우리말 큰사전(1994, 한글학회)
  언:문 몡 ① 전날에 일컫던 '한글'의 낮은말. ②… …. [諺文]

위의 두 사전에서는 '언문'에 대하여 '한글을 낮추어 일컫던 말' 내지는 '한글의 낮은말'이라는 뜻으로 정의하고 있다. 이 두 정의는 '諺'의 訓에13) 주목하고 일부 사대부나 양반층에서 한글을 무시했다는 일부의 역사적 사실에만 초점을 두어 뜻풀이를 한 듯하다. 그러나 위의 두 사전의 정의는 중세와 실학 시대에서 '언문'이라는 단어가 나오는 여러 기록을 살펴본 결과 적절하지 못한 뜻풀이임을 알 수 있다. 일찍이 安自山도 '언문'이라는 명칭이 결코 야비한 것이 아니고 적절한 意義로 된 것이라고 그의 글에서14) 밝히고 '언문'이라는 표현을 고수해야 한다고 주장하였다. 그러나 그 동안 나온 여러 국어사 및 국어학사 관련 연구서에서는 '언문'을 위에 제시된 두 사전의 개념과 크게 차이를 보이지 않는 부정적 의미로 해석을 하고 있음을 알 수 있다.

이것은 곧 두 가지의 중요한 점을 제기한다. 우선 지금까지 '언문'이라는 개념을 지나치게 부정적인 역사적 개념으로 낮게 평가하고 있다는 하고 있다는 점이 그 하나요, 다른 하나는 그와 관련하여 과거에 쓰인 '언문'이라는 표현이 가지고 있는 본질적 의미에 충실하여 그 개념을 다시 음미해 보아야 한다는 점이다.

이와 관련하여 우선 우리는 북한에서 나온 조선말 대사전(1992, 사회과학원 언어연구소 편)의 정의를15) 참고하여 새롭게 '언문'의 정의를 내릴 필요가 있다. 또한 새롭게 내린 정의의 타당성을 입증한다는 측면에서도 '언문'이라는 단어가 등장하는 기록을 바탕으로 '諺文'과 '訓民正音'과의 상관성과16) 그것을 통해 '언문'의 의미에 대한 조선 전기의 의식과

---

13) '諺'의 訓은 '상말(常-)'이다. 漢語大詞典에서도 '諺' 의미는 '일상의 말'이라고 기술되어 있다.

14) 安自山(1938), "諺文名稱論", 『正音』26호(朝鮮語學研究會)를 참고할 것.

15) 조선말 대사전에 등장하는 '언문'의 정의는 다음과 같다.

   언문² [명] 늘 쓰는 입말의 글이라는 뜻으로 처음에는 우리 민족글자인 《훈민정음》을 글말의 글자인 한자, 한문에 상대하여 이르는 말. 뒤에 한자, 한문을 떠받드는 기풍이 조장되면서 우리 글을 낮잡아보는 글이 되었다……

조선 후기의 의식을 비교하여 우리는 우리 글에 대하여 조선 후기 연구
자들이 보여주는 근대 지향적 인식을 일반론적 국어 의식(언어 의식)이라
는 차원에서 새롭게 파악할 수 있다.

2.2 諺文 명칭에 대한 조선 전기의 의식

우리 글에 대한 조선 후기의 의식을 살펴보기 위해서 먼저 우리는
15세기에 창제된 훈민정음과 언문이 조선 전기의 여러 기록에서 어떻게
표현되고 있는가를 먼저 검토해 볼 일이다. 아래 제시된 기록을17) 보
자.

①『世宗實錄』권 102, 世宗 25년(1443) 12월 조에 "是月 上親制諺文二十
八字 … … 是謂訓民正音" - 이 달에 임금이 친히 언문 28자를 만들
다. (중략) 이것은 이른바 훈민정음이라고 부른다.

②『世宗實錄』권 103, 世宗 26년(1444) 2월 병신(丙申) 조에 "命集賢殿校
理崔恒 … … 指議事廳 以諺文譯韻會" - 집현전 교리 최항 등에 명하
여 (중략) 의사청에서 언문으로 운회를 번역하게 하다.

③『世宗實錄』권 113, 世宗 28년(1446) 9월 조에 "是月 訓民正音成 御製
曰 … … 正音之作 無所祖述" - 이 달에『훈민정음』이 완성되었다. 임
금이 지어 말씀하시기를 (중략) 훈민정음을 지은 것은 옛 사람이 저술

---

16) 方鍾鉉의『訓民正音通史』(1948)에서는 훈민정음과 언문을 국어학사 시대 구분의
요소로 제시하여 제1기 訓民正音 時代(세종25년~ 연산군 11년), 제2기 諺文 時代
(중종 22년~고종30)로 명명하고 있다. 그러나 조선 후기에도 '訓民正音'이라는
표현이 여러 문헌에서 자주 드러나기 때문에 이러한 구분은 아주 적절하다고 볼
수는 없다.
17) 이 기록의 대부분은 정광 외(1997)에서 제시한 자료에서 재인용하였음을 밝혀둔다.

한 바가 없다.

④ 『世宗實錄』 권 114, 世宗 28년(1446) 11월 임신(任申) 조에 "命太祖實錄入于內遂置諺文廳 考事迹添入龍飛詩" - 태조실록을 입내(入內)하도록 명하고 이어서 諺文廳을 설치하였으며 사적을 고찰하게 하여 용비어천가의 시가에 삽입하도록 하였다.

⑤ 『慵齋叢話』 권 7에 "世宗設諺文廳 命申高靈成三問等制諺文" - 세종이 諺文廳을 설치하고 신숙주와 성삼문 등으로 하여금 언문을 짓게 하다.

⑥ 『世宗實錄』 권 114, 世宗 28년(1446) 12월 기미(己未) 조에 "傳旨吏曹今後吏科及吏典取才時 訓民正音並令試取 雖不通義理 能合字 取之" - 이조에 전지하기를 '이제부터 이과와 이전 취재 시에는 훈민정음을 함께 시험하되 그 뜻과 이치에 통하지 않더라도 능히 합자할 수 있으면 채용하라'고 하다.

⑦ 『世宗實錄』 권 116, 世宗 29년(1447) 4월 신해(辛亥) 조에 "先試訓民正音 入格者許試他才 各司吏典取才者並試訓民正音" - 먼저 훈민정음을 시험하고 합격한 자에게만 다른 시험에 응시할 수 있게 하다. 각 관청에서 이전의 취재를 하는 경우 훈민정음을 함께 시험하다.

⑧ 文宗 원년(1450) 10월 - 正音廳 設置.

⑨ 『月印釋譜』(1459) 世祖 御製 序文에서 "撰成釋譜詳節 就譯以正音 殺人人易曉" - 『석보상절』을 편찬하여 완성하고 이어서 훈민정음으로 번역하여 사람들로 하여금 쉽게 알 수 있게 하게 하였다.

⑩ 『世祖實錄』 권 21, 世祖 6년(1460) 9월 경인(庚寅) 조에 "禮曹啓 訓民正音先王御製之書 東國正韻洪武正韻皆先王撰定之書" - 예조에서 계하기를 『훈민정음』은 선왕이 만드신 책이고 『동국정운』과 『홍무정운

역훈」도 모두 선왕께서 정하여 편찬한 책이다.

⑪ 世宗實錄』 世宗 30년(1448) 3월 조에 "驛召尙州使金鉤 鉤爲尙州未半年 時集賢殿奉敎 以諺文譯四書 直提學金汶主之" - 역에 명하여 상주 목사 김구를 부르다. 김구는 상주에 간 지 반 년도 채 못 되었다. 이 때 집현전에서 임금의 말씀을 받들어 언문으로 사서를 번역하였으며 직제학 김문이 이를 주재하였다.

⑫ 『世宗實錄』에 소재된 崔萬理 상소문에서 "我朝自祖宗以來 至誠事大 ―尊華制今當同文同軌之時 創作諺文有駭觀聽" - 우리 나라는 조종 이래로 지성을 다해 중국을 섬기면서 모두 하나같이 중국의 제도를 준수하고 이제 같은 문자, 같은 궤도(법률이나 제도가 같음을 비유함)를 사용하는 때에 언문을 창작하는 것은 보고 듣기에 해괴함이 있습니다.

⑬ 신숙주의 『保閒齋集』 권 7에 부록된 '신숙주의 행장(行狀)'(姜希孟 撰) 에 "上 以本國音韻 與華語雖殊 其牙舌脣齒喉淸濁高下 未嘗不與中國同 列國皆有國音之文 以記國語 獨我國無之 御製諺문자母二十八者" - 임금이 말하기를 본국의 음운으로 말하면 비록 중국어와 다르나 그 아음, 설음, 순음, 치음, 후음과 청탁고저의 소리는 중국과 더불어 다르지 않다. 열국이 모두 그 나라의 소리에 맞는 문자가 있어 나랏말을 적는데 오직 우리 말만이 문자가 없어서 임금이 언문 28자를 지었다.

⑭ 崔世珍의 『訓蒙字會』 권두 凡例에 나타나는 '諺文字母'

⑮ 『燕山君日記』 권 54, 연산군 10년 7월 무신(戊辛) 조에 "且今後諺文 勿敎勿學 已學者 亦令不得行用 凡知諺文者 令漢城五部摘告 其知而不告者 幷隣人罪之 …… 朝士家所藏諺文口訣書冊 皆焚 之 如飜譯漢語諺文之類 勿禁" - 이제부터 언문을 가르치지도 배우지도 말 것이며 이미 배운 사람도 실제로 쓸 수 없다. 한성의 5부에 명령하여 언문을 아는 사람을 모두 적발하여 고하게 하고 이를 알면서도 고하지 않는 사람은 그 옆집 사람에게 죄를 주라. (중략) 조정 사대부 집에 소장된

언문과 구결로 된 서책은 모두 불태우라. 중국어를 번역한 언문은 금하지 않는다.

위의 기록들을 살펴보면 15 세기에는 전반적으로 '훈민정음'의 개념이 '언문'의 개념과 그 의미에 있어서 큰 차이를 보이지 않는다. 실록에서도 ①에서와 같이 '上親制'의 표현과 '언문'이 함께 등장하고 ⑤, ⑬에서도 '御製諺文'이라는 표현이 등장하는 것을 보면 이 시기의 '언문'의 개념은 한글을 부정적으로 낮추어 부르는 의미를 띠고 있지 않는다고 볼 수 있다. 왜냐하면 임금께서 친히 만든 것을 감히 낮추어 표현할 수 있는 개연성은 실제로 불가능하기 때문이다. 오히려 '언문'이라는 표현은 그것이 당시에 어떤 목적의 표기 수단으로 기능했는가 하는 점(창제 목적)을 고려해 볼 때18) '운서'의 번역어로서의19) 기능을 담당하는 의미로까지 ②에서 해석되고 있음을 우리는 알 수 있다.

만약에 이 시기에 '언문'을 한글을 낮추어 부르는 말이었다면 당시에 조정에서 ④에서 보는 바와 같이 '諺文廳'이라는 표현으로 국가 기관을 설치했을까 하는 의문이 들기도 한다. 또한 ⑧에서 드러나는 '正音廳' 설치라는 역사적 사실이 우리 말의 위상을 높이기 위한 명칭 변경이 아니었다면 '언문'이 갖는 부정적 의미는 이 시기에 없지 않았나 생각된다. 따라서 '훈민정음'이 ⑨의 '譯以正音'에서 보는 바와 같이 번역의 수단으

---

18) 정광 외(1997)에서는 훈민정음이 창제된 이후 적어도 세 가지의 표기 수단으로 이 문자가 사용되었음을 정리하여 제시하고 있다. 첫째로 고유어를 표기하는 문자, 둘째로 한자의 東音을 정리하는 데 그 발음 기호, 셋째로 중국어를 학습하는 데 있어 표준적인 漢音을 정하여 표음하는 기호로서 이용되었음을 밝히고 있다. 金完鎭(1972)에서는 당시의 문헌마다 한자음을 注音하는 방식이 차이가 나는 것으로 보아 창제의 목적은 한자와 훈민정음의 조화로운 병용을 의도한 것이었고 결국 문자의 사용도 한자와 훈민정음의 이중구조로 되어 있었다고 파악하였다.

19) 이것은 한문의 번역 수단으로서의 상위 언어(meta-language) 기능으로도 이해될 수 있겠다. 물론 운서의 번역 수단으로서의 훈민정음은 주로 표준적인 漢音을 전사하는 주음 기호로서의 의미를 띠는 것이지만, 훈민정음의 상위 언어적 기능은 ⑪에서 보다시피 당시에 번역되었던 '諺解類'들까지도 고려하면서 부여한 기능이다.

로 이해될 수 있다면[20] 우리는 훈민정음과 언문의 그 내포적 의미는 같다는 주장을 할 수 있을 것이다. 따라서 이 글에서는 訓民正音=諺文이라는 입장을 취하고자 한다. 다시 말하면 기존의 사전적 정의와 같이 언문은 한글을 낮추어 부르는 말이라는 전제하에 훈민정음과 언문을 비교하면 위의 기록으로 미루어 볼 때 '훈민정음'은 한글을 낮추어 부르는 말이라는 모순된 등식이 성립할 수 있기 때문에 여기서 우리는 중세의 '언문'이라는 표현 곧 훈민정음의 단순한 이칭으로 이해해야 할 필요가 있다.

그런데 ⑫의 崔萬理의 상소문에서 나타나는 언문이라는 표현과 ⑮의 표현은 위에서 언급한 다른 기록과는 달리 화자 내지는 서술자의 부정적 가치 판단이 개입된 것으로 볼 여지는 있다. 崔萬理의 경우 한글 창제를 극구 반대했던 인물이고 연산군 시대에는 소위 '諺文禁壓'의 사건으로 훈민정음의 탄압하여 사용을 금하는 조처가 취해진 시기이기 때문에 그러한 추측이 가능하다. 그러나 崔萬理의 경우는 당시에 보편적으로 사용되고 있는 '언문'의 표현을 답습했을 것으로 추측되고 연산군의 경우는 그가 언문에 대한 탄압을 명하기는 했으나[21] 연산군 자신도 직접 '樂章'을 언문으로 지은 기록이 있는 것을 보면[22] 당시에 '언문' 이라는 문자 자체는 부정적 대상으로 사용되었다고 볼 수만은 없다. 또한 연산군 시대에 역서와 제문 등의 일상적인 글을 언문으로 번역하여 사용하고[23] 궁중에서 언문이 사용된 사실을 보여주는 기록을[24] 보더라도

---

20) 물론 기록에서 '훈민정음'이라는 표현은 우리 문자 혹은 우리 말이라는 의미 말고도 ③과 ⑩에서 보는 바와 같이 문헌의 의미로도 사용된다. 그러나 그것은 이 논의에서 문자 혹은 우리 말로서의 훈민정음=언문이라는 등식과 차원을 달리하는 것이다.

21) 위의 기록 중에서 ⑮에 나타나는 역사적 사실로부터 유추할 수 있다.

22) 정광 외(1997)의 121~122 쪽을 참고할 것.

23) 정광 외(1997)에서는 『燕山君日記』 권 56, 연산군 10년 12월 병인(丙寅) 조의 "命兵曹正郎曺繼衡 以諺文飜譯歷書"의 기록을 통하여 그 사실을 제시하고 있다.

24) 정광 외(1997)에서는 『燕山君日記』 권 62 연산군 12년 6월 기유(己酉) 조의 "新採

‘언문’에 대한 부정적 인식은 ‘언문 투서 사건’ 초기에 있었던 일시적 현상으로 이해할 수도 있다.

따라서 우리가 현재 ‘언문’이라는 단어의 부정적 의미에 익숙한 이유는 ‘諺’이라는 한자의 의미를 기존의 지식에 얽매여 지나치게 부정적으로 이해했기 때문이며, 한편으로는 아마도 위의 ⑫와 ⑮에서 보여주는 바와 같이 우리 말글에 대한 부정적 언동과 탄압을 일부 보수적인 식자층에서 역사적으로 잘못 이해하고 답습한 결과 때문이라고 필자는 생각한다.

⑭에서 崔世珍은 ‘諺文字母’라 하여 한글을 ‘언문’이라고 표현하고 있다. 범례에서 제시된 이 표현에 초점을 맞추었을 때, 그가 역관의 신분이라는 점과 범례의 내용을 감안한다면 한글에 대하여 부정적인 의미로 최세진이 ‘언문’이라는 표현을 사용하였다고 보기는 어렵다. 그리고 외국어를 우리말로 번역 혹은 통역을 하는 사람이 언문에 대하여 폄하하는 의도를 갖는다는 것을 납득하기가 어렵고 그 범례의 내용에서 한문을 배우기 위해서는 언문을 먼저 익히는 것이 편리할 것이라는 그의 제안에 주목하더라도 그가 한글을 바라보는 입장은 사뭇 긍정적이었으리라고 생각한다.

이렇게 볼 때 중세 국어 시기에 우리글을 바라보는 당시 식자층의 보편적 입장은 대체적으로 가치 중립적이었다고 볼 수 있다. 여기서 가치 중립적이라는 것은 당시의 사람들이 특별히 한글에 대하여 ‘언문’이라는 표현을 써 가며 부정적 인식을 구체적으로 드러낸 증거가 없으면서도 한편으로는 우리 글자가 중국의 그것보다 훨씬 우월하다는 긍정적 인식도 보이지 않는다는 의미를 함께 포괄한다. 이것은 중국에 대한 명분론적 사대를 중시했던 당시의 경향과 맞물리는 것으로 이해될 수 있

興淸運平等 御前言語 問或不知尊稱 御前當用言語 用諺文飜譯 印頒諸院”의 기록을 통해서 그 사실을 보여주고 있다.

다. 그러나 조선 후기에 오면 조선 전기와는 다른 양상이 드러난다. 이
점에 주목하여 조선 후기의 국어 연구자들의 우리 글에 대한 인식을 살
펴보기로 하자.

2.3 諺文 명칭에 대한 조선 후기의 의식

조선 후기의 연구자들은 조선 전기와는 차원을 달리하는 우리 글 의
식의 양상을 아래의 기록에서 보여 주고 있다[25].

　㉠ 訓民正音 世宗莊憲大王御製
　　臣錫鼎謹按　御製諺文二十八字　卽列宿之象也 (崔錫鼎의　經世正韻
　　(1678))

　㉡ 諺文初中終三聲辨 (朴性源의　華東正音通釋韻考(1747))

　㉢ 世宗大王製訓民正音 …… 書之甚便　而學之甚易　千言萬語　纖悉形容
　　雖婦孺童駿　皆得以用之　以達其辭　以通其情　此古聖人之未及究得　而
　　通天下無所者也 …… 則正音不止惠我一方　而可以爲天下聲音大典也
　　正音之理　有能推例善用　卽不止三十六字母　而變通無窮矣 (申景濬의
　　韻解訓民正音(1750))

　㉣ 訓民正音　卽天下之大文獻　豈直爲朝鮮一區言語傳寫之資而已
　　若使倉頡造書之時　有正音　而並傳　則其時字音千萬世無差誤之理
　　訓民正音　俗稱諺文　多爲婦人及下賤所用　以致轉輾訛誤　雖世稱博雅
　　之士　鮮知正音字母之義者(鄭東愈의　晝永編)

---

25) 이 기록은 姜信沆(1995)에서 조선 후기의 정음관으로 제시된 자료를 참고하였음을
　　밝혀둔다. 아울러 위의 원문에 대한 번역은 전장에서 이미 제시되었으므로 생략한
　　다.

㉤ 訓音作字 不取會意之法 而惟取音通意之妙
訓文則不祖六法何也 曰訓文之作 本爲聲音也 是故 其主意也在聲 其
致力也聲音 (李思質의 訓音宗編 第十二聲音總論問答)

㉥ …… 若註以諺文 傳之久遠 ……
文章必尙簡奧 以簡奧通情 莫禁誤看 諺文往復 萬無一疑 子無以婦女
學忽之
龍飛御天歌 國初詞臣撰 後以諺文甁傳 翻譯 國朝譯院 以諺文翻出漢
語老乞大朴通事二書
諺文 …… 實世間至妙之物 比之文字 其精有二
文字則制以六義 爲物散亂 不可以一例推萬狀 諺文則以中係初 以終
係中 各有條脈 縱橫整齊 婦人孺子咸能頓悟
文字則古人諧聲之外 偏旁之加 漸久漸多 古人轉注外 後來詞客 任意
變續 ……恒起訟辨 諺文則若移動全部則已 欲誤一字之形 得乎欲改
一字之音 得乎 此用之精也 (柳僖의 諺文志)

㉦ 諺文 卽我世宗朝出自聖意 …… 以翻萬物難狀之音
夫天下萬國 各有其國之書 ……俱不如(李圭景의 諺文辨證說)
訓民正音初終聲通用八字 皆古篆之形也 …… 故兼此二妙者訓民正音
也 匪聖人烏能與於此也翻切之法 莫妙于我之訓民正音也 非徒萬國言
語 雖風雨鳥獸虫多難象之音 皆可得以翻焉(李圭景의 反切翻紐辨證
說)

㉧ 訓民正音可以通行於天下者也(盧正燮의 廣見雜錄)
㉨ 歌求字音之別標 訓民正音無以尙矣 書不幾字 字不幾畫 而經緯錯綜離
合變化 字體楷正……訓民正音可以通行於天下者也……(鄭允容의 字
類註釋)

崔錫鼎은 ㉠에서 보는 바와 같이 한글에 대하여 ‘훈민정음’과 ‘언문’
의 두 표현을 그의 저술에서 함께 사용하였다. 그의 문헌에서 ‘훈민정음’

도 '世宗莊憲大王御製'이고 '언문'도 '御製諺文二十八字'인 것을 보면 崔
錫鼎 역시 '훈민정음'은 긍정적 개념이요, 반면에 '언문'은 부정적 개념이
라는 인식을 하고 있다고 보기 어렵다. 그것은 곧 그가 '언문'이라는 표
현을 '훈민정음'이라는 표현과 구분하여 부정적인 의미로 사용하지 않았
다는 것을 말해주는 것이다. 따라서 위의 증거는 조선 후기에도 '언문'의
의미는 최소한 가치 중립적 성격을 지니고 있었음을 보여주는 좋은 예
라고 할 수 있겠다.

그러한 입장은 ㉡에서 볼 수 있듯이 朴性源의 경우에도 그가 표현한
'언문'의 경우를 보아도 그러하다. 그의 저서 『華東正音通釋韻考』는 그
가 고려 이래로 전하는 『增補三韻通考』에 華音과 東音을 병기한 책으로
정조의 '御製序'를 붙여 내각에서 간행할 만큼 중시되었던 운서였다. 그
러한 운서에서 언문을 낮추어 인식한 문자 내지는 글로서 취급했다고
보기는 어렵다는 점을 감안한다면 朴性源 역시 '언문'을 최소한 가치중
립적 입장에서 바라보았던 인물이라고 할 수 있겠다.

한편 申景濬은 ㉢의 〈訓民正音圖解叙〉에서 한글에 대한 표현을 '훈
민정음' 또는 '정음'으로 일관하고 있음을 볼 수 있다. 그는 여기서 '훈민
정음'에 대하여 첫째, 학습의 용이성, 둘째, 부녀자들과 아이들이 한글
을 사용하는 점, 셋째, 세종의 탁월한 업적, 넷째, 표음 문자로서의 우
수성 등에 대하여 열거하고 있다. 또한 〈初聲解〉에서 정음의 이치를 잘
이용하면 무궁하게 변통할 수 있다는 점을 들어 우리 한글에 대하여 그
장점을 찬양하고 있다. 그런데 그처럼 이렇게 '훈민정음'에 대하여 그 가
치를 높이 평가하는 표현이 문헌에 등장하는 것은 조선 전기에는 상대
적으로 쉽게 보기 어려운 현상이다. 따라서 시대적으로 우리 민족의 자
아 의식이 싹트기 시작한 당시에 申景濬이 가지고 있었던 정음에 대한
인식은 단순히 우리 글이라는 의미 이상의 민족적 자아 의식이 투영된
언어관의 한 면모이며, 조선 전기와는 구별되는 근대 지향적 성격을 띠

고 있다고 볼 수 있겠다. 오히려 위의 ⓒ에서 드러나는 ‘훈민정음’ 혹은 ‘정음’의 의미는 대단히 긍정적이고 적극적인 개념으로 사용되고 있음을 알 수 있다.

비슷한 입장은 ⓔ에서 나타나는 鄭東愈의 언급에서도 제시되고 있다. 그는 그의 漫筆集인 〈晝永編〉에서 ‘훈민정음’이라는 일관된 표현으로 우리 한글을 바라보고 있다. 우리는 그 일관된 표현으로부터 당연히 그가 한글을 긍정적이고 적극적으로 바라보고 있음을 유추할 수 있다. 위의 내용에서도 알 수 잇듯이 그는 한글이 가지고 있는 보편적 표음 문자로서의 우수성, 불충분한 표음법인 반절법보다 나은 점, 박식한 인사도 정음의 이치를 알아야 한다는 점 등을 열거하면서 한글에 대하여 가치 평가를 높게 하고 있다. 이 역시도 申景濬과 더불어 그가 가지고 있는 정음관의 한 단면인 동시에 그의 근대지향적 면모를 확인할 수 있는 내용이다.

그런데 우리는 鄭東愈의 주장에서 ‘訓民正音俗稱諺文’이라는 표현에 주목하여 조선 후기에 드러나는 ‘언문’의 표현은 한글을 낮추어 부르는 말이라고 가정해 볼 수도 있다. 그러나 이 표현은 한글을 주로 사용하는 계층이 항간의 여자나 아랫사람들이라는 점에 집착하여 ‘俗稱諺文’이라는 표현을 식자층의 입장에서 쓴 것뿐이지 한글 자체가 비천하고 격이 낮은 말이라는 의미를 담고 있지는 않는 것으로 이해된다. 다시 말하면 ‘俗稱’이라는 의미는 ‘항간에서 ~라고 불린다’는 의미 이상도 그 이하도 아닌 것이며, 부정적 의미가 담긴 표현이 아니므로 이 당시에도 ‘언문’이라는 표현의 의미는 조선 전기의 가치 중립적 의미를 내포하고 있음을 알 수 있다.

우리는 다음을 주목해 볼 필요가 있다. 조선 후기에는 ‘언문’이라는 표현이 경우에 따라서 ⓗ에서 볼 수 있듯이 오히려 가치 중립적 이상의 의미로 표현되고 있다는 점이다. 柳僖는 그의 저서 『諺文志』에서 이전의 학자들이나 위에서 언급된 申景濬, 鄭東愈와 같은 사람들이 '훈민정음'이라는 표현으로 한글을 찬양하고 있는 것과는 달리 '언문'이라는 표현으로 우리 한글의 우수성을 역설하고 있다. 이러한 근거는 '언문'이라는 표현이 당시에 널리 쓰이던 표현이었다는 점(항간에 ~ 불린다)에서 속칭이라는 의미를 당연히 담고 있다고 볼 수는 있겠다. 그러나 기존의 입장과 같이 '언문'이 한글을 낮추어 이르는 말이라고 가정하면 그러한 표현의 의미적 맥락에서 우리 한글의 우수성을 '언문'이라는 어휘를 통해 柳僖가 표현했다는 점은 수긍하기가 어렵다. 따라서 우리는 위의 문헌을 근거로 조선 후기 시대에도 '언문'의 의미는 곧 '훈민정음'의 의미와 같음을 알 수 있다. 따라서 '언문'이라는 표현에 부정적 의미가 당시 연구자들의 국어 의식 속에 없었음을 위의 자료를 통해 알 수 있다. 그것은 곧 우리글에 대한 柳僖의 근대지향적 의식의 일단이자 그 시대의 보편적 인식의 한 부분이라고 이야기해도 과언이 아닐 것이다.

그리고 더욱 놀라운 것은 여기에 그치지 않고 柳僖는 우리글이 한문(한자)보다 더 뛰어난 점이 있다는 사실을 위의 기록에서 보는 바와 같이 『諺文志』의 〈全字例〉에서 진술하고 있다. 이 점은 조선 전기와는 확연히 구분되는 근대지향적 정음관의 구체적 모습이다. 중세 국어의 시기에서는 명분론적 입장이든 사대의 입장이든 간에 우리 한글이 중국의 그것보다 우수하다는 점을 구체적으로 언급하고 있는 문헌이 드물었다. 그러나 이 시대는 민족이라는 실체가 부각된 시기라는 점에 주목해 볼 때 柳僖의 정음관은 중세 국어 시기의 연구자들이 바라본 우리 글에 대한 인식과는 구별되는 초기적인 근대 지향적 의식의 중요한 증거가 될 수 있다고 생각한다.

李圭景은 ㊼에서 보는 바와 같이 그의 문헌에서 '언문'과 '훈민정음'이라는 표현을 섞어 쓰고 있음을 위의 자료를 통해서 알 수 있다. 이러한 양상은 그 또한 '훈민정음'과 '언문'의 의미를 서로 다르게 인식하고 있지 않다는 증거가 될 수 있다. 또한 주목할 것은 위에서 李圭景은 '언문'이라는 표현을 써 가며 '卽我世宗朝出自聖意'라는 표현을 통해서 '언문'이 만들진 것이 세종의 뜻이었다고 강조함으로써 언문에 대한 의미를 낮게 인식하지 않고. 이러한 점을 좀더 확대 해석한다면 '언문'의 의미에는 한자에 예속되지 않은 우리글의 정체성이 깃들여 있다고도 볼 수 있다는 점에서 李圭景이 가졌던 국어의 초기 근대지향적 의식을 새롭게 추출해 낼 수 있겠다.

한편 우리는 柳僖 이후에 한글에 대하여 자기의 견해를 밝힌 ◎, ㉢의 입장에서도 훈민정음에 대한 당시 연구자들의 긍정적이고 적극적인 표현들을 읽을 수 있다. 즉 여기서도 우리 한글의 표음성, 반절법보다 우수한 점, 심지어 음향 기록과 다른 나라의 음성도 기록할 수 있는 한글의 우수성 등을 제시하고 있음을 확인할 수 있다. 이것은 또한 위에서도 언급한 바 있으나 조선 전기보다는 훨씬 적극적인 조선 후기의 국어의식이자 훈민정음 명칭에 대한 능동적이고 적극적인 평가라고 아니할 수 없다. 그것은 곧 柳僖에 이르러 절정에 이른 근대지향적 정음관의 계승이며, 이 역시 조선 전기의 언어관과는 다른 인식을 보여주는 증거들이라고 말할 수 있겠다.

지금까지의 이러한 논의를 바탕으로 필자는 본론의 앞부분에서 제시된 '언문'의 사전적 정의에 의문을 제기하며 그 뜻풀이가 일부 바꾸어야 한다고 생각한다26). 또한 조선 후기의 연구자들이 인식한 우리 글에 대한 관점은 한편으로는 조선 전기 정음관의 역사적 계승이기도 하지만, 다른 한편으로는 조선 전기와는 다른 정음관의 양상을 보인다는 점에서

---

26) '언문'에 대한 새로운 사전적 정의를 한다면 다음과 같다.

언문〔諺文〕「명」늘 사용하는 우리의 말을 기록하는 글. 항상 사용하는 일상의 글. 원래는 15세기에 만들어진 훈민정음을 조선 시대에 한자나 한문에 상대하여 이르던 글이었으나 일부 식자층에서 한자나 한문을 숭상하는 기풍과 어울려 한글을 낮추어 부르는 글로 이해되기도 하였다.

조선 후기 국어 의식 흐름의 한 줄기가 역사적으로 조선 전기와는 차별화된 모습으로 나타남을 알 수 있었다. 이것이 바로 이 시대가 가지고 있는 초기 근대지향적 의식의 한 단면임과 동시에 국어 명칭에 대한 근대지향적 의식이라고 볼 수 있는 것이다.

이렇게 볼 때 조선 후기에 한글을 바라보는 연구자들의 의식은 다음과 같이 정리될 수 있겠다.

첫째, '언문'의 사전적 정의는 역사적 근거를 바탕으로 그 표현이 사용되었던 조선 전기와 조선 후기를 고려하여 '늘 사용하는 우리의 글. 항상 사용하는 일상의 글'로 새롭게 규정될 필요가 있다.

둘째, 조선 후기의 '언문' 개념은 조선 전기에 인식된 '언문' 개념과 더불어 그 부정적 의미를 지니고 있지 않다. 다시 말하면 당시의 '언문'은 가치 중립적인 표현이었다.

셋째, '훈민정음'이나 '언문'은 그 우수성이 조선 전기에는 구체적으로 언급되는 곳이 많지 않았으나, 조선 후기에 와서는 전기와는 달리 반절법에 사용되는 한자나, 한문 문장보다 더 우수한 표음 문자이자 우리 민족 고유의 글로서 인식되는 긍정적이고 적극적인 초기 근대지향적 표현이었다.

넷째, 조선 후기는 전기와는 구별되는 시기로 당대 연구자들의 정음관이 자아 의식의 태동과 민족 개념의 실체를 자각하는 역사적 과정에서 민족적 주체성이 드러나는 초기 근대지향적 의식의 면모를 띠었다고 볼 수 있다.

3 훈민정음 通用에 대한 의식

현재 우리는 한글을 국가 공용 문자로 사용하고 있다. 그러나 한글이 우리 나라의 공식적인 문자가 된 지는 불과 백여 년밖에 되지 않는다. 한글이 15세기에 만들어진 문자이지만, 그것이 모든 언중들에게 공동으로, 공용으로 쓰이기까지는 많은 시간을 필요로 했다. 한글이 편리함과 과학성을 띤 문자이기는 했으나, 사회의 역사적 발전 과정에서 그것이 한문을 대체할 수 있는 우리 글이라는 의식이 싹트기까지는 언중과 우리 글 연구자들의 주체적 의식의 변화를 경험해야 했다.

이 글은 한글 창제 이전과 한글 창제 당시, 그리고 한글 창제 이후 시기에 전개된 여러 학자들의 국어 의식 중에서 공용 문자 통용 의식과 관련된 국어 의식의 통시적 양상을 살펴봄으로써 그 양상을 국어학사의 전체 흐름 중에서 국어 문자 통용 의식의 변천이라는 관점으로 해석하는 데 그 목적을 두고자 한다.

이 글에서 우리는 먼저 국어학사 상 일반적으로 중세 전기라고 부르는 시대에 문자에 대한 의식을 기록으로 남긴 崔行歸의 견해를 그 시대의 대표적인 문자 통용 의식으로 제시하고자 한다. 그 다음은 훈민정음이 창제될 당시, 곧 중세 후기에 崔萬理가 그의 上疏文에서 보여준 신문자 창제에 대한 반대 견해와 대표적인 창제 지지자인 鄭麟趾의 신문자 의식을 조선 전기 문자 의식의 대표적인 두 양상으로 제시하였다. 그리고 조서 후기에 문자 통용과 관련된 의식을 가진 자로는 李奎象을 그 대표로 삼았다. 그 근거와 이유에 대해서는 본문에서 밝히고자 한다.

위에서 제시한 여러 연구자들의 관점은 당대 문자 통용 의식을 반영한다는 점에서, 각각의 견해를 바탕으로 우리는 이 글에서 문자 통용과 관련된 문자 의식의 통시적 변화 양상을 비교·대조하고자 한다.

고려 시대는 유교와 불교가 공존하는 사회였다. 따라서 그 사회에서는 유교와 불교에 공통으로 관련되는 한문의 중요성이 대두되지 않을 수 없었다. 이런 상황에서 한문은 그 비중이 커졌으며 한문만이 송, 요, 금, 왜에 두루 통하였기 때문에 라틴어와도 같은 중세적 국제 문자로서 상당한 권위와 가치도 가진 것이었다. 그러므로 이두의 사용이 위축된 것은 저를 낮추었다기보다는 이러한 중세 사회의 필연적인 귀결이었고 훌륭한 우리 문화를 널리 선양하기 위해서도 한문의 이용이 불가피하였으며, 그렇게 한문의 효과를 믿고 존중하는 태도는 고대의 언어 신성관의 테두리를 벗어나는 중세적 언어권위관의 발로가 아닐 수 없다27). 이러한 차원에서 최행귀의 문자 의식은 어떠했으며 그 의식은 후대에 어떠한 양상으로 수용되고 변화되어 가는지 살펴보도록 하자.

3.1 중세 전기의 문자 통용 의식
(현실적 한문주의와 대내적 이중 문자 의식28))

崔行歸는29) 향가체로 지어진 願王歌 11수를 한문으로 번역하면서

---

27) 金敏洙(1980),「新國語學史」, p.71 재인용.
　　金敏洙(1987), "崔行歸의 言語理論에 대하여."「國語學史의 基本理解」, pp.81~82
　　참조할 것.
28) 필자는 이 글에서 이중 문자 의식, 삼중 문자 의식이라는 개념을 가정하였다. 향찰이 비록 한자라는 문자를 빌려 쓴 표기이기는 하나, 이중 문자 의식이라는 개념을 설정한 이유는 향찰이 한문과는 그 구조적 체계가 달랐고 당시의 언중이 향찰을 한문과는 다른 표기로 인식했다고 보기 때문이다. 그리고 삼중 문자 의식이라는 개념은 훈민정음 창제 시기에 당대 문자 사용 양상이 크게 세 갈래로 전개된 점을 고려하여 설정한 것이다.
29) 崔行歸는 高麗 제 4대 光宗 시대의 인물로 翰林學士 內議承旨 知制誥의 벼슬을 지낸 사람이다.

언어에 대한 자신의 견해를 鄕札과 관련지어 밝혔다. 자신이 저술한 책이 아닌, 赫連挺이 지은 『均如傳』의30) '第八譯歌現德分者'에서 향가의 譯詩를 제시하면서 그 序에서 아래와 같이 주장하고 있다. 아래의 원문과 번역된 부분을31) 살펴보도록 하자.

> ① … 然而詩搆唐辭 磨琢於五言七字 歌排鄕語 切磋於三句六名 論聲則隔若參商 東西易辨 據理則敵如矛盾 强弱難分 雖云對衒詞鋒 足認同歸義海 各得其所 于何不臧(그러나 한시는 당사(한문)로 엮였으므로 오언칠자로 이루어졌고 향가는 향어(우리말)로 배열하였으므로 삼구육명으로 이루어졌다. ㉠소리로 논하면 삼성(參星)과 상성(商星) 같이 (한문과 향찰은 서로) 떨어져 있으므로 동방과 서방(중국)의 (소리는) 쉽게 나뉘어 분별할 수 있으나, 이치에 따른다면 창과 방패처럼 실력이 맞서므로 그 강약을 분간하기 어렵다. 비록 시의 표현으로써 서로를 자랑하였으나 ㉡의해로 함께 돌아감을 인정하게 된다. 각기 저마다 그 얻은 바가 있으니 어찌 잘된 일이 아니겠는가?)

崔行歸의 ①의 주장과 관련하여 金敏洙(1980, 1987)에서는 '언어의 보편성'이라는 개념을 최행귀가 이미 인식하고 있었고 이러한 견해가 글로 된 것은 아마 이것이 최초라고 믿어진다고 언급하였다. 위의 본문의 밑줄 친 내용에 주목하여 보면 최행귀의 견해는 두 언어가 언어 형식(聲)은 다르나 그 의미 내용(義海)은 같다고 최행귀는 밝히고 있다.

그런데 필자는 이 '聲'과 '義海32)' 사이의 관계를 '언어의 보편성'이

---

30) 이 책의 원 제목은 「大華嚴首座圓通兩重大師均如傳」이며, 1075년에 저술되었다. 그 내용은 均如大師의 주로 생애를 서술한 것으로 '第七歌行化世分者'에 11수의 향가가 있다. (金敏洙, 「新國語學史」, p72 참조.)

31) 여기에 번역된 우리말은 金敏洙(1980, 1987), 정광 외(1997), 그리고 임기중(1993)의 번역을 바탕으로 간혹 필자 나름대로 약간의 수정을 가하였음을 밝혀둔다.

32) 소리(聲)가 하늘의 별과 관련을 맺는 제각기 다른 양상이라면 '義海'는 말 그대로 '의미의 바다'라는 비유적 표현으로 의미(義)가 하나의 바다처럼 같다는 뜻으로 이해될 수 있다.

라는 개념도 수용하면서 아울러 좀더 미시적으로 살펴볼 필요성을 느낀다. 다시 말하면 언어의 형식과 그 내용에 초점을 맞춰서 '언어의 자의성'이라는 개념이 이 본문에서 묻어나고 있다고 조심스럽게 언급하고 싶다. 언어 형식(소리-聲)이 동일 내용(의미-義海)에 대하여 언어(한문 혹은 향어)에 따라서 다르게 나타난다는 '언어의 자의성'에33) 대한 간접적 언급을 위의 글에서 추출할 수 있다고 생각한다. 위에서 개별 언어가 드러내는 언어 형식과 내용이라는 두 측면을 최행귀가 언급한 것을 보면 최행귀는 그의 의도가 어찌했는가를 접어두고라도 대단히 주목할 만한 언어에 대한, 그 중 특히 문자에 대한 의식이 선진적인 인물이었음을 짐작할 수 있다.

② 而所恨者 我邦之才子名公 解吟唐什 彼土之鴻儒碩德 莫解鄕謠 矧復唐文如 帝網交羅 我邦易讀 鄕札似梵書連布 彼土難諳 使梁宋珠璣 數托東流之水 秦韓錦繡 希隨西傳之星 其在局通 亦堪磋痛 庸詎非魯文宣欲居於此地 未至鼇頭 薛翰林强變於斯文 煩成鼠尾之所致者歟 (다만 한스러운 것은 ㉢우리의 학자와 선비들은 당시(한시)를 읊을 줄 알지만 중국의 실력있는 선비들은 향가를 알지 못한다. 게다가 ㉣당문은 구슬로 된 그물이 잘 짜여진 것과 같아서 우리 나라 사람들도 쉽게 읽을 수 있지만, 鄕札은 범서가 잇달아 펼쳐진 것과 같아서 중국인은 알기 어렵다. 그래서 양과 송의 구슬 같은 작품들은 자주 우리 나라로 흘러들어 왔지만 진한(신라)의 비단 같은 문장은 서방(중국)으로 전해지는 일이 드물었다. 우리말이 한 지역에만 국한되어 통하는 것이 몹시 안타깝고 마음 아픈 일이다. ㉤이 어찌 공자가 이 땅에 살고자 했으

---

33) 일반적으로 언어의 자의성을 정의할 때는 한 언어 안에서 언어의 음성 형식과 의미 내용 사이의 필연적 관계는 존재하지 않는다는 의미이다. 그러나 예를 들어 '사람'이라는 의미 내용(지능이 높고 직립보행하며 문화를 만들어 내고 사유하는 능력을 지닌 동물)에 대한 음성 형식은 각 언어에 따라 [saram], [men], [ren] 등으로 실현되는 바, 그렇다면 언어의 자의성이라는 개념을 한 언어 안에서 음성 형식과 의미 내용의 관계에서만 살펴볼 것이 아니라, 보편적 의미 내용과 각 언어의 개별적 음성 형식 간의 관계로 이해하는 것도 가능하다고 생각한다.

나 우리 나라에 이르지 못한 것이 아니며, 설총이 경전을 억지로 우리 말로 바꾸려다 번거롭게 쥐꼬리만 이루었던 것이 아니겠는가?)

②의 주장과 관련하여 金敏洙(1980, 1987)에서는 '한문의 국제성', '모어의 교착성', '한문의 대외적 효용성'이라는 개념을 崔行歸가 설파하고 있음을 언급하고 있다. 서로 얽혀 있는 부분이지만, 한문의 국제성에 최행귀의 언술은 ⓒ에서 제시되고 있으며, 모어의 교착성에 대한 견해는 한문과 고려어의 구조적 차이를 밝히면서 ②에서, 한문의 대외적 효용성에 대한 주장은 ⓜ에서 나타나 있다고 보았다. 아울러 ②과 관련하여 金敏洙(1980, 1987)에서는 '언어의 보편성'의 관점에서 향찰을 비판한 결과가 되었다고 언급하고 있다. 또한, ⓜ과 관련하여 崔行歸가 한문의 효과와 권위를 강조한 나머지 향찰을 장애물로 보고 과소 평가하였다고 주장하고 있다. 그리고 이러한 향찰에 대한 평가를 최행귀의 한문주의로 표현하고 있다.

그런데 필자는 원문 ②와 관련하여 金敏洙(180, 1987)의 ⓒ~ⓜ의 관점에 대체적으로 동의하면서 한 가지 다른 해석을 추가하고 싶다. 위의 본문을 보면 최행귀는 우리의 향찰을 漢人들이 이해하기 어렵고, 범서와 같이 잇달아 펼쳐진 언어라고 하여 가치 평가에 대해서 유보적인 인식을 하고 있다. 바꿔 말하면 그는 본문 어디에서도 향찰이나 그 작품인 향가를 폄하하는 태도를 가지고 있지 않다.

ⓒ을 보면 우리 선비들이 한문으로 된 한시를 잘 아는 반면에 중국의 선비들은 우리의 향가를 모른다는 사실을 기술하고 있다. 이것은 당시의 현실적 상황을 단지 제시한 것으로 이 표현으로 최행귀가 향가나 향찰을 무시했다고 보기는 어렵다. 현실적 언어 환경, 혹은 문자 사용의 양상이 이러하기 때문에 최행귀는 스스로 향찰로 된 향가를 당시 동북아의 共用 문자인 한문으로 한시로 번역하려 했던 것이다.

또한 ②에서도 우리는 중국의 한문을 쉽게 이해하는 데(그것이 잘 짜

여진 그물 같아서) 중국인들은 우리 향찰을 범서를 어렵게 여기듯이 이해하지 못한다고 했다. 그러나 이 표현을 좀더 생각해 보면 향찰이 우리의 표기 수단으로만 기능하고 있는 반면에 당시에 한문은 최소한 동양에서 그만큼 국제적인 문자로서의 위상을 지녔다는 사실을 알 수 있는 대목일 뿐이다. 그리고 ⓔ 끝부분의 '其在局通 亦堪磋痛'에서 '磋痛'의 의미는 탄식이 나오는 고통, 혹은 슬픈 고통을 의미하는 바, 이러한 ⓔ의 표현을 가지고 최행귀가 향찰이나 향가를 비판했다고 보기는 어렵다. '其在局通 交堪磋痛'의 의미는 향찰의 교착어적인 특성 때문에 중국에서 통용되지 못하고 말았던 점에 대한 최행귀 자신의 단순한 아쉬움이나 안타까움을 토로라고 추측된다.

薛聰이 경전을 억지로 우리말로 바꾸려 하다가 번거롭게 쥐꼬리만 이루었다는 ⓜ의 표현과 관련하여 金敏洙(1980, 1987)에서 최행귀가 한문의 효과와 권위를 적극적으로 강조한 나머지 향찰을 과소 평가했다고 보고 있다. 그러나 추측컨대 薛聰이 경전을 우리말의 차자 표기, 즉 향찰로 바꾸려 했으나 거의 이루지 못한 것은 향찰 자체의 문제라기보다는 우리말의 교착적 특성과 한문의 표의적 특성 사이에서 기인한 두 언어 사이의 구조적 구문 차이에서 오는 어려움으로 이해하는 것이 좋을 듯 싶다.

그런데 ⓔ의 내용과 관련하여 鄭尙均(1986)에서도34) '其在局通 亦堪磋痛'라는 표현에 주목하여 최행귀가 '秦韓'의 문자(鄕札식 표기 방법)에 대하여 최초의 부정적 견해라는 점을 강조하면서 필자와 견해를 달리하였다. 즉 한문학에 누구보다도 능했던 최행귀가 국어와 그 표기 방법을 위와 같은 표현으로 했다는 것은 '국어와 그 표기 방법에 대한 나르시시즘적인 상태에서 벗어난 객관적인 자아의 비판'이라고 하였다. 아울러 근본적으로 '亦堪磋痛'의 의미는 너무나 성급한 체념이고 너무나 무

---

34) 鄭尙均(1986), 「韓國中世詩文學史연구」, 翰信文化社, pp19~29. 참조할 것

비판적 국적의 포기라고까지 하였다. 그리고 최행귀의 기본 태도를 '其在局通 亦堪磋痛'과 관련하여 '진한의 시문학은 할 게 못된다, 잘해 보았자 그 통용되는 범위는 한탄스러운 것이다'라는 의미라고 확대해석하고 있다. 곧, 최행귀를 오로지 한문만을 숭상하는 중국 사대주의자로 평가하였다.

鄭尙均(1986)의 주장은 중세 시문학사의 관점에서 바라본 입장이기 때문에 당초의 목적에서 볼 때 이 글과 차원을 달리하는 논의일 수는 있다. 이 글은 엄연히 국어학사적 접근을 그 목적으로 최행귀의 언어 의식을 살펴보고 있기 때문이다. 그러나 최행귀가 향가를 한시로 번역한 것을 중국 시문학에 종사하기를 권유하고 그것을 당연하고 영광스러운 것으로 알고 있었던 사람이고 진한의 어문을 근본에서부터 부정하고 진한의 문학을 중국에 예속시키는 입장을 취했다고 주장하는 것은 객관적인 자아 비판이라기보다는 자칫 지나친 자기비하가 될 수 있다. 그 시대가 한문이 중시되고[35] 우리 차자 표기가 점차 줄어들었던 시기라고 할지라도 분명히 최행귀는 그의 서문 말미에서 언급한 바와 같이 그의 입장은 '眞草並行'이라는 표현을 통해서 충분히 가늠할 수 있다. 이 표현과 관련된 부분이 바로 ④의 내용이다.

그렇다면 결국 우리의 향찰이라는 차자 문자에 대한 최행귀의 의식은 한문과 비교할 때 객관적인 입장, 곧 그 표기 수단 존재 자체를 부정하지 않은 태도를 취했다고 볼 수 있다. 그러한 근거는 다음에 제시되는 ③과 ④에서 잘 나타나고 있다. 편의상 ③과 ④를 함께 보도록 하자.

③ … 十一首之鄕歌 詞淸句麗 其爲作也 號稱詞腦 可欺貞觀之詞 精若賦
　　頭 堪比惠明之賦 而唐人見處 於序外以難詳 鄕士聞時 就歌中而易誦

---

35) 최행귀가 살았던 그 시대(光宗 年間)에는 중국 語文을 중시하는 풍조가 극히 고조되어 있었음을 볼 수 있으니 고려 광종 9년(958)에 "中國式 科擧制"를 실시하였다. 정상균(1986)에서 재인용.

皆沾半利 各漏全功 由是 約吟於遼泪之間 飜如惜法 減詠於吳秦之際
孰謂同文 況屬師心 本齊佛境 雖要期近俗 沿淺入深 而寧阻遠人 捨
邪歸正(ⓑ11수의 향가는 문장이 맑고 글귀가 아름다워 그 작품의 명칭
을 사뇌라고 하지만 정관의 사를 업신여길만 하고 정교하기 부의 가장
으뜸인 것과 같으니, 혜명의 부에 비교할 만하다. 그러나 중국인이 보
려고 할 때는 그 서문 이외에는 잘 알기 어렵고 우리 나라 인사가 들
을 때는 노래에 빠져 쉽게 외우기만 한다. 모두 절반의 이익뿐이고 각
기 완전한 효과를 못 거두었다. 이 때문에 요와 패의 중간 동국에서는
음송이 줄어들어 불법을 아끼는 것처럼 번역하고 중국에서는 영가가
줄어들었으니 누가 같은 글을 쓴다고 하겠는가? ⓐ하물며 대사의 마음
은 본디 부처의 경지와 같으니 비록 세속과 가깝게 하기 위하여 얕은
곳을 따라서 깊은 곳으로 들어감을 기약하였지만 어찌 중국인이 사를
버리고 정으로 돌아감을 막을 수 있겠는가?)

④ … 憑托之一源兩派 詩歌之同體異名 遂首各飜 間牋連寫 所冀遍東西
而無㝵 眞草並行 向僧俗以有緣 見聞不絶 心心續念 先瞻象駕於普賢
口口連吟 後値龍華於慈氏 今則聯將鄙序 輒冠休譚 希蒙點鐵以成金
不避抛博而引玉 儻逢博識 須整庸音 宋曆八年周正月日謹序(빙탁이
근원은 하나이나 파는 둘이고 한시와 향가가 체재는 같으나 명칭이 다
르므로 한 수 한 수를 각각 번역하여 종이 사이에 연이어 썼다. ◎바
라는 바는 동방과 서방에 두루 막힘이 없이 해서와 초서가 (鄕札과) 함
께 행해지고 승려와 속인에게 인연이 있어 견문이 끊기지 않으며 마음
과 마음이 생각을 계속하여 먼저 보현보살의 상마를 보고 입과 입에서
그침이 없이 읊어져 나중에 미륵보살의 용화회를 만나는 것이다. 이제
변변치 못한 서문으로 문득 아름다운 말의 처음에 쓰게 되니 쇠를 녹
여 금을 이루기를 바라며 벽돌을 던져 옥을 끌어옴을 피하지 말기를
바란다. 혹시 학식이 넓은 이를 만나면 마땅히 하찮은 글이 바로잡히
게 될 것이다. 송력팔년 11월에 삼가 서문을 쓰다.)

정광 외(1997)에서는 ③과 관련하여 최행귀가 표음 문자로서의 향찰
의 특징을 말한 것으로 파악하고 특히 ③의 ⓐ과 관련하여 '雖要期近俗

沿淺入深(비록 세속과 가깝게 하기 위하여 얕은 곳을 따라서 깊은 곳을 들어감을 기약하다)'의 표현에 주목, 그 표현은 표음적 표기로부터 표의적 표기로의 전환을 의미한다고 보아야 한다고 주장하였다.

그런데 이 표현과 관련하여 약간 다른 해석을 할 수 있다. ㉠에서 스님은 균여를 가리킨다고 보았을 때, '얕은 곳을 따른다'는 것은 대중들이 주로 쓰는 향찰로 표기한다는 의미로 해석될 수 있으나, '깊은 곳으로 들어감'의 의미를 표의적 표기로의 전환이라기보다는 균여의 궁극적 의도, 즉 심오한 찬불의 의지로 해석할 수 있지 않을까 한다. 그래야 뒤에 나오는 중국인이 '正'으로 돌아가는 일(곧 한문으로 시를 쓰거나 읽는 일)과 자연스레 연결이 되기 때문이다. 다시 말하면 균여는 향찰로 표기하여 자기의 심오한 찬불의 의지를 기약하였으나 중국인들은 그들의 입장에서 '邪(鄕札로 표기된 것, 중국인의 입장에서는 잘못된 것)'을 버리고 '正'으로 돌아가려고 하니 중국인들이 이 향가를 이해할 수 없게 되었다는 맥락으로 ㉠ 부분을 해석할 수도 있다는 생각을 배제하지 않는다.

또한 ③과 ④와 관련하여 金敏洙(1980, 1987)에서는 최행귀가 바라본 '향찰'의 비국제성'을 밝히고 향찰의 제한성을 벗어나기 위하여 번역이 필요하므로 최행귀가 동서에 막힘이 향찰과 한문의 병행을 주장하였다고 언급하고 있다. 즉 문장어로서의 한문과 구두어로서의 우리말이 공존되던 이원체제 아래서 한문은 상류층이나 대외적 문장이었고, 향찰은 중류층이나 대내적인 문장이었다는 점을 강조하고 있다.

이 점과 관련하여 명백히 밝혀지는 것은 최행귀가 결코 향찰을 폐지하고자 하지 않았음을 알 수 있다. '所冀遍東西而無导 眞草並行'이36) 그

---

36) '眞草並行'의 표현 중 '眞草'의 의미를 金敏洙(1980, 1987)에서는 '眞'을 향가로, '草'를 한시로 번역하였는데, 필자는 이 글에서 '眞草' 자체를 '眞書와 草書', 혹은 '楷書'로 번역하여 '漢文' 자체를 의미하는 것으로 보고자 한다. 따라서 원문에서는 '鄕札, 鄕語, 鄕歌'라는 표현은 없지만, "並行'이라는 표현에 주목하여 문맥상에서는 유추될 수 있겠다.

부분으로 이것은 원문 ②의 해석과 관련하여 그가 결코 향찰을 비판하거나 과소 평가하지 않았음을 알 수 있는 대목이다. 곧, 최행귀는 향가, 혹은 향어의 문자 내지는 표기로써 향찰을 대외적으로는 인정하지 않았으나 최소한 그가 살았던 당대의 대내적 공용 문자로 인식했다는 점을 읽을 수 있다.

따라서 이 중세 전기에 최행귀의 문자 의식은 언어권위관의 입장에서 한문의 위치를 국제적인 공용 문자로 의식한 점 하나와, 아울러 향어의 표기 수단으로서의 향찰을 한문과 더불어 국내의 공용 문자로 당당하게 의식한 점을 추론해 낼 수 있다. 그의 이러한 문자 의식은 대외적 한문주의와 대내적 이중 문자 의식의 오묘한 조화라고 할 수 있을 것이다. 그렇다면 고려 시대에 전개된 최행귀의 문자 통용 의식은 훈민정음이 창제된 조선 전기에는 어떻게 전개될 것인가?

3.2 조선 전기의 문자 통용 의식
(대내적 삼중 문자 의식과 이중 문자 의식의 대립)

훈민정음은 '御製訓民正音'이라는 표현에서 보듯이 세종이 만든 문자이다. 따라서 훈민정음의 창제와 관련하여 신문자에 대한 의식, 그리고 기존 문자, 즉 한자와 차자 표기에 대한 의식을 세종의 견해를 바탕으로 살펴보아야 하는 것은 당연하다. 그러나 이 글에서는 〈訓民正音解例〉에 후서를 남긴 鄭麟趾의 문자 의식과 崔萬理의 문자 의식을 이 시대의 대표적인 문자 의식으로 고찰해 보고자 한다.

그 이유는 크게 두 가지 때문이다. 우선 세종의 문자 의식과 정인지의 문자 의식은 동일하다는 전제가37) 그 하나이다. 그리고 훈민정음 후

---

37) 정치적으로 정인지는 세종의 부탁을 저버리고 癸酉靖亂 때는 首陽의 편에 섰던

서에 나타난 정인지의 견해를 최만리가 '諺文創製反對上疏文'을 올리며 조목조목 반박하고 있다는 점이 두 번째 이유이다. 따라서 이 시대의 대표적인 두 견해를 대조함으로써 중세 후기에 나타나는 문자 의식의 양상을 보다 극명하게 파악할 수 있을 것이다.

다음의 〈訓民正音解例〉 후서의 원문(원문자-1)과 〈諺文創製反對上疏文〉의 원문(원문자-2)과 각각의 번역된 부분을 살펴보도록 하자.

⑤-1　盖外國之語有其聲而無其字假中國之字以通其用是猶枘鑿之鉏鋙也豈能達而無礙乎(대개 중국 이외의 외국어는 그 나름의 음이 있으나 그 음을 기록할 글자가 없어서 중국의 글자를 빌어서 쓰고 있는데 이것은 마치 둥근 구멍에 모난 자루를 낀 것과 같이 서로 어긋나는 일이어서 어찌 능히 통달해서 막힘이 없겠는가?)

⑤-2　自古九州之內風土雖異未有因方言而別爲문자者唯蒙古西夏女眞日本西蕃之類各有其字是皆夷 狄事耳無足道者(예부터 9개 지역으로 나뉜 중국 안에서 기후나 지리가 비록 다르더라도 아직 방언으로 인해서 따로 글자를 만드는 일이 없고 오직 몽고, 서하, 여진, 일본, 서번과 같은 무리들만이 각각 제 글자를 가지고 있는데 이는 모두 오랑캐들만의 일이라 말할 가치가 없다.)

⑤-1에서 鄭麟趾는 크게 세 가지를 지적하고 있다. 첫째는 우리 나라가 우리말을 제대로 기록할 문자를 가지지 못한 점이다. 둘째는 중국의 글자를 빌어쓰고 있는 현실 문자 생활에 대한 불만이다. 마지막으로는 우리말에는 표의문자인 중국의 한자가 어울리기 어렵다는 견해가 그것이다. 이러한 그의 생각은 당연히 신문자 창제와 연결되는 것으로 그

사실로 유명하다. 사상적으로는 抑佛崇儒에 철저하여 世宗二十三年(1441)에 왕이 好佛함을 비판하는 上疏文을 올린 적이 있다. 鄭尙均(1986)에서 재인용.
　그러나, 최소한 훈민정음 관계 문헌에서 드러나는 정인지의 문자 의식은 명목상 세종의 의지를 따르는 태도 내지는 세종을 대변하는 인식으로 볼 수밖에 없다.

의 선진적인 문자 의식의 일면을 파악할 수 있다. 물론 신문자 창제의 목적이 진정으로 무엇인가 하는 문제와 관련하여 많은 논란이 있는 것도 사실이다. 그러나 최소한 그가 직접 쓴 〈訓民正音解例〉 후서의 내용은 당시의 이중 문자 생활(한문, 이두)에 다시 신문자를 만들어 쓰자는 삼중 문자 생활의 상황을 인정하고자 하는 의식이다.

그러나 최만리의 견해는 다르다. 거대한 대륙 중국에서도 비록 방언이 다르더라도 따로 글자를 만드는 일이 없는데 굳이 다른 오랑캐들이 문자를 가지고 우리가 있듯이 문자를 만들 필요가 없다는 것이다. 곧 신문자 창제에 대한 반대 의견이다. 당연히 그의 생각은 중국에 대한 사대주의 혹은 한문 지상주의의 입장으로 이해될 수 있다. 그러나 중국에 대한 사대주의나 한문 지상주의의 입장에서 최만리의 문자 의식을 이해하려 한다면 굳이 최만리라는 존재를 부각시킬 필요가 없다. 중국에 대한 당시의 모화사상이나 한문을 숭상하는 분위기는 대다수의 학자 및 왕들에게도 존재했기 때문이다. 정인지 역시 신문자 창제에 적극적이었으나 그 역시도 중국에 대한 사대적 입장을 취했을 뿐더러 한문(한자)에 대한 어떤 부정도 없었기 때문이다. 이러한 정인지의 인식은 그의 후서 처음에 나타난다38).

따라서 정인지와 최만리의 한문 숭상의 태도는 기본적으로 동일하다. 그러나 정인지는 한문을 그대로 유지하면서 신문자를 만들자는 취지였던 데 반하여 최만리는 삼중의 문자 생활에 대한 불편함과 번거로움에 대한 우려 때문에 신문자 창제를 반대한 것으로 볼 수 있다. 그러한 증거는 ⑥-2에서 차자 표기인 이두에 의한 문자 생활을 대하여 최만

---

38) 有天地自然之聲 則必天地自然之文 所以古人因聲制字 以通萬物之情 以載三才之道 以後世不能易也(천지 자연의 소리가 있으면 반드시 천지 자연의 글이 있다. 그래서 옛사람들이 소리를 바탕으로 글자를 만들었으니 그것을 가지고 만물의 정을 통하게 하고 삼재의 도리를 책에 실으니, 후세 사람들이 능히 그것을 바꿀 수 없다.)

리가 의식하고 있는 내용을 보면 더욱 명백하다.

⑥-1　我東方禮樂文章侔擬華夏但方言俚語不與之同學書者患其有旨趣之難曉治獄者病其曲折之難通(우리 동방은 예악 문장 등 문물제도가 중국과 견줄 만하나 방언 이어가 중국과 같지 않다. 그래서 글의 뜻을 일반 백성은 깨우치기 어려움을 걱정으로 여기고 옥사를 다스리는 이는 그 곡절을 통하기 어려움을 괴롭게 여기고 있다.)

⑥-2　若曰形殺獄辭以吏讀문자書之則不知文理之愚民一字之差容或致寃今以諺文　直書其言讀使聽之則雖至愚之人悉皆易曉而無抱屈者然自古中國言與文同獄訟之間寃枉甚多借以我國言之獄囚之解吏讀者親讀招辭知其誣而不勝捶礎多有枉服者是非不知招辭之文意而被寃也明矣若然則雖用諺文何異於此是知形獄之平不平在於獄吏之如何而不在於言與文之同不同也(만일에 형을 집행하고 죄인을 다스리는 말을 이두 문자로 쓴다면, 글의 내용을 알지 못하는 어리석은 백성이, 한 글자의 차이로 혹시 억울함을 당하는 일이 생길 수 있으나, 이제 諺文으로 죄인의 말을 바로 써서 읽어 주고 듣게　한다면 비록 매우 어리석은 사람일지라도 다 쉽게 알아들어서 억울함을 품을 사람이 없을 것이라고 한다면, 중국은 예부터 언어와 글자가 일치하는데도 죄인을 다스리고 소송하는 사건에 원통한 일이 매우 많고, 만일에 우리 나라로 말할 것 같으면, 옥에 갇힌 죄인 가운데 이두를 아는 사람이 있어서, 자기가 공술한 내용을 직접 읽어 보고, 그 내용에 사실과 다른 점을 발견하더라도 매를 이기지 못하여 억울하게 승복하는 일이 많으니, 이로 보아 공술한 글의 뜻을 몰라서 억울함을 당하는 것이 아님이 분명하다. 만일에 그러하다면 비록 諺文을 쓴다고 하더라도 이와 무엇이 다르겠는가? 이로써 죄인을 공정하게, 또는 공정하지 않게 다스리는 일이 옥리의 자질 여하에 달린 것이지, 말과 글이 일치하거나 일치하지 않거나 하는 데 달려 있지 않음을 알 수 있다.)

⑥-1에서 정인지는 백성들이 한문을 배우기 어렵고, 옥사를 다스리

는 문제에서 그 곡절을 헤아리는 데 어려움이 있어 신문자를 만드는 당위성을 언급하고 있다. 곧 현재의 이중 문자 생활에서는 이두만을 가지고 백성들의 불편을 해소해 줄 수 없다는 것이다. 이러한 견해 역시 신문자 창제 동기와 관련하여 훈민정음 서문과 일치하는 대목이자 ⑦-1에서 더욱 자세히 드러나 있다. 그러나 ⑥-2에서 백성이 언어 생활에서 불편을 느끼고, 옥사를 다스리는 데 어려움 때문에 문자를 만들어야 한다는 정인지의 주장에 대해 그러한 문제들은 모두 당사자나 옥리(獄吏)의 자질에 관한 문제이지 결코 문자 때문에 일어나는 불편과 어려움이 아니라고 최만리는 반박하고 있다.

여기서 우리는 최만리가 이두라는 차자 표기를 전적으로 긍정하고 있음을 알 수 있다. 즉 이두라는 차자 표기 문자는 곧 백성들의 문자라는 인식이 그에게 있기 때문에 그는 굳이 백성을 위한 제 2의 문자 창제에 대하여 반대 입장을 취했던 것이다. 물론 정인지가 신문자의 창제를 지지하는 이면에 이두라는 차자 표기 자제의 폐지를 주장하는 의도는 보이지 않는다. 그러나 최만리의 입장에서 보면 신문자의 등장이 곧 한문의 위축뿐만이 아니라 차자 표기의 위축으로 인식될 수밖에 없다. 그것은 곧 崇儒의 의지를 지닌 그에게 한문을 진흥시키는 데 장애가 될 수밖에 없는 것이다.

⑦-1　昔新羅薛聰始作吏讀官府民間至今行之然皆假字而用或澁或窒非但鄙陋無稽而已至於言語之間則不能達其萬一焉(신라때 설총이 처음으로 이두를 만들어서 오늘에 이르기까지 관청이나 민간에서 이를 사용하고 있으나 이것이 모두 한자를 빌어쓰는 것이어서 혹 어렵고 혹 막히어 몹시 궁색할 뿐만 아니라 일상 언어를 적는데 이르러서는 그 만분의 일도 통달하지 못하는 것이다.)

⑦-2　新羅薛聰吏讀雖爲鄙俚然皆借中國通行文字施於語助與文字元不相離故雖至胥吏僕隷之徒必欲習之先讀數書粗知文字然後乃用吏讀用吏

讀者須憑文字乃能達意故因吏讀而知文字者頗多亦興學之一助也(신
라 때 薛聰이 만든 이두가 비록 거칠고 촌스러우나, 모두 중국에서 통
행하는 글자를 빌어서 어조사로 쓰기 때문에 한자와 애당초 떨어져 있
지 않아, 비록 서리나 하인들의 무리까지도 꼭 이를 익히려 한다면 먼
저 한문책 몇 권을 읽어서 약간 한자를 안 다음에 곧 이두를 쓰니, 이
두를 쓰는 자는 모름지기 한자에 의지해야만 뜻에 도달할 수 있으니
이두로 인해서 한자를 아는 사람이 자못 많아, 역시 한문을 진흥시키
는 데 도움이 된다.)

⑦-1에서 정인지는 이두가 일상 언어를 적는데 불편한 표기 수단임
을 부각시키고 新문자 창제의 불가피론을 역설하고 있으나, ⑦-2에서
최만리는 한문 진흥의 일환으로 이두라는 차자 표기를 유지해야 한다는
입장을 고수하고 있음을 알 수 있다. 또한 특이한 것은 그가 이두라는
차자 표기의 향유층을 서리라는 중인 계층뿐만이 아니라 '僕隸之徒'의
표현을 보면 알 수 있듯이 하층민들에게까지 확대하는 태도를 가지고
있다는 사실이다.

⑦-2에서 최만리의 의도는 우선 중인 이하의 계층에서는 모두 이두
를 사용하자는 것이 첫째요, 한편으로는 한문이라는 문자의 권위를 지
키면서 양반이 아닌 계층 모두에게 차자 문자가 한자의 차용으로 된 것
을 의식하고 한자 교육의 목적을 달성하고자 했던 것이 둘째다. 이러한
의도는 한자라는 문자를 바탕으로 한 문자 체제 아래서 두 개의 표기 수
단(한문, 이두)을 지향하는 이중의 문자 의식으로 이해될 수 있다.

⑧-1　癸亥冬我殿下創製正音二十八字略揭例義以示之名曰訓民正音象形
　　　而字倣古篆(계해년 겨울에 우리 전하께서 직접 정음 스물 여덟 자를
　　　창제하시고 간략하게 예의를 들어 보이시고 이름을 훈민정음이라고
　　　지으셨다. 이 글자는 상형였으되 그 글자 모양은 중국의 고전을 본떴
　　　다.)

⑧-2　　儻曰諺文皆本古字非新字則字形雖倣古之篆文用音合字盡反於古實無所據(혹시 말하기를 언문은 모두 옛글자를 바탕으로 한 것이지 새 글자가 아니라고 한다면, 곧 자형은 비록 옛날의 고전 글자와 비슷하나 소리로써 글자를 합하는 것은 모두 모두 옛것에서 어긋나는 일이며, 실로 근거가 없는 일이다.)

⑧-1과 ⑧-2를 비교하면서 우리는 ⑧-2에서 최만리의 반박이 ⑧-1에서 주장한 정인지의 내용에 대한 것임을 알 수 있다. 그런데 ⑧-1에서 정인지는 신문자의 모양이 중국의 고전을 본떴다는 점을 강조하였는데, 이 '字倣古篆'의 표현에 대해서만은 최만리가 아무런 비판을 하지 않고 다만 그것이 소리로써 글자를 합하는 것이 옛것에 어긋난다는 점만을 비판하고 있다.

여기서 우리는 정인지와 崔萬理의 견해에서 공통점을 다시 확인할 수 있다. 위에서 두 인물 모두 한문을 숭상하는 태도를 이미 서술한 바 있으나, 이 대목에서 그러한 두 인물의 의식이 또다시 엿보인다. 즉 정인지 역시 신문자 창제의 명목상 지지자이기는 하나 그가 한자와 신문자를 대립적인 관점에서 보지 않고 신문자의 기원을 중국의 한자와의 연속선상에서 바라보고자 했던 것은 그가 한문으로부터 자유로울 수 없는, 혹은 그가 한문보다 신문자가 우월하다고 주장할 수 없는 그의 한문 숭상의 태도에서 기인한다. 그러한 태도는 그가 한자음에 표기에 관심을 가지고 있었다고 추측되는 ⑨-1의 언급에서도 드러난다. 최만리 역시 '字倣古篆' 자체에 대해서 그 쓰임에 대한 반대 의사만을 밝힌 것이 사실이지만 신문자가 중국 古篆을 본떴다는 그 자체에 대해서는 아무런 비판이 없다. 이 점을 주목한다면 그가 신문자 사용 자체는 반대했지만 한자라는 문자를 누구보다도 숭상했던 인물이라는 점에서 자형을 古篆에서 모방한 것 자체에 대해서는 가치 판단을 유보하고 있음을 간접적으로 알 수 있다. 곧 최만리는 신문자가 '字倣古篆'의 관점에서 만들어진 것에 대해서만은 긍정한 면이 있었다고 생각한다. 다만 그 쓰임이 글자를 합하여 소리로서 나타내고자 하는 면은 근거가 없는 일이라고 비판의 입장을 취했던 것이다.

또한 그가 한문을 숭상하는 태도는 운서의 한자음을 언문으로 고친 것에 대한 비판(⑨-2)에서 더욱 두드러진다. 이것은 운서라는 책의 권위를 강조한 그의 중세적 언어 권위관의 소산이기도 하다.

⑨-1　字韻則淸濁之能辨樂歌則律呂之克諧無所用而不備無所往而不達雖風聲鶴唳雞鳴狗吠皆可得而書矣(한자음은 청탁을 능히 구별할 수 있고 악가는 율려를 고르게 되며 쓰는 데 갖추어지지 않은 바가 없고, 가서 통달되지 않은 바가 없으며, 바람 소리, 학의 울음, 닭이 홰 치며 우는 소리, 개 짖는 소리일지라도 모두 이 글자를 가지고 적을 수가 있다.)

⑨-2　輕改古人已成之韻書附會無稽之諺文(가벼이 옛사람이 이미 이루어 놓은 운서를 고쳐서 황당한 諺文을 붙이고...)

우리는 이상으로 정인지와 최만리의 문자 통용 의식을 그들이 기록이 남아 있는 실제 문헌에서 유추해 보았다. 여기서 우리는 두 인물의 문자 통용 의식에 대하여 정리해 보자.

우선 정인지의 문자 의식을 평가함에 있어 단순히 그의 의식을 신문자 우월주의적 발상이라고 판단하기는 무리가 따른다. 그의 문자 의식 기저에 깔린 태도는 분명 한문을 숭상하고자 했기 때문이다. 그럼에도 불구하고 그가 신문자의 창제에 주도적 역할을 하고 신문자를 옹호하는 적극적인 의식을 가졌던 것은 한편으로 이 때가 현실적 한문주의가 철저하게 통하기 어려운 시대였음을39) 스스로 자각하고 있었는지도 모를

---

39) 훈민정음 창제 동기와 관련된 논의 중에서 정치, 사회적 배경을 중시하여 창제 동기 혹은 遠因의 하나를 백성의 새로운 의식과 욕구 분출 및 그에 대한 훈민정책,

일이다. 그래서 그는 당시의 이중적 문자 생활이 존재하는 상황에서 신문자를 만들어 삼중적 문자 생활의 번거로움을 기꺼이 받아들이고자 했던 것으로 이해된다. 현대의 입장에서 보면 그의 문자 의식은 상당히 앞섰다고 볼 수 있으나, 그 역시 한자라는 중세의 권위를 극복하지 못한 한계를 지닌다.

또한 정인지의 경우와 같은 논리로 최만리의 문자 의식을 평가함에 있어 단순히 그의 의식을 사대주의적 발상이라고 치부하기보다는 그의 그러한 문자 의식이 단순히 그의 개인적인 아집에서 비롯된 것이 아님을 인식할 필요가 있다. 즉, 당시의 시대적 상황이 이중적인 문자 생활의 처지에서 신문자의 창제는 곧 삼중의 문자 생활이라는 혼란을 야기하는 일이라고 그는 문자 사용의 난맥상을 우려한 것이다. 그러한 우려가 한편으로 한문이라는 문자를 고수하고 그 안에서 이중의 문자 생활을 지켜가고자 했던 현실적 대안으로 기울 수밖에 없었던 것이다. 현대의 입장에서 보면 그의 문자 의식은 중세적 한계를 드러내는 약점을 가지고 있다고 볼 수도 있으나 더 중요한 사실은 철저하게 중세라는 시대에 기존 문자에 대한 권위를 지키고자 했던 그의 문자 의식의 일단을 볼 수 있다.

이렇게 볼 때 최만리라는 인물은 고려 시대에 전개되었던 최행귀의 문자 통용 의식을 사실상 그대로 계승한 사람이라고 할 수 있다. 그 이유로는 그 또한 최행귀가 향찰의 사용을 부정하지 않은 것처럼 이두의 사용을 인정하고 이중적 문자 생활을 현실적으로 받아들였다는 데 있는 것이다. 물론 두 인물 사이에 학적 관계에 있어 그 친연성이 있는 것은 아니다. 그러나 현재 우리가 취할 수 있는 사료에 의거한다면 그러한 판단을 단순히 자의적인 해석이라고 단정지을 수는 없다.

지배 수단의 일환으로 훈민정음이 창제되었다고 파악하는 경향이 이우성(1976), 강만길(1977) 등에서 주로 제기되었다.

또한 정인지라는 인물은 신문자 창제에 가담한 대표적인 사람으로 삼중의 문자 생활을 실현하고자 했다. 그러나 그 역시 이두라는 차자 표기 문자가 가지고 있었던 단점만을 언급했을 뿐 한문, 한자의 권위는 극복하지 못했다는 점에서 최행귀의 문자 의식에서 그리 많이 진전하지 못한 인물이었다. 따라서 그 또한 중세의 언어 권위관에서 크게 벗어나지 않는다.

다만 중세의 언어 권위관-최만리의 문자 의식의 계승자로서 최만리와 정인지 중에서 조선 후기의 문자 의식과의 관련성을 맺을 수 있는 존재는 신문자 창제의 주도자였던 정인지일 수밖에 없을 것이다. 그는 최소한 신문자 창제의 지지자였기 때문이다. 그렇다면 조선 후기, 실학 시대에 문자 의식은 어떻게 드러나고 있으며 그 의미는 중세와 어떠한 차별성을 띄고 있을까?

3.3 조선 후기의 문자 통용 의식
(언문의 근대 지향적 공용 문자 의식)

조선 후기, 즉 실학 시대는 한 동안 우리말과 글이 침체되었던 16세기를 지나 다양한 국어학[40] 성과가 가시적으로 드러난 시기라고 할 수 있다. 이 시기에 우리말과 글을 바라보는 관점은 실상 조선 전기(중세 후기)의 관점과 달랐다. 즉 우리말과 글을 眞書(한문)와 거의 대등한 위치에서 평가하는 표현 및 한문보다 우월하다고 하는 표현들이 여기저기서

---

40) 이 시대의 국어 연구를 진정한 국어학이라고 볼 수 있는가 하는 의문을 제기할 수도 있다. 그래서 이 시기의 국어학 연구를 과학적 국어학 업적으로 이해하기보다는 '국어학적 업적'으로 평가하는 입장도 있다. 高永根(1985) 참조. 그러나 이 글에서는 '의식'이라는 점에 그 초점을 맞추기 때문에 국어와 관련된 다양한 견해를 이 시대의 국어학 업적이라고 가정하고 국어학사의 대상으로 삼고자 한다. 자세한 논의는 이상혁(1996)을 참조할 것.

등장하고 있다41).

그런데 당대의 여러 학자들을 제쳐두고 李奎象을42) 문자 의식의 문제와 관련하여 선택한 이유는 그가 문자 통용과 관련하여 보기 드문 근대 지향적 의식을 가지고 있기 때문이다. 그리고 그의 문자 통용 의식은 그 이전 시대의 문자 통용 의식과 구별되는 특징을 지니고 점에서 더욱이 시대를 대표한다. 특히 그는『訓音宗編』을 지어 훈민정음에 대한 새로운 해석을 하고자 했던 李思質의 장남이라는 점이 주목을 끈다. 바꿔 말하면 이규상 역시 그의 아버지의 언어관을 계승한 사람이라고 볼 수 있으며, 그런 점에서 그가 표현한 대로 '언문'에 대한 그의 의식은 국어학사상의 의의를 지닌다.

"과거 선조들의 업적을 제대로 연구하기 위해서는 연구자들이 총체적인 시각을 가질 필요가 있다. 이는 어떤 문헌에 달랑 한 줄 나오는 언급을 국어학사상 대단히 중요한 것으로 대서특필되어 과대포장되어서는 안 된다"는 李賢熙(1996)의 주장을 충분히 이해할 수 있다. 그러나 이규상의 견해에서 파악되는 역사적 가치-문자 통용과 관련된 근대 지향적 의식이 대단히 주목된다. 따라서 문자 통용과 관련된 그의 의식이 텍스트(문헌) 자체의 전체적 내용과 거리가 있다고 할지라도 그의 견해는 국어학사상의 그 나름의 가치를 지니는 사료가 될 수 있다고 생각한다.

다른 학자들의 견해는 대부분 신문자 그 자체에 대한 자신의 견해 내지는 신문자의 우월성에 대한 언급뿐이다. 그러나 이규상의 문자 의식은 실천적 의식의 단초를 보이고 있을 뿐만이 아니라 미래의 문자 사용의 양상까지도 드러낸다. 따라서 이 글에서는 국어학사의 입장에서

---

41) 자세한 논의는 이상혁(1998), "언문과 국어 의식",「국어국문학」121을 참고하라.

42) 李奎象(1727~1799), 자는 像之 , 호는 一夢·悠悠齋이며, 영조 3년부터 정조 23년까지 살았던 李思質의 아들이다. 그의 집안(漢山 李氏)은 牧隱 李穡 이래로 문장과 학식으로 명망이 높았다. 평생을 벼슬에 관심을 두지 않고 학문과 시문 창작에 몰두한 그는 한산 이씨 가계의 문집인『漢山世稿』가운데 <一夢稿>를 남겼다. 윗글도 <一夢稿>에 전하는 내용이다.

이규상이라는 인물을 중세와 근대 사이에 존재했던 근대 지향적 문자
의식을 지닌 역사적 인물로 설정하고자 한다. 원문과43) 그 번역된 부분
을 보도록 하자.

> … 各國諺書可屬於陰古來蒼頡製字可屬於陽也 各國科式文可屬於陰古人
> 義理文可屬於陽也 故諺文科文到處倍簁 古字古文到處漸縮 如持東方一
> 域而日觀於其消長之勢則不久似以諺文爲其域內公行文字 卽今域有諺文
> 疏本者云若公移文字難書倉卒者不無副急間間用諺文者 此其兆矣 物物事
> 事無一物一事之不陰勝者(世界說, 漢山世稿 卷 二十三 一夢稿 雜著)(각국
> 의 언서는 음에 속하는 반면에 예부터 만들어져 전해오는 한문은 양에 속
> 한다고 할 수 있다. 각국의 과문 또한 음에 속하지만 옛사람들의 의리문은
> 양에 속한다. 그런 이유로 최근에 언문과 과문은 도처에서 신장하는 데 반
> 해 고자, 고문은 도처에서 점차 위축되고 있다. 동방의 한 지역을 두고 매
> 일 그 소장의 형세를 관찰 해 보건대 오래지 않아 언문이 이 지역 내에서
> 공행문자가 될 것 같다. 지금 더러 언문으로 사용되는 공문서가 있는데 졸
> 지에 쓰기 어려운 공이문자(공문서 작성에 사용되는 이두문)의 경우 간간
> 이 언문으로써 급한 형편에 대처하는 수가 없지 않다고 한다, 이것이 그
> 조짐이다. 물물사사 각각의 물과 일 어느 하나도 음이 이기지 않는 것이
> 없다.)

전장에서 언급한 바와 같이 중세까지 문자 의식의 양상은 현실적 한
문주의 내지는 한문이라는 언어 권위관의 대체로 통하는 시기였다고 볼

---

43) 이 원문은 李奎象의 문집 <一夢稿> 안에 들어있는 <世界說>이라는 제목의 글
의 뒷부분이다. 이 내용이 학계에 처음 보고된 것은 민족문학사연구소 한문학분과
옮김(1997)의 「18세기 조선 인물지-幷世才彦錄」(창작과 비평사)에서 이규상의 저
술 「병세재언록」에 대한 서평(林熒澤 씀) 가운데 한문학의 시각에서 이규상이라는
인물이 지녔던 사상을 언급하는 과정에서였다. 필자는 그 부분을 국어학사적 가치
가 있다고 판단하고 고려대학교 도서관에 소장되어 있는『一夢先生文集』에서 그
해당 원문을 뽑아 여기에 제시하게 되었다. 이규상의 문자 의식에 대한 이 자료가
필자가 이 논문을 쓰는 직접적인 계기가 되었다는 점에서 임형택 선생님께 감사
의 말씀을 전한다.

수 있다. 그러나 이 시기는 문자 사용에 있어서 현실적 한문주의가 서서히 몰락해 가는 징조를 보인다는 점이 주목된다.

林熒澤(1997)에서는 이규상의 사고 방식의 특징에서 그 부친의 주기론에 맥이 통하는 면을 엿볼 수 있다고 하였다. 즉 이규상에 의하면 음과 양으로 바뀌는 그 자체가 천지자연의 조화인데 인류 사회 또한 치세와 난세의 뒤바뀜 또한 그런 조화 속에 들어 있다. 그런데 상고 시대는 양이 주도하는 세계였으며 후대에 오면서 음이 주도하는 세계로 바뀌고 있다는 것이다. 이와 같이 음이 성장하고 제압하는 논리를 이규상은 문자 통용에 적용하고 있는 점을 지적하였다. 즉 중국 중심의 同文主義로부터44) 여러 민족 국가 본위의 어문으로 전환을 그는 분명히 점치고 있다고 하였다.

위의 원문과 그 번역에서 보다시피 이규상은 고래의 한자를 양에 속하는 것으로, 각국의 언서를 음에 해당하는 것으로 의식하고 있음을 알 수 있다. 또한 언문의 쓰임이 우리 나라에서 활발함을 지적하며, 조만간 그 언문이 이 지역의 公行 문자가 될 것 같다는 언급을 하고 있다. 그것은 한자(한문)의 위축과 언문의 신장을 의미하는 것이다. 이규상은 언문의 신장이 단순히 언문이라는 문자의 권위가 격상되는 것만이 아님을 인식하고 있다. 공행문자의 의미는 곧 공용 문자의 의미이고 공용 문자라는 것은 그 언어 공동체의 준거가 될 수 있는 문자라는 점에서 그의 의식은 대단히 근대 지향적이다.

여기서 우리는 이규상의 문자 의식과 관련해서 두 가지를 짐작할 수 있다. 우선 이규상이 당시의 문자 생활의 상황을 경험적으로 정확히 알고 있다는 사실이다. 곧 한문 본위의 동문주의나 현실적 한문주의의 경향이 점차 세력을 잃고 있으며 반면에 우리 나라에서는 언문이 이제 빈

---

44) 이 同文主義라는 관점은 중국 한자(한문)가 동북아의 절대적인 문자 내지는 글로 지배적인 우위를 차지한다는 의식으로 이해될 수 있다.

번하게 쓰이고 있음을 그가 의식하고 있다는 것이다. 둘째로 그러한 현실적 의식을 떠나 우리 나라의 공용 문자가 한문이 아닌 언문이 될 것이라는 근대 지향적 문자 사용의 양상을 예견하고 있다는 사실이다. 이러한 의식의 양상은 결코 중세 전후기를 통해서는 전개될 수 없었던 변화이다. 곧 이러한 의식은 탈중세적 문자 의식의 단면을 보여주고 있는 것이다.

물론 이규상은 이러한 의식을 체계를 갖춘 저술로 발전시키거나, 그만의 독특한 사상으로 완성하지는 않은 듯하다. 그러나 우리는 국어학사의 문자 통용 의식의 변천이라는 관점에서 문자 통용과 관련된 이전의 양상과 이규상을 비교·대조하면, 그의 의식이 얼마나 근대지향적이었는가를 가늠할 수 있다. 바꿔 말하면 서서히 우리의 문자 사용과 그 의식을 지배해 온 현실적 한문주의의 몰락을 시사하는 징조라고 아니할 수 없다. 물론 그 이후 식자층에서는 여전히 한문이라는 문자를 가지고 그들의 저술 활동을 계속 이어갔으나 이제 함부로 당대의 공용 문자를 자신 있게 한자이라고 부르기에는 시대가 너무 변한 것이었다. 요컨대 중세 후기의 삼중 문자 생활에서 신문자가 차지하는 비중이 다른 문자와 비교할 수 없이 낮았다면 이 시대는 그 위치는 최소한 한자와 대등한45), 이두와 같은 차자 표기보다는 우월했다는 점은 분명하다고 하겠다.

그가 또한 이러한 생각을 하게 된 연유가 당대의 실학 분위기-국학에 대한 관심, 민족의 자아 의식의 태동-와 관련이 당연히 있으며, 그가 죽은 후 1세기가 채 되지 않은 20세기 후반에 우리는 공식적으로 우리 한글을 국가의 공용 문자로 인정하게 된다는 사실에서 그의 근대지향적 의식을 주목할 필요가 있는 것이다. 실상 이규상의 문자 의식은 조선 후

---

45) 실제로 이 시대에 소위 '諺文'을 바라보는 의식을 살펴보면 諺文에 대한 부정적 언급들은 거의 찾아보기 어렵다. 이상혁(1998), "언문과 국어의식." 「국어국문학」 121 참조.

기의 실학 시대에 당연한 귀납될 수 있는 의식이다. 그러나 이 글에서 굳이 이규상의 문자 의식을 강조한 것은 그 이전 시대와 통시적으로 다른 변화의 모습을 보이는 역사적 가치가 있기 때문이다.

지금까지 우리는 문자 사용과 관련된 문자 의식의 변화 양상을 통시적으로 비교해 보았다. 간단히 각 시대의 변화 양상을 정리한다면 아래와 같다고 할 수 있겠다.

고려 시대의 문자 통용 의식은 최행귀로 대표되는 현실적 한문주의와 대내적 이중 문자 의식으로 요약된다. 즉 한문과 향찰의 두 표기 수단이 공존하면서 상대적으로 한문의 위상이 높았던 시기이다. 다만 향찰과 같은 문자(표기)가 폐기되지 않았다는 점이 그 이후 시대에 새로운 문자 의식의 대립으로 다가온 점이 주목된다.

조선 전기의 문자 통용 의식은 신문자의 창제와 맞물리며 약간의 다른 양상을 띤다. 당시는 우선 대내적 이중 문자 의식과 삼중 문자 의식의 대립이었다. 정인지와 최만리가 모두 한문주의자였다는 점에서는 동일하나 당대의 현실을 바라보는 의식의 차이는 존재했고 그 결과 신문자의 창제가 이루어지며 삼중의 문자 생활의 전기가 마련되었다. 그러나 이 시기에서 주목해야 할 것은 신문자가 결코 한자라는 기존 문자의 권위를 극복하는 양상으로 전개되지 못하고 중세의 언어권위관에 사로잡히게 되었다는 점이다. 다만 신문자가 후대에 올바른 평가를 받을 수 있는 맹아가 조성된 시기라고 하겠다.

조선 후기의 문자 의식은 중세의 극복이자 근대 지향적 성격을 지닌다. 현실적 한문주의가 위축되고 문자 사용에서 언문의 위치가 최소한 한자의 위치와 맞서는 양상으로 문자 의식이 전개됨을 이규상의 언급으로 확인할 수 있다. 더욱이 언문이 규범적 공용 문자로 그 위상이 높아질 것이라는 예견을 통해 우리는 근대적 문자 의식의 단초를 발견하게 되었다.

 4 훈민정음 기원에 대한 의식

조선 후기에 들어오면서 국어학의 관심은 훈민정음이라는 우리 문자에 대한 통용 의식과 아울러 문자에 대한 그 기원 문제에도 쏠리게 되었다. 곧 우리 문자는 그 형태 면에서 무엇에 근거를 두어 만들어졌는가 하는 데 그 주된 초점이 있었다. 물론 한글의 기원에 대한 문제는 단순히 한글이라는 형태의 기원에 대한 문제만은 아니다. 문자 기원에 대한 논의는 한글이라는 형태가 어느 문자의 영향을 받았는가 하는 문제뿐만이 아니라 한글의 제자 원리가 무엇인지에 대한 문제이기도 하였다[46]. 그리고 문자 계통적론 시각의 논의의 관점도 배제할 수 없는 실정이다[47].

훈민정음이 발견된 후 제자 원리로서 상형설이 가장 타당한 한글에 대한 기원설이라고 받아들이는 데 이견은 거의 없다. 다만 한글이라는 문자의 형태에 대한 기원설과 관련하여 문자의 형태(꼴)가 만들어진 것은 다른 데서 그 기원을 잡고자 조선 전기, 조선 후기, 현대의 연구에서 여러 견해가 제시되었다. 그 중 현대의 여러 연구들 중 일부는 주장에 있어 지나친 비약이 드러나기도 하지만 매우 다양하게 전개되었다[48].

---

46) 姜信沆(1987)에서는 훈민정음 기원설은, 표음문자인 훈민정음이 어느 문자의 계통을 이어받아서 창제되었는지 밝혀 보려고 한 설명이나 학설을 말하기도 하고, 훈민정음의 제자 원리가 무엇인지 연구하는 학문을 뜻하기도 한다고 하였다.

47) 김민수 외(1997)의 『외국인의 한글 연구』에서는 다양한 외국 문자 기원설은 자형의 기원이라는 면에서 주장된 것이 아니라 문자의 계통 면에서 훈민정음과 외국 문자와의 연관성을 설명한 것임을 알 수 있다고 하였다.

48) 姜信沆(1987), 孔在錫(1967, 1968), 金完鎭(1983, 1984), 安秉禧(1990)에서는 우리 문자 꼴을 대체로 古篆 기원설에서 찾고 있고, 兪昌均(1966), 李觀洙(1979)에서는 파스파 문자 모방설을 제기하였으며, 李基文(1974, 1980)에서는 파스파 문자모방설에 대한 부분적 긍정의 입장을 취했다. 김선기(1969)에서는 口訣 문자로부터의 발달을

그런데 조선 후기에는 조선 전기보다 한글 기원과 관련된 더 다양한 이견들이 제기되었다. 조선 전기에는 古篆 기원설, 발음기관 상형설, 그리고 범자 기원설이 주장되었으나, 후기에 오면 이 세 기원설 외에 몽고 문자 기원설이 추가되었고 이 네 기원설을 제각기 주장하는 연구자들이 조선 전기보다 그 수에 있어서 더 많다. 이것은 그만큼 우리 문자에 대한 당대 연구자들의 깊은 관심이었다. 심지어 19세기 중반 이후부터는 외국인들이 우리 문자에 대한 기원설을 각기 외국의 여러 문자에 근거하여 제기하고 있음을 알 수 있다[49].

그렇다면 조선 후기의 문자 기원 의식의 양상은 어떻게 전개된 것으로 파악할 수 있을까? 조선 전기와의 구별되는 조선 후기의 문자 기원 의식은 무엇이며 그것은 조선 후기 국어학사에서 어떤 의의를 지니는가? 이러한 문제 제기를 통해 우리는 먼저 문자 기원의 문제와 관련하여 조선 전기에 제기된 바 있는 아래의 문헌들을 보도록 하자.

4.1 조선 전기의 문자 기원 의식

조선 전기의 문자 기원 의식은 크게 네 문헌에서 등장한다. 『世宗實錄』과 鄭麟趾의 〈訓民正音解例〉 후서 崔萬理의 〈諺文創製反對上疏文〉 등에서는 한글의 기원을 古篆에서 찾고 있다. 그리고 〈訓民正音解例〉의 〈制字解〉에서는 문자의 제작이 발음 기관의 상형에 있음을 밝히고 있

제기하기도 하였다. 梵字 기원설에 대해서는 李能和(1932)에 의해 제기된 적이 있으나 최근에 이를 말하는 연구자들은 거의 없으며 또한 權悳奎(1923), 金允經(1938)에서는 고대 글자 기원설을 제기하기도 하였다. 李鐸(1946, 1947, 1949)에서는 河圖의 원형에 나타나는 기본 도형 기원설을, 조영진(1969), 이성구(1983)에서는 태극 사상 기원설을 주장하기도 하였다.

49) 최근 김민수 외(1997)의 「외국인의 한글 연구」에서는 지금까지 외국인들이 한글 기원에 대하여 연구한 내용을 각 지역권에 따라 체계적으로 정리해 놓았다.

다50). 반면에 成俔은 『慵齋叢話』에서 한글 문자의 기원을 梵字에서 보고 있다.

4.1.1 古篆 기원 의식

① 世宗實錄(世宗25年 癸亥 12月)

是月上親製諺文二十八字 其字倣古篆 分爲初中終聲 合之然後乃成字 … 字雖簡要 轉換無窮 是爲訓民正音(世宗實錄 권102, 장42)(이 달에 임금이 친히 諺文 28자를 만들었다. 그 자형은 고전을 모방하였으며, 초성,중성, 종성으로 나누어 삼으니 이것들이 합해진 연후에 글자를 이룬다. … 글자는 비록 간단하나, 그 전환 변통이 끝이 없으니 이를 훈민정음이라고 이른다)

② 鄭麟趾

癸亥冬 我殿下 創製正音二十八字 略揭例義 以示之 各曰訓民正音 象形而字倣古篆(훈민정음解例後序)(계해년 겨울에 우리 전하께서 정음 28자를 창제하시고 예의를 간략히 들어 보이시니 이를 가리켜 훈민정음이라고 한다. 이 문자는 상형을 했으되 고전을 본떴다.)

③ 崔萬里

儻曰 諺文皆本古字 非新字也 則字形雖倣古之篆文 用音合字 盡反於古 實無所據(諺文創製反對上疏文)(혹시 이르기를 諺文은 모두 옛글자를 근본으로 한 것이지 새 글자가 아니라면, 곧 자형은 비록 고전을 본떴다고는 하나, 소리로서 글자를 합하는 것은 옛것에 어긋나는 것이며, 참으로 근거가 없는 것이다.)

---

50) 正音二十八字 各象其形而制之 初聲凡十七資 牙音ㄱ 象舌根閉喉之形 舌音ㄴ 象舌附上齶之形 脣音ㅁ 象口形 齒音ㅅ 象齒形 喉音ㅇ 象喉形 ㅋ比ㄱ 聲出稍厲 故加畫 而ㄷ ㄷ而ㅌ ㅁ而ㅂ ㅂ而ㅍ ㅅ而 ㅈ ㅈ而ㅊ ㅇ而 ㆆ ㆆ而ㅎ 其因聲加畫義皆同 而唯ㆁ爲異 半舌音ㄹ 半齒音△ 亦象舌齒之形異其體 無加畫義焉(訓民正音解例, 制字解)

古篆 기원설은 위에서 보다시피『世宗實錄』과 鄭麟趾의 후서, 그리고 崔萬理의 상소문에서 등장한다. 이 세 문헌은 훈민정음이 창제된 당시의 것들이다. 그런데 이 세 문헌에서 나타나는 '字倣古篆, 象形而字倣古篆, 字形雖倣古之篆文'의 주장을 살펴보면 그 공통점이 '字(形)倣古篆(文)'임을 알 수 있다. 따라서 이 세 문헌에서 주장하는 문자 기원 의식은 문자의 제자 원리에 초점을 맞춘 것이라기보다는 '글자의 모양, 형태'에 주목한 것으로 이해할 수 있다. 그러나 '象形而字倣古篆'에서 '象形'의 의미는 다음에 나타나는 〈訓民正音解例〉의 〈制字解〉의 '正音二十八字 各象其形而制之'와 연결된다. 그렇다면 '各象其形而制之'와 '象形而字倣古篆'에서 '상형'의 의미는 제자 원리의 원칙 중 하나라고 볼 수밖에 없다51). '상형'이 굳이 제자 원리가 아니라면 〈訓民正音解例〉의 〈制字解〉에서 '正音二十八字 各象其形而制之'의 언급을 할 필요는 없었을 것이다.

그런데 기존의 연구에서 한글 기원설이라고 하면 일반적으로 '발음 기관 상형설'까지 포함하여 설명하려고 하는 경향을 볼 수 있다. 그러나 '발음 기관 상형설'은 문자의 형태에 근거한 한글 기원설과는 다르기 때문에 우리는 '자형의 기원'과 '상형에 따른 제자 원리'를 구분할 필요가 있다. 즉 '자형의 기원'만이 엄밀한 의미에서 한글 기원설의 범주라고 할 수 있을 것이다. 반면에 발음 기관의 상형을 바탕으로 한 '제자 원리'는 훈민정음이라는 문자 체계의 차원에서 이해될 수 있는 또 다른 측면이기 때문에 따로 분리되어 기술되는 것이 바람직하다고 생각한다52).

---

51) 일찍이 兪昌均(1966)에서는 '象形'은 제자의 구성 원리를 말한다고 하면서 이 구성 원리는 한자의 '象形·指事·會意·形聲'의 원리를 차용한 것이라고 주장하였다. 필자는 이 견해에 동의하면서 훈민정음 '상형'의 원리가 한자의 구성 원리라고 주장한 위의 견해에 대해서는 그 판단을 유보한다.

52) 이 글에서는 훈민정음의 초성, 중성, 종성에 관하여 자신의 견해를 밝힌 조선 후기의 여러 연구자들의 업적을 미시적인 문자 의식이라는 범주 안에서 다로 서술하고자 한다.

4.1.2 梵字 기원 의식

① 成俔

世宗設諺文廳　命申高靈成三問製諺文　初終聲八字　初聲八字　中聲十二字　其字體依梵字爲之　本國及諸國語音문자所不能記者　悉通無礙云云(慵齋叢話)(세종대왕께서　언문청을　설치하시고　신숙주와　성삼문에게 명하여 언문을 짓도록 하니, 초종성 8자, 초성 8자, 중성 12자이다. 그 글자의 모양은 범자에 의존하나, 우리 나라 및 여러 나라의 소리와 문자로 쉽게 기록할 수 없는 것이 다 통하여 막힘이 없게 되었다.)

조선 전기에 나타난 또 하나의 문자 기원 의식은 成俔이 제시한 梵字 기원 의식이다. 그는 위에서 언급한 바와 같이 훈민정음(諺文) 자모의 '字體'가 범자에 기대어 삼았음을 주장하고 있다. 다만 조심스러운 것은 '依'의 의미이다. 梵字에 '기대다, 의존하다', 혹은 범자를 '좇다'는 의미에 대해 자체를 무조건 모방했다는 의미로 받아들일 수 있는가 하는 점은 의심이 가는 대목이다. 그러나 그 근거를 명확히 대고 있지는 않다는 점에서 그 실증성을 인정받지 못하고 있다.

이 기원 의식은 전장에서 고전 기원 의식을 전개한 여러 연구자들이나 당대 학자들의 문자 기원 의식과는 차이를 보이는 대목이다. 다만 이와 같은 주장이 조선 후기에도 여전히 여러 연구자들에 의해 제시되고 있다는 사실에서 이 기원 의식 자체를 잘못되었다고 배제할 수는 없다고 생각한다. 조선 후기의 여러 학자들이 이 기원 의식을 받아들이고 있다면, 이것은 훈민정음이라는 문자의 梵字 기원 의식의 역사적 연속성을 의미하는 것으로 그 나름의 국어학사적 의의를 띠고 있는 것이다.

4.2 조선 후기의 문자 기원 의식

조선 후기에 접어들면서 이 시대에는 여러 학자들이 다양한 한글의 기원 의식을 드러내면서 우리 문자 기원에 대한 여러 가능성들을 제시하였다. 그러나 그들은 훈민정음을 보지 못했거나 자의적인 판단을 앞세운 듯이 보이는데 그들의 여러 주장이 보다 정확한 실증적 근거들에 의해 뒷받침되지 못했기 때문이다. 그러나 이 글은 이러한 주장에 대한 시비를 가리는 것이 목적이 아니다. 오히려 문자 기원에 대한 당대 연구자들의 짧은 언급에서 이 시대의 문자 기원 의식의 양상에 대한 몇 가지 특징을 파악할 수 있다. 그 특징은 또한 조선 전기와 구별되는 특징이자 문자 기원 의식과 관련된 조선 후기 국어학사의 한 측면이라고 생각한다. 아래의 문자 기원 의식들을 살펴보며 그 양상을 보도록 하자. 먼저 古篆 기원 의식을 주장한 자료들을 보자.

4.2.1 古篆 기원 의식

① 洪良浩[53)]의 古篆 기원 의식

耳溪 洪良浩는 崔錫鼎의 『經世正韻』을 보고 『經世正韻圖說序』라는 일종의 서문을 썼다. 여기서 그는 한글의 기원에 대하여 언급하고 있다. 그는 『經世正韻圖說序』 말미의 〈訓民正音初聲象形圖〉에서 발음 기관을 상형하여 훈민정음이 만들었졌음을 밝히고 있다. 그런데 이것은 한글 기원설이라기 보다는 제자 원리의 관점에서 본 훈민정음에 대한 의식이다. 그런데 그는 그것과는 별도로 『經世正韻圖說序』에서 다음과 같은

---

53) 景宗 4~純祖 2(1724~1802) 자는 漢師, 호는 耳溪, 시호는 文憲, 본관은 풍산으로 初名은 良漢이다. 영조 28년(1752) 문과에 급제, 벼슬은 양관 대제학과 이조판서를 지냈다. 학문과 문장에 뛰어났고 글씨도 잘 썼다. 저서로는 『耳溪集』이 있고, 『國朝寶鑑』 등의 편찬에 참여했으며 편서가 매우 많다.

그의 한글 문자 기원 의식을 밝히고 있다.

> 我世宗莊憲大王　睿智天縱　開物成務　於是刱制훈민정음二十八字　以應列
> 宿之數　而字形則觀奎璧圓曲之象　點畫則倣小篆分隷之體(經世正韻圖說
> 序)(우리 나라의 세종대왕의 예지는 하늘이 내리셔서 만물을 열고 모든 일
> 을 이루시니, 이에 훈민정음 28자를 창제하여 별자리의 수에 대응하셨다.
> 글자의 모양은 규벽의 둥글고 굽은 모양을 드러내며, 점과 획은 소전과 분
> 예의 체를 본떴다.)

이 자료를 통해서 보면 알 수 있듯이 그는 한글 자형의 기원을 조선 전기와는 달리 좀더 상세하게 설명하고 있다.『經世正韻圖說序』 말미의 〈訓民正音初聲象形圖〉에서의 '象形說'을 제자 원리로 파악한다면 위의 주장은 그것과는 차원을 달리하는 그의 한글 기원 의식이다. 위에서 볼 수 있듯이 '字形則觀奎璧圓曲之象'라는 표현을 통해서 그는 우리 한글의 자형을 규벽의54) 둥글고 굽은 모습이라 했다. 그리고 '點畫則倣小篆分隷之體'라는 표현에 주목해 보면, 자형의 점과 획을 小篆과 分隷의 모양을 본떴다고 언급하고 있다. 이러한 그의 주장은 단순히 '字(形)倣古篆(文)'으로 요약되는 조선 전기의 한글 문자 기원 의식보다 훨씬 구체적이다. 특히 구체적인 사물을 가지고 자형의 모양을 언급하고 있을 뿐만 아니라 자형의 점과 획을 古篆 중에서 '小篆'이라고 언급하고 있다는 점이 그러하다. 이것은 조선 전기의 문자 기원 의식과는 구별되는 발전적 양상으로 이해된다.

여기서 우리는 '古篆'은 무엇이며 그 古篆의 小篆과 大篆은 어떻게 다른지 살펴볼 필요가 있다. 일반적으로 古篆은 '옛날의 篆字'로 이해된다. 그러면 篆字는 무엇인가? 篆字는 한자 서체의 하나로 일반적으로

---

54) 옛날 중국에서 제후가 天子를 만날 때 지니던 구슬. 김성규(1998)에서 재인용. 금
　　성판 국어대사전에서는 제후가 천자를 뵈올 때 가지던 홀(笏)이라고 되어 있다.

篆, 篆書, 篆文 등의 다른 표현으로 사용된다. 그리고 이 古篆의 篆字는 크게 大篆과 小篆으로 나뉜다. 大篆은 중국 주나라 宣王 때 太史 籒가 만든 한자 서체로 篆籒라고도 한다. 小篆은 한자 팔서체의 하나로 중국 진시황 때 李斯가 대전을 간략하게 변형하여 만든 글씨체이다.

그렇다면 洪良浩는 한글 기원 의식과 관련하여 조선 전기의 '字(形) 倣古篆(文)'을 받아들이면서 훈민정음의 자형을 중국 진시황 때 李斯가 大篆을 간략하게 변형한 글씨체인 小篆으로 본 셈인데, 그러나 공교롭게도 그가 서문으로 쓰도록 계기를 마련한 崔錫鼎의『經世正韻』의 하권에서는 '그 體가 篆籒를 본떴다'고 알려져 있다55). 그렇다면 崔錫鼎은 훈민정음이 篆籒 곧 大篆을 본떴다는 주장을 한 것이고 그 서문을 쓴 洪良浩는 훈민정음이 小篆을 본떴다 했으니 둘 사이에는 미세한 차이가 있다56). 물론 '字(形)倣古篆(文)'이라는 입장에서 보면 小篆이나 大篆이 둘 다 古篆에 포함된다.

또한 '點畫則倣小篆分隷之體'이라는 표현에서 알 수 있듯이 '分隷'는 漢나라 채옹이라는 사람이 '隷書 二分'과 '篆書 八分'을 섞어 만든 팔분체를 지칭한다고 한다57). 그렇다면 이 '分隷'에서도 篆字의 흔적이 있는 것이라고 보아야 한다. 결국 훈민정음의 자형은 '字(形)倣古篆(文)'라는 조선 전기의 견해에서 벗어나지 않으면서 조선 후기 洪良浩의 견해는 그 古篆 중에서 小篆이 한글 기원의 자형임을 강조하고 있는 셈이다.

따라서 洪良浩에 대하여 우리가 평가해야 할 부분은 두 가지 정도로 파악된다. 우선 그가 우리 한글 자형에 대한 기원에 관심을 가지고 조선 전기의 견해를 그대로 계승했다는 점이다. 그리고 둘째 그의 관심은 조선 전기의 한글 자형에 대한 의식에서 좀더 앞서 나가서 '古篆'이 좀더

---

55) 김성규(1998)에서 재인용.
56) 이 차이에 대한 논의는 필자의 한계를 넘어서는 부분이므로 다른 선학들의 도움을 바란다.
57) 김성규(1998)에서 재인용.

구체적으로 어떤 글자인지를 설명하려는 시도를 했다는 점이다. 전체적
인 자형의 윤곽(奎璧圓曲之象)과 자형의 점과 획으로 본 서체(點畫則倣小篆
分隷之體)에 대한 그의 의식은 조선 전기보다 한층 발전된 양상이었다고
볼 수 있겠다. 이러한 조선 후기의 의식은 바로 우리글에 대한 당대 연
구자들의 깊은 관심이며 이것은 분명히 훈민정음의 위상이 조선 후기에
그리 낮지 않았음을 알 수 있는 것으로 이해된다.

　　우리는 또한 洪良浩의 한글 기원 의식에서 어느 정도 그의 체계를
읽을 수 다. 위에서도 잠깐 언급했지만 그는『經世正韻圖說序』에서 한
글의 자형에 대한 의식과는 별도로 〈訓民正音初聲象形圖〉라 하여 17자
의 초성에 대한 상형의 원리를 제시하고 있다. 그런데 이 내용은 〈訓民
正音例義〉와 〈訓民正音解例〉를 바탕으로 그만의 독특한 상형을 제시하
고 있다58). 이 점에 주목한다면 洪良浩는 결국 한글 기원 의식을 이원
론적으로 바라본 셈이다. 즉 자형 기원 의식으로서의 '少篆分隷論'과 제
자 원리로서의 '象形論'이 그것이다. 이것은 그 나름의 논리를 지닌 의식
이며 뒤이어 한글 자형의 古篆 기원설을 주장하는 李德懋에게도 간접적
으로 계승되는 바탕이 되었을 것이다.

　　② 李德懋59)의 古篆 기원 의식

---

58) 〈訓民正音例義〉에서는 'ㄱ 牙音 如君字初發聲'이라 되어 있으며 〈訓民正音解
　　例〉의 〈制字解〉에서는 '牙音ㄱ 象舌根閉喉之形'이라고 되어 있는 반면에 洪良
　　浩의 〈訓民正音初聲象形圖〉에서는 'ㄱ 君初聲 牙音 象牙形'이라 하여 위의 두
　　표현과는 약간 다른 면을 보이고 있다. 나머지 다른 초성 역시 마찬가지인데 이
　　상형의 원리는 다른 장으로 넘긴다.

59) 英祖 17년~正祖 17(1741~1793) 자는 懋官, 호는 炯菴, 雅亭, 靑莊館, 嬰處, 東方
　　一士, 본관은 전주로 李聖浩의 아들이다. 박학다식한 실학자였으나 庶出이라 크게
　　쓰이지 못하고 1779년 규장각 檢書官이 되어 박제가, 유득공, 이서구 등과 4 검사
　　관으로 이름을 떨쳤다. 검서관은 조선 시대에 서출의 학자를 대우하기 위하여 규
　　장각 안에 두었던 5품계에 해당하는 관직이다. 사옹원 주부를 지냈고 글씨와 그림
　　에도 뛰어났다. 저서로『靑莊館全書』가 있다.

訓民正音初終聲通用八字皆古篆之形也　ㄱ古文及字　象物相及也　ㄴ匿也
讀若隱　ㄷ受物器 讀若才　ㄹ篆己字　ㅁ古圍字　ㅂ篆口字　ㅅ篆人字　ㅇ古圜
字　又ㅣ上下通也 古本切(靑莊館全書 권54~61,《盎葉記》1권)

李德懋가 〈訓民正音解例〉를 보았는지 못 보았는지 알 수는 없으나,
위의 내용을 보면 그가 우리 문자 자형의 기원과 상형의 제자 원리를 혼
동하고 있지 않음을 간접적으로 알 수 있다. 분명히 그는 '訓民正音初終
聲通用八字皆古篆之形也'이라는 표현을 통해 우리 문자의 기원을 '古篆'
에서 찾고 있으며 그 기원은 '字形'의 기원이라고 위에서 제시하고 있다.
그 다음에 이어지는 자모에 대한 구체적인 내용은 그 실증성을 정확히
평가받기는 쉽지 않으나, 그가 주장하는 한글 기원 의식은 제자 원리에
입각한 문자의 상형을 바탕으로 한 주장이 아니라는 점에서 그 나름의
논리가 있다.

그리고 그의 이러한 견해 역시 洪良浩에서도 볼 수 있었듯이 분명히
조선 전기와 구별되는 발전적 양상이다. 조선 전기의 여러 언급에서는
단순히 '古篆'을 본떴다는 언급 이외에 그 근거를 제시하지 않고 있다.
그런데 그는 좀더 실증적이다. '古篆'의 실례를 뒤에 제시함으로써 한글
자형의 古篆 기원설에 설득력을 제공하고자 노력한 흔적을 엿볼 수 있
기 때문이다. 그가 제시한 실증적 근거가 전체적으로 볼 때 완전히 타당
하지는 못하지만 그러한 근거 자체를 제시하고자 노력하고자 했던 점을
다시 한번 평가되어야 하겠다.

그런데 그의 이러한 문자 기원 의식은 그의 지위, 조선 후기의 학문
적 풍토와 무관하지 않다. 즉 실학 시대, 특히 영·정조 시대에 규장각
의 檢書官으로서60) 그의 실증적 학문 태도에 기인한 것으로 파악할 수
도 있기 때문이다. 주목할 만한 사실은 李德懋의 손자인 李圭景 역시 아
래와 같이 그의 조부의 한글 기원 의식을 추종하고 있다는 사실이다. 다

---

60) 규장각에서 서적의 교정과 書寫 등의 일을 담당하는 관직명이다.

음의 내용을 보도록 하자.

③ 李圭景[61]의 古篆 기원 의식

我王考靑莊公所撰盎葉記　訓民正音初聲終聲通用八字　皆古篆之形也(反切翻紐辨證說)(나의 조부인 청장공께서는 앙엽기를 지으셨다. 훈민정음 초성과 종성에 두루 쓰이는 8자 모두 古篆의 형태이다.)

이 자료에서 보면 알 수 있듯이 靑莊公은 李德懋를 가리키며 그가 편찬한 〈盎葉記〉의 내용을 그 다음에 인용하며 李圭景은 한글 자형의 篆字 기원 의식을 드러내고 있다. 그런데 이렇게 조부의 한글 기원 의식을 그 손자가 계승하여 자기의 저작에서 언급했다는 사실은 큰 의의가 있다. 그것은 우선 그 또한 한글 자형의 기원을 古篆에 두고 있음을 밝힌 것이다. 그리고 그가 비록 평생 벼슬은 하지 않았지만 조부와 부친이[62] 규장각 檢書官으로 있으면서 그 학문을 계승하고 집대성했다는 점이다. 그가 한글 기원 의식을 계승한 것도 실학에 바탕을 둔 조부 李德懋의 의식을 계승한 한 단면이라고 볼 수 있다.

이렇게 李圭景이 한글 자형의 기원 의식에서 조부의 견해를 따른 것은 전장에서 보았듯이 李思質의 아들 李圭象이 아버지가 지녔던 훈민정음에 대한 관심을 문자 통용 의식으로 발전시킨 양상과 비교된다. 즉 조선 후기에 국어에 대한 관심을 가졌던 인물들은 단순히 그의 의식을 한 순간에 표출한 것이 아니라 학문적 계승의 차원에서, 특정한 신분의 입장에서, 시대적 흐름(실학의 기운)에 발맞추어 전개해 나아갔다는 사실을 확인하게 된다. 이러한 관점에서 조선 후기의 여러 국어 의식들을 미시

---

61) 정조 12년 1788 ~ 미상. 자는 伯揆, 호는 五州 또는 嘯雲居士. 李德懋의 손자이며 李光葵의 아들로 서울에서 태어났다. 그 역시 당대의 실학자로서 조부의 학문을 계승하여 『五州衍文長箋散稿』를 저술하였다.

62) 그의 부친 역시 李德懋의 뒤를 이어 795년(正祖 19)~1817년(純祖 17년)까지 奎章閣의 檢書官을 지냈다.

적으로 살피는 것이야말로 이 시대 전체의 거시적 국어 의식의 제 양상
을 살피는 좋은 방법에 하나임을 알 수 있다.

4.2.2 梵字 기원 의식

조선 후기에는 위와 같이 조선 전기의 古篆 기원 의식을 역사적으로
계승한 문자 기원 의식이 전개되는 양상도 있었지만 다른 한편으로는
조선 전기에 成俔이 언급한 梵字 기원 의식도 다시 제기되었다. 그 시발
은 李晬光의 언급에서 찾을 수 있다.

① 李晬光의 梵字 기원 의식

> 我國諺書字樣 全倣梵字 始於世宗朝 設局撰出 而制字之巧 實自睿算云
> 夫諺書出而萬方語音無不可通者 所謂非聖人不能也(芝峰類說)(우리 나라
> 언문의 자형은 범자를 전적으로 모방하였으니, 일찍이 세종조에 언문청을
> 설치하여 (글자를) 만들어내었으니 글자를 정교히 만들어 냄은 진실로 영
> 리한 생각에서 비롯된 것이었다. 저 언문이 만들어져 만방의 어음으로 통
> 하지 않는 것이 없게 되었으니 이른바 성인이 아니라면 그렇게 할 수 없는
> 것이었다.)

『芝峰類說』의 저자 李晬光은 조선 후기에 실학과 관련된 인물로는
시대적으로 가장 앞선 인물로 평가되는 학자이다. 그는『芝峰類說』서
에서 위와 같은 梵字 기원 의식을 전개하고 있다. 물론 李晬光의 이러한
문자 기원 의식은 조선 전기의 成俔의 주장과 동일하며 그 이래로 처음
이다. 따라서 현재까지는 조선 후기 시대 문자 기원 의식에 대한 최초의
언급에 해당하게 된다.

위에서 알 수 있듯이 李晬光은 '我國諺書字樣全倣梵字'라는 표현을
통해 우리 나라의 諺書의63) 글자 모양은 완전히 梵字를 본떴다고 하였

---

63) '諺書'라는 명칭은 문자로서의 훈민정음의 이칭에 해당하는 표현으로 언문이라는

다. 그런데 여기서 주목할 바는 '全倣'이라는 표현에 있다. 곧 '완전히, 전부, 일체'를 본떴다는 주장인데 이러한 언급은 成俔의 '其字體依梵字爲之'의 표현보다는 훨씬 梵字 기원 의식에 대한 확고한 표현이라고 볼 수 있다. 다만 李睟光의 이러한 언급 역시 아무런 실증적 고증을 하지 못하고 있다는 점이 그 한계로 지적되어 왔다. 그러나 成俔의 梵字 기원 의식을 계승하면서, 한편으로 우리 문자가 완전히 梵字를 본떴다는 표현은 이수광의 독자적인 의식으로 이해된다.

② 黃胤錫의 梵字 기원 의식

黃胤錫의 문자 기원 의식은 그의 저서 『理藪新編』의 〈韻學本源〉에서 아래와 같이 전개되고 있다.

> 至於梵字 或云如來所製 此未可知 然我訓民正音淵源 大抵本此 而終不出語梵字範圍矣[64](韻學本源)(범자에 이르러서 어떤 사람은 석가여래가 만들었다고 하나 알 수 없다. 그러나 우리 훈민정음의 연원이 대략 여기에서 비롯하나 끝내 범자의 범위를 벗어날 수는 없는 것이다.)

위의 원문에서 黃胤錫은 훈민정음의 연원이 대체로 보아 梵字에 그 바탕을 두고 있어서 그 梵字의 범위를 벗어나지 않는다고 했다. 위에서는 훈민정음의 字形, 字樣, 字體라는 표현보다는 '淵源'이라는 표현으로 그의 梵字 기원 의식을 드러내고 있다.

그런데 黃胤錫은 시대적으로 앞선 학자인 이수광의 梵字 기원 의식에서 드러난 '全倣梵字'라는 표현보다는 '大抵本此'라 하여 梵字를 완전히 본떴다기 보다 그 梵字에 대체로 바탕을 두고 있다고 하였다. 이것은

표현과 같은 의미이다.

64) 梵字는 如來가 만들었다고 하나 이는 알 수 없는 일이다. 그러나 우리 훈민정음이라는 문자의 淵源은 대체로 보아 이 梵字에 그 바탕을 두고 있어서 마침내 梵字 범위에서 벗어나지 않는다.

오히려 李晬光의 언급보다는 한 발 후퇴한 표현으로 成俔의 '依梵字爲之'와 유사한 의미를 지니는 그의 梵字 기원 의식이다. 우리 훈민정음이 완전히 梵字를 본떴다는 의식과는 차이가 있는 표현이다. 그런데 그의 문자 기원 의식도 실증적 근거를 드러내는 어떤 언급이 없다는 점에서 그 한계가 지적되었다. 그러나 조선 후기의 이수광의 梵字 기원 의식 이래로 18세기에 다시 黃胤錫에 의해 梵字 기원 의식이 전개되었다는 점은 훈민정음에 대한 梵字 기원 의식의 역사적 연속성을 대변해 주는 의의를 지닌다고 하겠다.

4.2.3 蒙古字 기원 의식

조선 전기에는 제기된 바가 없으나, 조선 후기에 들어서면서 새롭게 제기된 문자 기원 의식이 蒙古字 기원 의식이다. 훈민정음 문자의 기원을 蒙古字에 두고 전개한 조선 후기의 학자는 李瀷과 柳僖가 대표적이다. 먼저 이익의 蒙古字 기원 의식을 보도록 하자.

① 李瀷의 蒙古字 기원 의식

李瀷은 그의 저서 『星湖僿說』에서 그의 다음과 같은 문자 기원 의식을 전개하고 있다.

元世祖時巴思八者得佛氏遺教制蒙古字 上去平入四聲之韻 分脣舌喉齒牙半舌半齒之七音之母字 苟有其音者 一無所遺 凡中國之字以形爲主 故人以手傳而目視也 蒙字以聲爲主 故人以口傳而耳聽也 然全無其形又何能傳而不泯 今無以得見其詳 若推例爲文字 可以通行於天下後世 與我之諺文同科 意者明初必有其法也 我國之始制也 設局禁中 命鄭麟趾成三問申叔舟等撰定 時皇朝學士黃瓚罪謫遼東 使三問等往質 凡往返十三度云 以意臆之 今諺文與中國字絶異 瓚何與焉 是時元亡纔七十九年 其事必有未泯者 瓚之所傳於我者 外此更無其物也(원나라 세조 때 巴思八이라는 사

람이 부처가 남긴 가르침을 얻어 몽고자를 지었는데, 상성, 거성, 평성, 입성 사성의 운으로, 순설후치아 반설 반치 칠음의 자모를 나누었으니 진실로 어느 음 한 가지도 빠짐이 없게 하였다. 무릇 중국의 글자는 형태를 위주로 하므로 사람의 손으로 전하고 눈으로 보는 것이며, 몽고 글자는 소리를 위주로 하므로 입으로 전하고 귀로 듣는 것이다. 그러나 전혀 형태가 없다면 또한 어떻게 능히 전하여 사라지지 않게 할 수 있겠는가? 이제 그 상세함을 알 수는 없지만 그 예를 짐작한다면 몽고자가 천하 후세에 통용되는 것이 우리 언문과 같다. 생각건대 명나라 초에 반드시 그 법이 있었을 것이다. 우리 나라에서 궁궐에 언문청을 설치하여 정인지, 성삼문, 신숙주 등이 찬정하도록 명하였다. 그 때 명나라 학사 황찬이 죄를 지어 요동에서 귀양 와 있었는데, 성삼문 등으로 하여금 질정하게 하도록 하여 오간 것이 모두 13번이나 된다고 하니 추측컨대 언문과 중국 글자는 아주 딴판이라 황찬이 무엇을 가르쳐 주었겠는가? 이 때는 원나라가 망한 지 겨우 79년이니 아직 다 사라지지는 않았을 것이니, 황찬이 우리에게 전한 것은 이것밖에 다시 어떤 것이 없을 듯하다.)

위에서 보면 李瀷은 成三問 등이 黃瓚에게서 배운 것이 중국 글자가 아니라 蒙古字였을 것이라고 추측하고 있다. 이러한 이익의 蒙古字 기원 의식은 이전의 다른 학자들이 제시한 문자 기원 의식보다는 그 실증성을 어느 정도 제시하고 있다. 위에서는 蒙古字의 표음적 특징과 사성, 그리고 蒙古字에서 초성을 7음으로 나눈 사실 등을 열거하면서 우리 훈민정음은 蒙古字에서 그 연원을 찾을 수 있다는 주장을 전개하였다.

그러나 그 실증적 논거가 주로 문자 내적인 것이라기 보다는 역사적 정황에 입각한 추론의 성격을 띠고 있다는 점에서 큰 설득력을 지니지는 못한다. 다만 이러한 그의 蒙古字 기원 의식은 조선 전기에도 전개된 바 없으며, 조선 후기에도 처음 언급되는 내용으로 우리의 관심을 끌기는 충분하며 이후에 등장하는 柳僖에게서도 그 기원 의식이 계승된다는 면에서 국어학사적 의의를 띠고 있다고 하겠다.

② 柳僖의 蒙古字 기원 의식

> 我世宗朝命詞臣 依蒙古字樣 質問明學士黃瓚 以製… 諺文雖刱於蒙古 成於我東 實世間至妙之物(諺文志)(우리 세종대왕께서는 사신에게 명하여 몽고 글자 모양을 의거하여 명나라 학사 황찬에게 질정하여 (훈민정음)을 짓도록 하셨다. … 언문이 비록 몽고에 (그 모양이) 처음 만들어졌으나, 우리나라에서 완성되어 실로 세간의 지묘한 것이 되었다.)

柳僖도 위에서 보는 바와 같이 蒙古字에 기대어 우리 훈민정음이 창제되었음을 언급하고 있다. '依蒙古字樣'이라고 한 표현과 '諺文雖刱於蒙古 成於娥東 實世間至妙之物'이라고 한 표현에서 유희의 蒙古字 기원 의식의 일면을 엿볼 수 있다. 즉 위의 표현에서는 훈민정음이 蒙古字를 무조건 본떴다기 보다는(全倣) 그것에 의거했다는 의미가 강하다. 그리고 비록 언문이 蒙古字에서 시작되었으나, 우리 나라에서 완성되어 세간의 묘한 것이 되었다는 의미를 보더라도 유희는 자신의 문자 기원 의식에서 우리 문자가 완전히 蒙古字를 모방한 것으로는 보지 않으려는 의도를 드러낸 것은 아닌가 한다. 물론 위와 같은 유희의 단편적인 언급 또한 기본적으로 李瀷의 蒙古字 기원 의식을 이어받는 것으로 이해되며 조선 후기에 문자 기원 의식의 한 측면을 드러내는 대목이다.

결국 국어학사의 흐름에서 특기할 것은 조선 후기라는 새로운 시대에 문자 기원 의식과 관련하여 蒙古字 기원 의식이 제기되어 우리 훈민정음의 연원에 대한 다양한 문제 제기가 있었다는 사실이며 이러한 양상은 조선 전기와는 구별되는 다양성으로 이해될 수 있다고 생각한다.

이상으로 우리는 조선 후기의 여러 연구자들의 훈민정음 기원에 대한 의식을 알아보았다. 제 학자들 모두 우리 문자가 어떤 문자로부터 기원하고 있는가에 대한 자신의 견해를 비록 단편적이나마 피력함으로써 이 시대의 문자 기원 의식의 전개 과정을 파악할 수 있었다. 이들이 품었던 훈민정음 기원에 대한 의식은 다음과 같이 정리될 수 있겠다.

이 시대는 조선 전기보다 좀더 다양한 기원 의식이 전개되었고 또한 그 기원의 근거를 그 나름대로 실증적으로 밝히려는 노력이 있었다. 조선 전기에 기원 의식은 〈世宗實錄〉과 鄭麟趾, 그리고 崔萬理의 古篆 기원 의식이 있었는가 하면 成俔의 梵字 기원 의식이 대두되기도 하였다. 그러나 조선 후기에는 이것에 덧붙여 蒙古字 기원 의식이 새롭게 제기된 전개 양상이었다.

우선 崔錫鼎, 洪良浩, 李德懋, 李圭景으로 이어지는 古篆 기원 의식이 조선 전기의 그것을 계승하였다. 그리고 李晬光과 黃胤錫이 제기한 梵字 기원 의식 역시 조선 전기를 이어받은 것이었다. 그리고 李瀷과 柳僖는 蒙古字 기원 의식을 주장함으로써 훈민정음 기원 의식의 새로운 견해를 조선 후기에 드러냈다.

崔錫鼎은 古篆 기원 의식에서 古篆을 '篆籀'로 바꾸어 표현했으며, 洪良浩는 古篆 기원 의식에서 古篆의 실체를 구체적으로 小篆과 分隸의 體로 파악하려고 하여 古篆의 본질을 구체적으로 밝히려는 시도를 보였다. 李德懋는 古篆 기원 의식을 통해 문자 기원 의식과 제자 원리를 구별해보고자 하는 의도를 간접적으로 드러내려는 태도를 전개했다고 볼 수 있다. 마지막으로 李圭景은 단편적인 언급에 지나지 않았지만, 그의 조부인 이덕무의 古篆 기원 의식을 역사적으로 계승한 일면이 있었으며, 초중종성 모두가 古篆에 근거한다는 견해를 밝히기도 하였다.

李晬光은 梵字 기원 의식에서 '全倣梵字'라는 표현을 통해 훈민정음이 梵字에서 기원한다는 의식을 거의 단정적으로 보임으로써 조선 전기의 成俔과 그 표현 면에서 구별된 견해와 주장을 보여 주었다. 그러나 黃胤錫은 이수광보다는 한 발 후퇴한 듯한 표현-'大抵本此(여기서 '此'는 梵字)'-으로 그의 梵字 기원 의식을 언급하였다. 그러나 이 두 견해는 실증적 근거를 제시하지 못했다는 점에서 그 한계를 지니고 있었다.

한편 이 시대에 처음으로 등장한 것으로 판단되는 蒙古字 기원 의식은 李瀷에 의해 제기되었다. 그는 蒙古字의 표음적 특성, 蒙古字의 7음 등을 들어 실증적 차원에서 문자 기원을 밝히고자 시도하였다. 그러나 그러한 실증적 근거는 다소 역사적 정황과 관련된 유추적 해석 치우쳐 있다는 점이 문제점으로 지적될 수 있었다. 그리고 柳僖 역시 蒙古字 기원 의식을 밝혔는데, 그는 우리 문자가 蒙古字樣에 의존하고는 있으나 우리 나라에서 완성되었다는 점을 강조하면서 훈민정음이 지니는 독창적 면모를 다소 강조하려는 의식으로 자신의 문자 기원에 대한 견해를 주장하기도 했다.

위에서 언급한 문자 기원 의식은 현재의 시각에서 보면 다소 무리가 있는 견해들이다. 그러나 이 글에서는 이러한 문자 기원 의식이 곧 조선 후기에 전개된 훈민정음 전반에 걸친 연구 과정의 일면이라는 점에서 그 기원 의식의 진위 여부를 떠나 그 역사적 가치를 평가하고자 했다. 한편 문자 기원에 대한 제 연구자들의 미묘한 표현 차이를 통해 그들이 의식했던 문자 기원 의식의 수용 태도에 대하여 자료의 한계에 부딪혀 개략적으로밖에 살펴볼 수 밖에 없었다. 이렇게 훈민정음에 대한 적극적 관심이 고조된 조선 후기에 전개된 이러한 의식은 당시의 연구자들이 훈민정음에 대한 연구를 진행하면서 필연적으로 가질 수밖에 없었던 것이었고, 그것은 제 나라 문자의 뿌리를 타문자와의 관련성에 초첨을 맞춘 시각에서 찾고자 했던 객관적 문제 의식이라고 생각한다. 그리고 그러나 의식들을 한데 묶어 이 글에서도 줄곧 위의 논의에서 훈민정음의 자형이 어느 나라의 어떤 문자에서 기원했는가에만 중점을 두고 살펴보고자 했던 것이다. 그것은 발음 기관 상형 의식과 圓方 상형 의식을 문자 기원 의식에서 배제하여 따로 다루어 다음 장에서 논의하게 된 이유이기도 하다. 따라서 이 문자 기원 의식은 다음 장에서 전개될 훈민정음 제자 원리로서의 상형 의식과 구별되는 문자 의식의 한 양상으로 파악하고자 그것과 구별해 파악해 논의해 본 것이다.

5 훈민정음 제자 원리로서의 상형 의식

훈민정음은 하나의 문자 명칭이자 문자 체계이다. 문자 체계로서 훈민정음을 인식한다면 우리는 훈민정음이라는 문자가 과연 어떠한 제자 원리에 입각하여 창제되었는가 하는 점에 주목하지 않을 수 없다. 그런데 『訓民正音』 원본이 발견되고 그 전모가 밝혀지면서 훈민정음의 제자 원리는 상형설이라는[65] 점이 거의 정설로 받아들여지고 있다. 그렇다면 이 상형 의식[66]의 구체적 양상은 조선 전기에 어떠했으며, 조선 후기에는 어떠한 양상으로 다양하게 전개되었는지를 이 글에서 살펴보고자 한다.

그런데 이 장에서는 훈민정음이 구체적으로 어느 문자의 형태를 본떠 만들었는가 하는 다른 문자 기원 의식과는 구별하여 제자 원리로서의 상형 의식이 논의의 초점이다. 훈민정음이 다른 문자로부터 기원했다거나[67], 다른 문자를 본떴다는 의식도 물론 그 다른 문자를 상형한 것으로 파악할 수는 있겠으나[68], 다른 문자 기원 의식이 이 장에서 언급하고자 하는 제자 원리가 핵심이 되지는 않는다는 것이 이 장의 기본

---

65) 이 상형설은 발음 기관 상형설을 가리킨다.

66) 이 글에서는 상형설, 상형론 등의 표현보다는 논의의 일관성을 위하여 '상형 의식' 으로 표현하고자 한다.

67) 최근 김민수 외(1997)에서는 다양한 외국 문자 기원설은 자형의 기원이라는 면에서 주장된 것이 아니라 문자의 계통면에서의 훈민정음과 외국 문자와의 연관성을 설명한 것임을 알 수 있다고 하였다. 이 점도 주목할 만한 관점의 변화라고 할 수 있을 것이다.

68) 기존의 국어학사 서술에서는 일반적으로 훈민정음의 제자 원리로서의 상형 의식과 다른 문자 기원 의식을 한데 묶어 처리하려는 경향을 보이고 있다. 그러나, 필자는 다른 문자의 자형을 본떴다고 주장한 여러 견해들, 예컨대 古篆 기원 의식, 梵字 기원 의식, 蒙古字 기원 의식 따위를 엄밀한 의미의 상형 의식으로는 보지 않으려고 한다.

전제이다. 그런 의미에서 훈민정음이 다른 문자에서 기원한다는 다양한 의식은 애초에 '훈민정음 기원에 대한 의식'이라는 주제로 2부 4장에서 이미 이 장의 관점과는 분리하여 다루었다.

따라서 이 장에서는 다양한 다른 문자로부터 훈민정음이라는 문자가 어떻게 만들었는가 하는 점에 중점을 두는 것이 아니라, 제자 원리로서 어떤 실체로부터 상형되어 훈민정음이라는 문자(자모)가 만들어졌는가 하는 점을 조선 전기와 조선 후기의 대조를 통해 살펴볼 것이다.

5.1 조선 전기의 제자 원리 의식

훈민정음이 창제된 당시에 그 문자의 제자 원리를 정확히 언급하고 곳은 〈訓民正音解例〉의 〈制字解〉 부분이다. 이 〈制字解〉에서는 정음 스물여덟 글자는 각각 그 모양을 본떠 만들었다고 하였다[69]. 그리하여 초성의 기본자는 발음 기관을 상형하여 만들었음을 밝히고 있고, 중성의 기본자는 天, 地, 人의 三才를 추상적으로 상형하여 만들었음을 제시하고 있다. 그렇다면 조선 전기 훈민정음 창제 당시의 제자 원리는 분명히 초성은 발음 기관 상형 의식이며, 중성은 三才 상형 의식으로 이해된다. 그렇다면 초성과 중성의 상형 의식을 좀 더 자세히 살펴보자.

5.1.1 초성의 발음 기관 상형 의식

〈制字解〉에 드러난 다음의 원문을 보도록 하자.

正音二十八字 各象其形而制之 初聲凡十七資 牙音ㄱ 象舌根閉喉之形 舌音ㄴ 象舌附上齶之形 脣音ㅁ 象口形 齒音ㅅ 象齒形 喉音ㅇ 象喉形 ㅋ比

---

69) 正音二十八字 各象其形而制之(〈訓民正音解例, 〈制字解〉).

ㄱ 聲出稍厲 故加畫 而ㄷ ㄷ而ㅌ ㅁ而ㅂ ㅂ而ㅍ ㅅ而 ㅈ ㅈ而ㅊ ㅇ而 ㆆ
ㆆ而ㅎ 其因聲加畫義皆同 而唯ㆁ爲異 半舌音ㄹ 半齒音△ 亦象舌齒之形
異其體 無加畫義焉

위의 원문을 보면 초성의 경우 기본자는 발음 기관을 상형하여 만들고, 그 외의 나머지 글자는 그 나름의 체계적인 加劃과 異體을 통해 加劃字와 異體字를 만들었음을 밝히고 있다. 즉 발음 기관을 상형하여 만든 기본자는 'ㄱ, ㄴ, ㅁ, ㅅ, ㅇ'이고, 거기에 가획을 한 글자는 'ㅋ, ㄷ, ㅌ, ㅂ, ㅍ, ㅈ, ㅊ, ㆆ, ㅎ'으로 그 소리를 바탕으로 하여 획을 더했다고 했다. 그리고 다만 'ㆁ'은 'ㄱ'에 획을 더해 만든 가획자가 아닌 이체자라고 했고, 'ㄹ, △'은 발음 기관인 혀와 이를 상형하기는 했으나, 그 체를 달리하여 획을 더하지는 않았다고 하였다.

위의 본문에 입각한다면 초성 중에서 순수하게 발음 기관을 상형한 자모는 기본자 5자에 'ㄹ, △'을 포함한 7자가 된다. 나머지 10자는 가획자 내지는 이체자가 된다. 그러나 기본자가 발음 기관을 상형하여 이루어졌고 기본자에 의해 가획된 글자는 그 속성 상 기본자와 음성적 유사성을 가지고 있다는 점에서 훈민정음 창제 당시의 초성 자모는 발음 기관을 상형한 것으로 보는 데는 이견이 거의 없을 것이다. 따라서 조선 전기 훈민정음 초성 자모를 만든 연구자들의 상형 의식은 발음 기관 상형 의식으로 귀착된다.

5.1.2 중성의 三才 상형 의식과 결합의 원리

〈制字解〉에 드러난 다음의 원문을 보도록 하자.

中聲凡十一字 ·舌縮而聲深 天開於子也 形之圓 象乎天也 一舌小縮而聲不深不淺 地闢於丑也 形之平 象乎地也 ㅣ舌不縮而聲淺 人生於寅也 形之立 象乎人也 此下八聲 一闔一闢 ㅗ與·同而口蹙 其形則·與一合而成

取天地初交之義也　ㅏ與·同而口張　其形則ㅣ與·合而成　取天地之用發
於事物待人而成也　ㅜ與一同而口蹙　其形則一與·合而成　亦取天地初交
之也　ㅓ與一同而口張　其形則·與ㅣ合而成　亦取天地之用發於事物待人
而成也　ㅛ與ㅗ同而起於ㅣ　ㅑ與ㅏ同而起於ㅣ　ㅠ與同而起於ㅣ　ㅕ與ㅓ同
而起於ㅣ

위의 원문에서 중성의 경우 '·, ㅡ, ㅣ'는 三才, 곧 天, 地, 人을 상형하여 만든 모음의 기본자이고, 그 나머지 여덟 글자는 모음 기본자의 서로 합하여 이루어진 글자임을 밝히고 있다.

모음 기본자 중에서 '·'가 제일 먼저 만들어졌는데 그 모양이 둥근 것은 하늘을 상형한 것이라고 했다. 그리고 두 번째로 만들어진 'ㅡ'는 그 모양이 평평한 것은 땅을 상형한 것이라고 했다. 기본자 중에서 마지막으로 만들어진 'ㅣ'는 그 모양이 서 있는 것은 사람을 상형한 것으로 보았다.

그리고 모음 기본자가 합해져서 만들어진 나머지 여덟 자 중에서 'ㅗ, ㅜ'는 '·'와 'ㅡ'의 결합으로 이루어진 초출자로 보았고, 'ㅏ, ㅓ'는 '·'와 'ㅣ'의 결합으로 이루어진 초출자로 보았다. 다만 'ㅡ闔ㅡ闢'의 기준으로 보면 전자의 경우는 입을 오므리며(口蹙), 후자의 경우는 입을 여는(口張) 것으로 이해하고 있다. 여기서 '闔闢'과 '口蹙, 口張'은 상호 관계에 있는데, 이들은 모음을 원순성 여부와 개구도로 분류한 기준으로 볼 수 있다70).

그리고 나머지 네 자는 위의 초출자 네 자에 '起於ㅣ'의 결합 원리가 적용되어 만들어진 'ㅛ, ㅠ, ㅑ, ㅕ' 등의 재출자이다. 즉 'ㅛ, ㅠ'는 'ㅗ, ㅜ'와 같으나, 'ㅣ'에서 시작되는 것이 다르고, 'ㅑ, ㅕ'는 'ㅏ, ㅓ'와 같으나, 'ㅣ'에서 시작되는 것이 다르다고 보았다.

이러한 중성의 상형은 초성의 상형과는 그 상형의 원리가 다르다.

---

70) 姜信沆(1987)에서 재인용.

초성이 발음 기관 상형에 가획의 원리가 적용된 제자 원리의 양상이라면, 모음은 三才의 상형에 결합의 원리가 적용된 것이다. 여기서 말하는 결합의 원리는 단순히 자획을 더하는 원리라기 보다는 기왕의 모음 기본자를 서로 조합한 것으로 이해된다. 따라서 모음의 제자 원리를 상형에 입각한 가획의 원리로 보는 것보다[71) 결합의 원리로 보는 것이 더 타당하다고 생각한다.

이러한 조선 전기의 제자 원리로서의 상형 의식은 초성의 경우 발음 기관 상형에 입각한 가획의 원리가 실현된 것이고, 중성의 경우 三才 상형에 입각한 결합의 원리가 전개된 것이었다.

5.2 조선 후기의 제자 원리 의식

5.2.1 발음 기관 상형 의식

초성의 경우 조선 후기에 발음 기관 상형 의식은 전기의 발음 기관 상형 의식과는 어떠한 관계에 있었는가 하는 점을 이 절에서 다루고자 한다. 조선 후기의 발음 기관 상형 의식을 드러낸 연구자들[72) 중 대표적인 세 학자인 洪良浩, 申景濬, 姜瑋의 견해를 살펴보기로 한다.

① 洪良浩의 발음 기관 상형 의식
洪良浩는 아래에서 보는 바와 같이 『經世正韻圖說』序에서 〈訓民正

---

71) 兪昌均(1966)에서는 모음에서 초출자와 재출자를 만들 때, 'ㅡ, ㅣ'의 기본자에 가획의 원리로 일점과 이점을 더한 것으로 파악하였다.

72) 李益習은 영문으로 쓴 "反切("The alphabet (Panchul)"(1892)에서 지금까지의 성격과는 달리 서양인의 학설을 이해하고 영문으로 쓴 논문에서 저들의 正音에 대한 梵字 혹은 西藏文字 기원설을 비판하고 발음 기관 상형설을 주장하였다. 金敏洙 (1980)에서 재인용. 그러나 이 글에서는 다루지 않기로 한다.

音初聲象形圖〉를 제시하며 조선 전기의 발음 기관 상형 의식을 계승하였다.

〈訓民正音初聲象形圖〉

ㄱ 君初聲 牙音 象牙形	ㅋ 快初聲 牙音 重聲
ㆁ 業初聲 喉牙間音 象喉扇形	ㄴ 那初聲 舌音 象舌形
ㄷ 斗初聲 舌音 象掉舌形	ㅌ 呑初聲 舌音 重聲
ㅂ 彆初聲 脣音 象半開口形	ㅍ 漂初聲 脣音 象開口形
ㅁ 彌初聲 脣音 象口形	ㅅ 戌初聲 齒音 象齒形
ㅈ 卽初聲 齒舌間音 象齒齦形	ㅊ 侵初聲 喉舌間音
ㅇ 欲初聲 淺喉音 象喉形	ㆆ 挹初聲 喉齒間音 象喉齶形
ㆅ 虛初聲 深喉音	ㄹ 閭初聲 半舌音 象卷舌形
△ 穰初聲 半齒音 象半啓齒形	

위의 원문을 보면 그는 분명히 초성 17자가 발음 기관을 본떠 제자되었음을 언급하고 있다. 그런데 세부 내용을 살펴보면 조선 전기의 발음 기관 상형 의식과는 차이가 있다. 조선 전기에는 초성 기본자인 'ㄱ, ㄴ, ㅁ, ㅅ, ㅇ' 5자와 'ㄹ, △' 2자가 발음 기관을 상형한 자모로 보고 나머지는 가획 및 이체의 원리를 제시하였다. 그러나 洪良浩는 'ㅋ, ㅌ, ㅊ, ㆆ'을 제외한 13자가 발음 기관을 상형한 것으로 파악하였다.

우선 'ㆁ'은 목의 부채 모양을 본떴음을 밝히고 있고, 'ㄷ'은 혀를 흔드는 모양을 본떴다고 했으며, 'ㅂ'은 입을 반 정도 연 모양을 본떴다고 했다. 그리고 'ㅍ'은 입을 연 모양을 본떴으며, 'ㅈ'은 잇몸의 모습을 본떴다고 보았고, 'ㆆ'은 목구멍과 잇몸의 모양을 본떴다고 밝히고 있다.

그리고 〈訓民正音解例〉에서 혀와 이를 본떴다고 한 'ㄹ, ㅿ'을 각각 혀가 말리는 모습과 이를 반 정도 연 모습을 본떴다고 언급함으로써 〈訓民正音解例〉의 〈制字解〉와는 사뭇 다른 발음 기관 상형 의식을 전개하고 있다.

다만 洪良浩는 유기음 계열의 초성 중에서 'ㅍ'을 제외한 'ㅋ, ㅌ, ㅊ, ㅎ'의 상형은 언급하지 않고 있다. 그 이유를 알 수는 없다. 그러나 그의 이러한 발음 기관 상형 의식은 그 이전에는 볼 수 없었던 洪良浩 개인의 독특한 견해이다. 이러한 상형 의식은 조선 후기에 훈민정음이라는 문자에 대한 깊은 관심에서 나온 견해로 일부 그 전체의 상형 의식을 타당하다고 받아드리지 못한다고 하더라도 초성의 발음 기관 상형 연구에 새로운 문제를 제기한 태도라 아니할 수 없다.

② 申景濬의 발음 기관 상형 의식

申景濬은 『韻解』에서 훈민정음 문자가 어떤 물체의 모양을 본떠서 만들었다고 했는데, 초성의 경우 그의 상형 의식은 크게 두 가지로 나뉜다. 그 하나는 五行 상형 의식이고73), 다른 하나는 발음 기관 상형 의식이다. 이 중에서 논의의 대상이 되는 것은 脣舌의 작용을 강조한 발음 기관 상형 의식이다. 신경준은 『韻解』의 〈象脣舌〉에서 그의 脣舌 작용

---

73) 이 五行 상형 의식은 이미 〈訓民正音解例〉에서 언급한 내용과 거의 마찬가지이다. 申景濬은 『韻解』의 '象形'조에서 그 내용을 언급하고 있다. 그는 여기서 초성 5자의 五行 상형 의식을 전개하였다. 우선 후음인 'ㅇ'은 땅이 둥글고 두루 차서 사방에 결함이 없는 꼴을 본뜬 것이고, 아음인 'ㆁ'은 나무의 싹이 둥근 땅에서 솟아나는 꼴을 본뜬 것이라고 했다. 그리고 설음인 'ㄴ'은 불꽃이 갈려서 타오르는 꼴을 본뜬 것이라고 했고, 치음인 'ㅅ'은 쇠가 날카로와 벌려 켕기는 꼴을 본뜬 것이라고 했다. 그리고 마지막으로 순음인 'ㅁ'은 물이 모여서 웅덩이에 찬 꼴을 본뜬 것으로 보았다. 이 五行 상형에서는 律曆志에 바탕을 두고 초성을 후음, 아음, 설음, 치음, 순음으로 나누고 각각을 宮角徵商羽에 맞추고 土木火金水의 5행에 각각 속하는 것으로 파악한 것이다. 이러한 五行 상형 의식은 발음 기관 상형 의식과는 다른 차원의 상형 의식으로 훈민정음이 역사상에 근거한다는 면을 보여주고자 申景濬이 관념적으로 제시한 것이다.

의 상형 의식을 드러내고 있다. 다음을 보자.

五音各象其形 盖ㅇ者 喉之圓而通也 ㆁ象牙之直而尖也 ㄴ者 象舌之卷而
舒也 ㅅ者 象齒之耦而連也 ㅁ者 象脣之方而合者 …… 各出於喉牙舌齒
脣 而特以脣舌取象者 何也 盖喉牙齒屬土木金 其形靜 脣舌屬水火 其形
動 靜者難知 動者易見 故其取象於脣舌者 此也 且心有所感 而宣於外者
爲聲 醫書云 聲出於心者 此也 而舌屬心 心者聲之君也 舌者承宣也 脣者
門戶也 是以 老而牙齒脫者 聲不大異於常 而脣缺者聲訛 舌病者聲啞 此
脣舌爲聲之最用事者也

申景濬의 발음 기관 상형 의식의 핵심은 脣舌 작용이다. 곧 입술과
혀의 움직을 강조한 의식이다. 그러한 면에서 그의 상형 의식의 독창적
인 면이 엿보이는 것인데, 우선 그는 脣舌 작용이 근거한 상형 의식을
전개하기 전에 5음에 대하여 먼저 발음 기관 상형 의식을 전개하고 있
다.

그에 따르면 후음인 'ㅇ'은 목구멍이 둥글고 뚫어진 것을 본뜬 것이
고, 아음인 'ㆁ'은 어금니의 곧고 뾰족함을 본떴으며, 설음인 'ㄴ'은 혀를
말았다가 펴는 것을 본뜬 것이라고 했다. 또한 치음인 'ㅅ'은 이가 짝을
지어 이어짐을 본뜬 것이며 순음인 'ㅁ'은 입술이 모나고 합한 모양을 상
형한 것으로 보았다.

위의 기본자는 〈訓民正音解例〉의 기본자와 다르다. 'ㆁ'이 'ㄱ' 대신
에 아음의 기본자를 차지하고 있음을 볼 수 있다. 상형에 대한 표현 양
상도 〈訓民正音解例〉보다 더 자세하다. 그리고 洪良浩의 〈訓民正音初聲
象形圖〉에서 드러난 상형의 표현 양상과도 다르다.

신경준이 제시한 기본 5음의 발음 기관 상형 의식은 그의 주된 주장
으로 확대된다. 즉 이러한 5음은 입술과 혀라는 조음 기관의 두 요소가
작용하여 만들어졌다는 상형 의식으로 발전했다.

그에 따르면 'ㅇ'은 혀가 가운데 있고 입술을 약간 합한 것을 상형한

것이고, 'ㅇ'은 'ㅣ'(伊)를 낼 때에 혀를 약간 내민 모양을 본뜬 것이고, 'ㆁ'(凝)을 낼 때는 입술을 약간 합한 모양을 본뜬 것이라고 했다. 'ㄴ'은 'ㅣ'(尼)를 낼 경우 혀가 위에서 아래 아래턱(잇몸)에 닿고, 'ㅡ'(隱)를 낼 경우 혀가 아래에서 윗잇몸에 닿음을 상형한 것으로 보았다, 그리고 'ㅅ'의 'ノ'(時)의 경우는 입술이 약간 왼쪽으로 빗기고, 'ㅅ'의 'ヽ'(衣)의 경우는 입술이 약간 오른쪽으로 빗김을 본뜬 것이라고 했다. 마지막으로 'ㅁ'의 'ㄇ'(彌)를 발음할 경우는 입술이 처음엔 합하였다가 열리고, 'ㅂ'(揖)을 발음할 경우는 입술을 닫음을 상형한 것이라 했다.

김석득(1983)에서는 이러한 순설 작용에 근거한 상형 의식을 조음체의 운동 작용에 대한 정밀한 관찰력으로 평가하는 동시에 그 중 입술과 혀를 조음체 가운데 가장 적극적이고 중요한 역할을 하는 것으로 인식한 것은 현대 조음 음성학의 인정을 받을 만한 것으로 평가하고 있다.

申景濬의 이러한 脣舌 작용 상형 의식은 조선 전기의 발음 기관 상형 의식과는 다르다. 또한 신경준은 '五音變成'에서 위에서 열거한 'ㅇ ㆁ ㄴ ㅅ ㅁ' 기본 5자에 가획의 원리가 적용되어 나머지 글자들이 제자된다는 의식을 전개하고 있다.

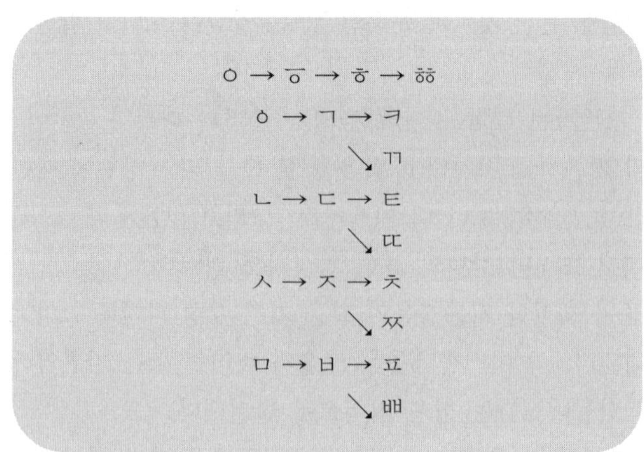

申景濬은 위와 같은 가획(變成)의 원리에 덧붙여 설음의 再變은 가로획 ㅡ가 길고, 세로획 ㅣ가 짧게 되어 설두음을 이루며, 이 설두음에 세로획이 길고, 가로획이 짧게 되어 설상음이 제자된다고 언급하고 있다. 또한 치음의 再變은 'ノ'과 'ヽ'이 각각 길고 짧은 모양, 짧고 긴 모양인 10자로 생성됨을 밝히고 있다. 그리고 순음의 경우는 각각에 '空圈(ㅇ)'을 더하여 再變된 'ㅱㅸㅹㆄ'이 생성된다고 하였다. 그리고 설음은 또 변하여 'ㄹ'을 생성하고, 치음은 'ㅿ'으로 생성되는데, 'ㄹ'과 'ㅿ'은 '極變'이라고[74] 하였다.

초성에 대한 신경준의 이러한 상형 의식은 기본적으로 〈訓民正音解例〉의 가획의 원리를 계승하고 있다. 그러나 申景濬은 초성 17자에 대한 상형 및 가획의 원리를 36 초성 자모에 적용시키고 있다. 그리고 기본자 설정에서 아음의 기본자를 'ㄱ'이 아닌 'ㆁ'로 삼고 있다는 점이 주목을 끌며, 가획자를 變成과 再變(성), 極變으로 구분하여 설명하고 있는 점도 〈訓民正音解例〉」에서는 보기 어려운 신경준 만의 독창적인 상형 의식의 구현이다.

③ 姜瑋의 발음 기관 상형 의식

姜瑋는 그의 저서 『東文字母分解』에서 초성에 대한 발음 기관 상형 의식을 전개했다. 그는 초성을 우선 6음으로 나누고 초성이 발음 기관의 무엇을 상형했는지를 보여주고 있다.

初聲十六

喉音二　ㅇ ㅎ

　ㅇ象喉形,　ㅣ象出氣

舌本音三　ㄱ ㄲ ㅋ

---

74) 이 極變은 <訓民正音解例>의 <制字解>에서는 異體字에 해당하는 것이다.

138 ■ 조선 후기 훈민정음 연구의 역사적 변천

ㅣ象立舌閉喉蓄氣, 一象偃舌開喉出聲
舌上音二　ㅅ ㅆ
　象舌背上出聲
舌尖音四　ㄴ ㄷ ㄸ ㅌ
　象舌尖抵齒齶離齒齶出聲
轉舌音一　ㄹ
　象舌形屈曲閉鼻轉舌卽得此聲
脣音四　ㅁ ㅂ ㅃ ㅍ
　象閉脣蓄氣開脣出聲

위의 내용에서 알 수 있듯이 제자 원리는 조선 전기 훈민정음 창제 당시의 기본 5자 상형과 가획의 원리이나, 조선 후에 申景濬이 설정한 기본 5자와 脣舌 작용 상형 의식 및 變成의 원리와는 다르다. 우선 모든 음을 6음으로 나누어 설정한 것부터가 특이하며, 음의 명칭이 5음에 입각한 것이 아니었다. 순음과 후음만이 그 이전의 분류 방식도 같을 뿐 아음은 舌本音으로, 설음은 舌尖音으로 그 명칭이 바뀌었으며, 치음은 舌上音으로 대체되어 있다. 그리고 'ㄹ'은 轉舌音이라는[75] 명칭으로 바꾸어 부르고 있다.

후음은 2자를 설정하고 있다. 그 중에 'ㅇ'에 대하여 'ㅇ'는 목의 모양 이며, 그 ㅣ는 숨이 나오는 모양을 상형하였다고 했다. 舌本音은 석 자 를 제시하고 있는 데 이 중 'ㄱ'의 상형을 'ㅣ는 혀를 세워 목을 막고 숨 을 모으며, 그 ㅡ는 혀를 뉘고 목을 열어 소리나는 모양'으로 표현하고 있다. 舌上音은 두 자를 설정하고 있는데, 'ㅅ'은 혀의 등위로 숨이 나오 는 모양으로 상형하였다고 했다. 舌尖音의 경우는 넉 자를 제시하고 있

---

75) 현대에서도 쓰이는 이 轉舌音이라는 표현은 이 때 처음으로 나온 듯하다.

다. 이 중에 'ㄴ'은 혀끝이 잇몸에 닿았다가 떨어져 소리나는 모양을 본
뜬 것으로 보고 있다. 그리고 轉舌音의 경우는 'ㄹ'만을 제시하고 있는데
그 모양이 혀가 굽어 코를 막고 혀를 굴려 소리나는 것으로 보았다. 마
지막으로 脣音은 모두 넉 자를 설정하고 그 중 'ㅁ'은 입술을 다물어 숨
을 모았다가 열어 소리나는 모양이라고 했다.

결국 姜瑋는 기본자를 6자로 본 셈인데 이 6자에 대한 상형 표현도
조선 전기의 〈訓民正音解例〉와 다르고, 조선 후기의 洪良浩나 申景濬과
다르다. 그리고 나머지 글자에 대한 부연 설명은 없다. 다만 같은 계열
의 글자들을 한데 모아 놓았으니 그 나머지 글자들은 기본 6자에서 가
획될 수 있음을 묵시적으로 암시해 놓은 것은 아닌가 한다.

이 저술의 시기가[76) 19세기 후반에 이르는 것을 보면 6음의 분류
방식이 전통적인 5음의 분류 방식에서 벗어나는 것도 무리는 아닐 것이
다. 또한 각 음에 대한 명칭도 5行 5音에서 벗어난 표현이므로 姜瑋가
이러한 발음 기관 상형 의식은 申景濬과 洪良浩와 같은 조선 후기의 상
형 의식이기는 하나 상대적으로 근대 지향적 성격을 지니는 것으로 볼
수 있을 것이다.

우리는 지금까지 조선 후기의 제연구자들의 발음 기관 상형 의식을
살펴 보았다. 그런데 이 발음 기관 상형 의식은 그 역사적 변천을 살펴
본 결과 일반적으로 초성의 상형 의식을 말하는 것임을 알 수 있었다.
申景濬이 제기한 중성의 '상형'은 脣舌 작용의 상형 의식이라기 보다는
입술과 혀를 바탕으로 한 중성의 조음 방법을 가리키는 의식으로 이해
된다. 그렇다면 초성의 발음 기관 상형 의식과 중성의 三才 상형 의식으
로 대별되는 조선 전기의 상형 의식은 조선 후기에 와서 초성의 상형 의
식만이 변형적으로 다양하게 계승되었다고 볼 수 있겠다.

---

76) 저술 시기는 1864년이나 1869년으로 본다. 저술 시기와 관련된 자세한 논의는 金
   敏洙(1981, 1987)을 참고할 것.

5.2.2 圓方 상형 의식

조선 후기에 발음 기관 상형 의식과 대별되는 또 하나의 상형 의식
은 圓方 상형 의식이다. 이 상형 의식 역시 훈민정음 문자의 제자 원리
로서 제 연구자들에 의해 다양하게 논의된 것이었다. 이 圓方 상형 의식
을 제일 먼저 제기한 학자는 李思質이다.

① 李思質의 圓方 상형 의식

이사질은 그의 저서『訓音宗編』에서 훈민정음의 제자 원리로서 圓方
상형 의식을 제시하였다. 곧 하늘의 모양은 圓이고 땅의 모양은 方이라
하고, 하늘과 땅 사이의 만물이 모두 이 圓과 方에서 변화한 것으로 보
고 처음으로 글자를 만든 것도 이 圓과 方을 본떠서 만든 것이라고 했
다77). 그리하여 李思質은 훈민정음이라는 것은 '天圖之象'인 'ㅇ'과 地方
之象인 'ㅁ'의 조화로 초성 17자가 만들어진다고 하였다.

ㅁ	此方之本體也	ㅂ	此ㅁ之上畫之切而中置者也
ㅍ	此ㅁ之左右畫之切而內堅者也	ㄱ	此ㅁ之切者也
ㄴ	此ㄱ之反者也	ㅅ	此ㄴ之斜反也
ㅋ	此ㄱ之中加一畫者也	ㄷ	此ㅋ之反者也
ㅌ	此ㄷ之上加一畫者也	ㄹ	此ㅌ之反而變體者也
ㅈ	此ㅅ之上加一畫者也	ㅊ	此ㅈ之上加一點者也
ㅇ	此圓之本體也	△	此圓之屈而變體者也
ㆆ	此ㅇ之上加一畫者也	ㅎ	此ㆆ之上加一點者也
ㆁ	此ㅇ之上加一點者也		

---

77) 第一造資象之原 : 天象圓地象方 故凡盈天地間萬形萬象 皆自圓方而變化者也 是
    故古之造字之初象此而製之.

李思質의 圓方 상형 의식은 엄밀히 이야기하면 초성 'ㅁ'과 'ㅇ'에 대한 상형 의식이다. 그러나 나머지 초성들이 모두 이 두 자를 바탕으로 생성되었으므로 그 기본은 圓方 상형 의식이라고 해야 할 것이다. 그런데 나머지 15자의 상형 원리는 실상 점과 획의 反切 의식이었다. 李思質은 方이 변하여 획이 되고 圓이 변하여 點이 되었다는 것이다. 그리하여 획(ㅡ)은 方의 省體이고, 점(·)은 圓의 約(形)이라고 했다78). 그러면 15 초성의 제자 원리는 'ㅁ, ㅇ'을 바탕으로 'ㅡ, ·'의 반절법이 되는 것이다.

그렇다면 이사질의 圓方 상형 의식의 실체는 본질적으로 圓方 상형 + 反切의 원리이다. 李思質이 언급한 반절은 음을 나타내기 위한 반절, 곧 '作音反切'이 아니라 글자를 만들어 내는 반절, 곧 '造字反切'이었다. 이 造字反切은 위에서 초성이 만들어진 설명 과정에서 알 수 있듯이 네 방법이79) 있음을 알 수 있다. 첫째가 획을 더하는 방법이다. 이 획을 더하는 방법이 적용되어 만들어진 글자는 'ㅋ, ㅌ, ㅈ, ㆆ, ㅎ'으로 15초성 중에서 다섯 글자이다. 〈訓民正音解例〉의 〈制字解〉에서 가획의 원리가 적용된 글자는 위의 일곱 글자 외에 'ㅂ, ㅍ, ㅊ'과 'ㄷ'이 있었다. 그러나 당시에는 기본자를 'ㄱ, ㄴ, ㅅ, ㅇ, ㅁ'의 다섯 자로 보았기 때문에 'ㄷ'이 'ㄴ'에서 가획되어 생성된 글자로 보았다. 그리고 'ㅂ, ㅍ'은 'ㅁ'에서 기획되어 생성된 글자로 보았고, 'ㅊ'은 'ㅅ'에서 가획되어 만들어진 글자로 보았기 때문에 이사질과는 차이가 있다. 그러나 이사질이 造字反切의 하나인 획을 더하는 방법은 훈민정음의 가획 원리와 유사한 점이 있다는 점에서 역사적으로 변형되어 계승된 제자 원리 의식이라고

---

78) 方變爲畫 圓變爲點 畫者方之省體也 點者圓之約字也.

79) 김석득(1983)에서는 여섯 가지 조건으로 초성이 생성되었다고 보고 있다. 필자가 언급한 네 가지에 세움(竪)과 굽힘(屈)의 방법을 더하고 있다. 그러나 반절법의 원리에 입각한다면 위의 두 방법은 구체적인 造字反切이라고 보기 어렵다. 왜냐하면 圓方(ㅇ,ㅁ)에 方의 省體인 획(ㅡ)과 圓의 約(形)인 점(·)의 네 가지 요소의 작용이 반절법의 방법이기 때문이다.

볼 수 있을 것이다.

李思質의 造字反切의 원리에서 ‘ㄷ’은 돌림(反)의 방법이 적용되어 생성된 글자이다. 그래서 그 기본자가 ‘ㄴ’이 아니라 ‘ㅋ’이 된다. 즉 ‘ㅋ’ 자를 돌리거나 혹은 뒤집으면 ‘ㄷ’이 생성된다는 것이다. 수긍하기 어려운 구석이 있으나, 이 방법은 造字反切의 두 번째 방법이다. 이 방법으로 만들어진 글자는 ‘ㄷ’ 이외에 ‘ㄴ, ㅅ, ㄹ’이 이다. ‘ㄴ’은 ‘ㄱ’의 돌림으로 이루어진 글자이고, ‘ㅅ’은 이 ‘ㄴ’이 약간 비스듬이 돌려져서 생성된 글자라고 李思質은 파악하였다. 마지막으로 ‘ㄹ’의 경우는 그 기본을 ‘ㅌ’에서 찾고 있다. 즉, ‘ㅌ’의 돌림이 곧 ‘ㄹ’인데 이 ‘ㄹ’은 ‘變體’라는 것이다. 이 ‘變體’라는 표현은 〈訓民正音解例〉의 〈制字解〉의 ‘異其體’라는 표현에서 비롯한 ‘異體字’를80) 달리 표현한 것으로 볼 수 있겠다. 이러한 變體는 ‘ㄹ’만이 아니라 ‘ㅿ’도 變體에 해당한다. 다만 이 ‘ㅿ’은 ‘ㅇ’이 그 기본자에 해당하는 것으로 이 ‘ㅇ’이 굽혀져서(屈) 만들어진 것으로 보고 있다.

造字反切의 세 번째 방법은 끊음(切)이다. ‘ㅂ, ㅍ, ㄱ’이 끊음에 의해 만들어진 글자들이다. ‘ㅂ’의 경우 ‘ㅁ’으로부터 생성된 글자로 보았다. 즉 ‘ㅁ’의 상획을 끊어서 좌우획의 중간에 두면 바로 ‘ㅂ’이 만들어진다고 하였다. ‘ㅍ’도 ‘ㅁ’으로부터 생성된 글자로 보았는데, ‘ㅁ’의 좌우획을 끊어서 안쪽으로 세우면 바로 ‘ㅍ’이 생성된다고 언급하고 있다. ‘ㄱ’의 경우는 ‘ㅁ’을 끊어서 만든 글자라고 간단히 언급하고 있다. 세 글자 모두 그 기본자를 ‘方之本體’인 ‘ㅁ’에서 생성된 것으로 보았다. 이사질의 圓方 상형 의식의 차원에서는 당연한 귀결이라고 할 수 있겠다. ‘ㅂ, ㅍ’이 ‘ㅁ’에서 생성되었다는 것은 〈訓民正音解例〉의 〈制字解〉의 가획 원리

---

80) ‘ㄹ, ㅿ’ 글자는 제자 원리에서 예외로 보고자 하는 의식이 강하였고 그 표현은 훈민정음 解例의 ‘異(其)體’→ 李思質의 ‘變體’ → 申景濬의 ‘變成 중 極變’이라는 표현으로 달리 나타난다. 특정한 문자에 대하여 서로 다른 표현을 제시하는 것은 그 학자의 독창적 문자 의식의 발로라고 할 수 있겠다.

와 같다고 할 수 있으나, 'ㄱ'을 'ㅁ'에서 생성된 것으로 본 것은 그것과 다르다. 또한 이 원리는 끊음의 방법이 적용되었다는 점에서 가획의 원리와는 구분되는 제자 원리라고 할 수 있겠다.

마지막으로 네 번째는 점을 더하는 방법이다. 'ㅊ, ㆁ'이 그 방법에 의해 생성된 글자들이다. 우선 'ㅊ'은 'ㅈ'를 바탕으로 'ㆍ'이 더해진 글자이고, 'ㆁ'은 '圓之本體'라고 일컬어지는 'ㅇ'에 'ㆍ'이 더해진 글자라는 것이다. 'ㅊ'이 'ㅈ'에서 생성된 것은 〈訓民正音解例〉의 〈制字解〉와 일치하나, 李思質은 더 세분하여 이러한 造字를 加點의 원리로 파악하였다. 그리고 'ㆁ'의 경우 〈訓民正音解例〉의 〈制字解〉에서는 이체자로 생성된 것으로 보았지만, 여기서는 'ㅇ'에 'ㆍ'이 붙어서 생성된 것으로 보았다. 결국 李思質은 조선 전기의 가획의 원리를 가획의 원리와 가점의 원리라는 이원적 분석의 제자 원리로 의식하고 있었던 셈이다.

이사질의 이러한 상형 의식이 가능했던 것은 아마도 그가 〈訓民正音解例〉를 보지 못한 탓에81) 기인하고 있는지는 모른다. 그러나 그렇다고 할지라도 그의 圓方 상형 의식은 대단히 체계적이면서 그 나름의 논리가 있다. 따라서 그 상형 의식에 대한 독창적이고 정합적인 면은 국어학상에서 평가받을 만한 것이라고 하겠다.

정리하자면 초성에 대한 이사질의 이러한 의식은 조선 전기의 발음 기관 상형에 근거한 가획의 원리에서 벗어나는 독특한 제자 원리이다. 그것은 圓方之象의 두 자(ㅇ, ㅁ)를 바탕으로 획(ㅡ)은 方의 省體이고, 점(ㆍ)은 圓의 約(形)이라는 전제 하에서 반절법이 적용된 상형 의식이라고 할 수 있겠다.

이사질은 중성의 상형 의식을 전개하는 데도 '第五訓音字父造法'을 통해서 方의 省體인 획(ㅡ)과 圓의 約(形)인 점(ㆍ)이 기본이 되어 소위

---

81) 李思質은 〈訓民正音例義〉만을 보았던 것 같다. 그는 『訓音宗編』 〈第六御製訓民正音全書〉에서 예의의 서문를 그대로 옮겨놓고 있다.

144 ■ 조선 후기 훈민정음 연구의 역사적 변천

'字父'82) 11자가 생성되었음을 밝히고 있다. 따라서 중성의 제자 원리
도 圓方 상형 의식을 바탕으로 하고 있음을 알 수 있다. 이 중성을 만들
어내는 구체적인 造字의 방법은 세 가지이다83). 다음의 본문을 보자.

・	此點也	―	此畫也
ㅣ	此一之堅反者也	ㅏ	此ㅣ之切合者也
ㅓ	此ㅏ之左反者也	ㅗ	此ㅏ之堅反者也
ㅜ	此ㅗ之倒反者也	ㅑ	此ㅏ之加點者也
ㅕ	此ㅑ之左反者也	ㅛ	此ㅕ之堅反者也
ㅠ	此ㅛ之倒反者也		

중성의 글자를 생성하기 위한 기본자는 점(・)과 획(―)이다. 이것은
훈민정음에서 三才, 곧 天地人에 해당하는 세 글자(・―ㅣ)가 기본자가
된 것과 다르다. 따라서 李思質이 설정한 점과 획으로부터 생성되는 글
자는 모두 9자이다. 그 방법은 돌림(反), 끊음(切), 加點의 방법이다.

돌림의 방법에 의해서 생성되는 글자는 모두 일곱 자이다. 그런데
이 돌림의 종류가 세 가지가 있다. 그 첫째가 세워돌림(堅反)이다. 이러
한 방법에 의해 생성된 글자는 'ㅣ, ㅗ, ㅛ'이다. 즉 'ㅣ'는 '―'의 세워돌
림이고, 'ㅗ'는 'ㅏ'의 세워돌림이며, 'ㅛ'는 'ㅕ'의 세워돌림이다. 다음은
왼쪽돌림(左反)이다. 이 방법에 의해 생성되는 글자는 'ㅓ, ㅕ'이다. 즉

---

82) 중성에 대한 李思質의 字父'라고 명칭은 초성을 '字母'라고 전제한 가운데 성립할
   수 있는 것이다. 그렇다면 李思質이 인식한 字母의 개념은 우리가 한글 '字母'라
   고 일반적으로 표현하는 '字母'와는 그 외연과 내포가 다르다.
83) 김석득(1983)에서는 중성의 경우도 다섯 가지의 조건으로 글자가 생성된 것으로
   보았으나, 실상 堅反, 左反, 倒反은 모두 '반'의 일종이기 때문에 세 가지의 造字
   反切 방법이 적용된 것이라고 보는 것이 타당하다.

'ㅓ'는 'ㅏ'의 왼쪽돌림이고, 'ㅕ'는 'ㅑ'의 왼쪽돌림이다. 마지막으로 뒤집어돌림(倒反)이 있다. 이 방법에 의해 생성되는 글자는 'ㅜ, ㅠ'가 있다. 즉 'ㅜ'는 'ㅗ'의 뒤집어돌림이고, 'ㅠ'는 'ㅛ'의 뒤집어돌림이다. 이리하여 점과 획을 통해 7자가 생성된 것이다.

끊음(切)의 방법에 의해서 생성된 글자는 한 자이다. 그 방법은 끊어 합하는(切合) 것인데 'ㅏ'는 'ㅣ'에서 생성된다. 즉, 'ㅣ'에서 'ㅣ'와 'ㆍ'를 먼저 끊고 그 다음에 합하면 'ㅏ'가 만들어진다는 것이다. 그런데 이 방법은 李思質의 중성 제자 원리에서 좀 문제가 있는 대목이다. 굳이 현실적으로 존재하기 어려운 문자 'ㅣ'를 바탕으로 'ㅏ'를 만들고자 했던 점 때문이다. 이사질의 논리대로 한다면 'ㅣ'는 어떻게 생성되었는지를 보여주었어야 했다. 그러나 그런 造字의 방법은 없다. 따라서 'ㅏ'를 생성하려고 한다면 'ㅏ 此ㅣ之切合者也'의 방법보다는 'ㅏ 此ㅣ之加點者也'로 제시했으면 더 체계적이었을 것이다. 아마도 모음의 造字 방법 가운데 끊음(切)이 방법이 없다는 것을 우려하여 궁여지책으로 설정한 造字 방법인 듯하다.

마지막으로 加點의 방법이 있다. 이 방법에 의해 생성된 글자는 'ㅑ' 한 글자이다. 즉 이미 생성된 'ㅏ'에 점을 더함으로써 'ㅑ'를 생성한 것이다.

이렇게 보면 이사질은 중성의 제자 원리도 圓方 象形 의식을 제시한 셈이다. 그러나 굳이 엄밀히 따진다면 변형된 圓方 상형 의식이라고 할 수 있겠다. 왜냐하면 圓方之象의 本體에 해당하는 'ㅇ, ㅁ'이 직접적으로 중성의 생성 원리에 적용된 것은 아니기 때문이다. 그러나 이사질의 중성 제자 원리는 〈訓民正音解例〉의 〈制字解〉의 三才 상형에 입각한 결합의 원리와는 다르게 전개되었음을 알 수 있다. 곧 변형된 圓方 상형 + 반절법의 원리가 적용된 독특한 제자 원리라고 할 수 있겠다.

② 기타 圓方 상형 의식

李思質의 圓方 상형 의식은 그 이후 다른 연구자들에 의해서 변형적으로 계승되었다. 그러나 이사질의 圓方 상형 의식과 같은 체계적인 상형 의식이 되지는 못했다. 이 글에서는 기존의 연구를 간략히 소개하고 그 의의를 언급하는 데 그치고 자세한 논의는 후고로 미룬다.

우선 그의 圓方 상형 의식은 盧正燮에 의해 '一劃 상형 의식'으로 변형되어 전개된다. 盧正燮은 모든 字樣은 一劃에 지나지 않으며, 이것은 直, 屈, 方, 圓으로 변화시켜 이룬 것이라 할 만하다고 하였다. 그리하여 그 音을 輕壓케 하고자 한다면 여기에 一本字를 더하여 〈까, 따, 빠, …〉처럼 하고, 그 音을 重壓케 하고자 한다면 一點을 더하여 〈카, 타, 차, …〉처럼 되게 하면 되는 것이라고 하였다. 중성도 역시 점과 획을 더하고 빼서 좌우 상하에 변화시킨 데 지나지 않으니 이것은 가히 천하의 이치를 얻은 것이라 할 만하다고 하였다[84].

노정섭의 이러한 상형 의식은 엄밀히 망하면 圓方 상형 의식이라고 보기는 어렵다. 오히려 획의 변형을 통해 모든 글자를 만들어 낼 수 있다고 했다. 그러나 그 획을 변형시키는 한 방법이 圓方이라는 했으니, 그의 一劃 상형 의식에 圓方 상형 의식이 포함되어 있는 것으로 보는 것이 타당하다. 그렇기 때문에 이사질의 圓方 상형 의식의 아류에 속하는 것으로 이해된다.

權靖善도 그의 저서 〈音經〉을 통해 그의 圓方 상형 의식을 제시하였다.

> 畫天地圓方之儀 … ○口其正體 而虛以爲卦爻之絶音畫其聲濁 ·一其變用而實以爲卦爻之連陽畫 … 乃切反其體之方陰且加其用之方陰圓陽作爲初聲[85].

---

84) 兪昌均(1995), p298에서 재인용.
85) 김석득(1983), p171에서 재인용.

權靖善은 위에서 초성의 제자에 대해서는 '初聲新釋原制'에서 天地圓方을 획으로 하고, ㅇ, ㅁ은 그 정체요, 이는 虛함으로써 卦爻의 絶陰畫이 된다고 하였다. 그리고 ·, ㅡ는 ㅇ, ㅁ의 변용이니 이는 實함으로써 卦爻의 連陽畫이 된다고 하였다. 그리하여 더 나아가 方陰圓陽으로 절반의 원리에 의하여 초성을 만들었다고 하였다86). 그리하여 그의 반절론은 'ㅁ'을 나누면 'ㅣ,ㄷ' 및 'ㄱ, ㄴ'이 되고, 'ㅇ'을 오므리면 'ㅿ'이 되니 이것은 切이 된다고 하였다. 그리고 'ㄴ'이 'ㅅ'이 되고, 'ㄷ, ㄴ'이 합하여 'ㄹ'이 되니 이는 反이라고 하였다. 이러한 造字 방법은 李思質과 다른 면이 있다. 예컨대 'ㄹ'의 경우 李思質은 變體로 보았는데 권정선은 'ㄷ, ㄴ'이 합해진 것으로 보고 있다.

중성의 경우도 三才 조화설을 그가 언급하고는 있으나, 기본적으로 반절법에 의한 제자 원리이다. 예컨대 ㅇ을 오므리면 ·이 되고, ㅁ을 오므리면 ㅡ가 되어 '切'이 되다고 하였다. 그리고 'ㅡ'는 'ㅣ'가 되고 'ㅗ'가 'ㅏ, ㅜ, ㅓ'가 되는 것은 '反'이라고 하였다. 여기에서도 李思質의 중성 造字와는 차이가 난다. 李思質은 'ㅗ'가 'ㅏ, ㅜ, ㅓ'로 된다고 보고 있지 않다87).

위의 圓方 상형 의식은 이사질의 圓方 상형 의식과 유사한데 그 구체적인 반절법은 이사질의 의식과 다르다. 즉 돌림(反)과 끊음(切)의 방법과 순서가 이사질과 다르다. 그리고 한편으로는 이사질의 圓方 상형 의식보다 그 체계성이 떨어지고 있음을 알 수 있다. 그러나 이 圓方 상형 의식 역시 天地圓方의 正體인 'ㅁ, ㅇ'을 기본으로 반절법이라는 구체적 造字 방법으로 초성과 중성을 생성해 낸다는 점에서 이사질의 圓方 상형 의식을 변형적으로 계승한 것이라 할 수 있겠다.

이상으로 우리는 제자 원리로서의 훈민정음에 대한 상형 의식을 살

---

86) 김석득(1983), p171에서 재인용.
87) 李思質의 圓方 상형 의식을 보라.

펴보았다. 앞절에서 언급한 문자 기원 의식과 이 제자 원리로서의 상형 의식를 비교해 볼 때 전자가 대외적인 문자 계통 의식의 차원으로 이해 된다면, 후자는 대내적일 뿐만아니라 과학적이고 본질적인 차원의 성격 을 지니는 상형 의식이라고 볼 수 있다.

이러한 제자 원리로서의 상형 의식은 발음 기관 상형 의식과 圓方 상형 의식으로 나누어 살펴보았다. 전자의 상형 의식을 전개한 연구자 는 洪良浩, 申景濬, 姜瑋 등이 있으며, 후자의 상형 의식을 전개한 연구 자는 李思質과 盧正燮, 그리고 權靖善이다. 盧正燮과 權靖善의 경우는 이사질의 상형 의식의 아류에 속하는 것으로 보인다.

조선 후기에 발음 기관 상형 의식은 홍양호에서 시작되었다. 그는 〈訓民正音 解例〉의 〈制字解〉의 발음 기관 상형 의식과는 다른 양상의 상형 의식을 〈訓民正音初聲象形圖〉에서 제시하였다. 여기서 그는 상형, 가획, 이체의 원리에 입각한 조선 전기의 제자 원리를 넘어서 'ㅋ, ㅌ, ㅊ, ㅎ'을 제외한 나머지 모두가 상형으로 이루어진 문자임을 언급하였 다. 이것은 초성 발음 기관 상형 의식의 독창성이다. 신경준의 발음 기 관 상형 의식은 脣舌 작용에 따른 상형 의식이었다. 즉 신경준의 입장에 서 입술과 혀의 움직임이 다른 문자가 상형되는 근거가 되었다. 그리고 신경준은 상형의 기본자 설정의 독특함과 그에 따른 가획의 원리도 조 선 전기와는 구별되는 양상이었다. 마지막으로 강위의 상형 의식은 초 성을 우선 6음으로 나누고 그에 따른 상형의 원리를 언급했는데, 그 초 성에 대한 발음 기관 상형 의식은 홍양호나 신경준과도 다른 근대 지향 적 면모가 엿보이는 것이었다.

조선 후기의 圓方 상형 의식은 이사질에서 비롯하며 그가 처음으로 제기한 상형 의식이었다. 그는 '天圓之象'인 'ㅇ'과 '地方之象'인 'ㅁ'을 바 탕으로 초성 17자가 만들어짐을 보였다. 그러한 制字는 '造字反切'이 더 해진 것으로 그의 圓方 상형 의식은 圓方 상형 + 造字反切이 그의 제자 원리였다. 그는 중성의 경우도 方의 省體(ㅡ)와 圓의 省體(ㆍ)가 기본이 되어 나머지 중성자 9자가 반절되어 제자된다고 의식하였다. 이러한 그의 중성 제자 원리는 조선 전기에 전개된 三才를 바탕으로 한 제자 원리와는 구별되는 것이었다. 그 이후에 나온 盧正燮과 權靖善의 상형 의식 역시 李思質의 범위를 크게 넘는 것은 아니었다.

조선 후기는 전기와는 달리 圓方 상형 의식이라는 독창적인 상형 의식이 전개된 시대였다. 발음 기관 상형 의식이 변형적으로 계승됨과 아울러 우리 문자의 制字에 대한 지적 호기심은 圓方 상형 의식이라는 새로운 상형 의식을 일구어냈다. 비록 이 상형 의식이 보다 객관적이고 타당한 근거를 가지고 있지는 못할지라도 문자 의식사의 차원에서 조선 후기의 국어학사를 보다 풍부하게 하는 한 양상이 되었다는 점을 부인하기는 어려울 것이다.

조선 후기 훈민정음 연구를 통해 본 미시적 문자 의식

　　조선 후기의 여러 학자들은 그들의 저서에서 훈민정음과 관련된 여러 의식의 흔적들을 남겼다. 전장에서 조선 후기 국어학 연구에 투영된 거시적 국어 의식의 제 양상을 살펴보았다면 이 장에서는 조선 후기 국어학 연구에 투영된 미시적 국어 의식의 제 양상을 고찰해 보고자 한다. 미시적 국어 의식이라고 하면 훈민정음 일반에 해당하는 당대 연구자들의 의식이라기 보다는 조선 전기에 창제된 우리 글이자 문자인 훈민정음의 초성, 중성, 종성에 대한 의식, 또한 국어 자모의 배열과 관련된 제 양상, 물론 이러한 의식들 이외에도 다양한 미시적 의식들이 있으나, 이 논문에서는 위에서 열거한 주제에 한정하여 각 장에서 그 변화의 양상과 특징을 살펴보고자 한다. 따라서 단순한 양상과 특징을 시대순으로 나열하는 것을 지양한다. 즉 각 하위 주제와 관련된 제 의식이 어떤 경향으로 구분될 수 있으며 조선 후기라는 시대적 특성, 문헌이 갖는 성격, 연구자의 태도에 따라 어떤 양상을 띠고 있는지를 살필 것이다. 물론 훈민정음이 창제되었던 조선 전기의 제 양상과의 비교 및 대조를 통해서 이 시대의 미시적 국어 의식의 경향을 고찰할 것이다.

1 훈민정음 초성자에 대한 의식

1.1 조선 전기의 초성자 의식

1.1.1 〈訓民正音例義〉의 초성자 체계

『訓民正音』의[1] 구성은 주지하다시피 御製序文, 例義가 본문의 형식으로 되어 있고, 그 다음의 〈訓民正音解例〉는 〈制字解〉, 〈初聲解〉, 〈中聲解〉, 〈終聲解〉, 〈合字解〉로 이루어진 해설 부분이 있으며, 〈用字例〉가 그 다음을 구성하고 있으며, 鄭麟趾의 후서가 그 마지막을 이루고 있다. 그런데 이 문헌에서는 예의 부분과 해례 부분에서 창제 당시의 초성에 대하여 약간의 서로 다른 의식을 보여 주고 있다.

예의 부분에서는 신문자 28자 중 초성에 해당하는 자음 17자의 문자 형태와 그 음가를 먼저 보여 준다. 그리고 전탁자의 경우는 '並書'(나란히 쓰면)의 단서를 붙여 그 문자 형태를 보여 주지 않으면서 그 음가만을 밝히고 있다[2]. 물론 국역본(月印釋譜卷頭本)은 우리 훈민정음으로 언해된 것이기 때문에 全濁字의 문자가 자연스럽게 본문에 노출되어 있

---

1) 『訓民正音』(解例本)은 그 書名이 신문자의 명칭과 똑같은 '훈민정음'이므로 이하에서는 『訓民正音』이라고 칭한다.
2) ㄱ. 牙音. 如君字初發聲 並書. 如虯字初發聲

다. 그래서 이 국역본에서는 모든 한자의 음을 해당 한자 밑에 훈민정음으로 전사했다는 점에서 전탁자를 초성의 체계에 넣을 수 있을 수도 있겠으나, 한문본에 먼저이고 그 텍스트에 충실한다면 전청자의 병서, 즉 전탁자를 예의에서는 초성의 체계로 인정하지 않았다는 점을 알 수 있다.

이런 점을 고려한다면 예의 부분의 초성 체계는 '我殿下創制正音二十八字略揭例義以示之'라는 鄭麟趾 서문의 언급에 비추어 볼 때, 『訓民正音』이든 국역본 『셰종엉졩훈민졍흠』이든지 17자에 한정된다고 볼 수 있다.

1.1.2 〈訓民正音解例〉의 초성자 체계

〈訓民正音解例〉에서는 예의 부분의 초성 체계, 즉 자음 17자의 체계와는 그 양상을 약간 달리 하고 있다는 점에 주목할 필요가 있다. 〈訓民正音解例〉의 초성 체계는 〈制字解〉와 〈初聲解〉라는 두 하위 해설 부분을 동시에 고려하여 언급되어야 할 필요가 있다.

먼저 〈制字解〉에서 보면 그 서두에서 정음 28자는 각각 그 모양을 본떠서 만들었다고 언급하면서 초성 17자의 모양이 어떻게 상형되었는지를 보여주고 있다.

> 正音二十八字 各象其形而制之 初聲凡十七資 牙音ㄱ 象舌根閉喉之形 舌音ㄴ 象舌附上齶之形 脣音ㅁ 象口形 齒音ㅅ 象齒形 喉音ㅇ 象喉形 ㅋ比ㄱ 聲出稍厲 故加畫 而ㄷ ㄷ而ㅌ ㅁ而ㅂ ㅂ而ㅍ ㅅ而ㅈ ㅈ而ㅊ ㅇ而ㆆ ㆆ而ㅎ 其因聲加畫義皆同 而唯ㆁ爲異 半舌音ㄹ 半齒音△ 亦象舌齒之形 異其體 無加畫義焉(訓民正音解例, 制字解)

그러나 이 부분은 초성이 어떻게 만들어졌는지를 보여주는 제자 원리로서의 발음 기관 상형설의 핵심이 되는 내용이다[3]. 따라서 이 부분은 〈制字解〉에서 보여주는 초성의 진정한 체계라고 보기에는 어렵다. 그런데 〈制字解〉의 다음 부분을 보면, 〈制字解〉의 초성 체계가 각자병서 여섯 글자가 포함된 체계임을 알 수 있다.

> 又以聲音淸濁而言之 ㄱㄷㅂㅈㅅㆆ爲全淸 ㅋㅌㅍㅊㅎ爲次淸 ㄲㄸㅃㅉㅆㆅ爲全濁 ㆁㄴㅁㅇㄹㅿ爲不淸不濁.

이 체계는 위의 첫 문장에서도 보여주는 '又以聲音淸濁而言之(성음의 청탁으로 말할 것 같으면...)'에서도 알 수 있듯이 국어의 표기에 쓰인 17자의 체계를 넘어서는 보다 보편적 초성 체계라고 할 수 있을 것이다.다. 위의 인용문에서 '聲音'이라는 것은 물론 음향이 아닌 음성으로서의 소리이겠으나, 결국은 당시의 국어 현실음 뿐만이 아니라 漢音인 중국 한자음까지도 포괄한 개념으로 이해되어야 할 것이다. 이 23초성 체계는 중국의 36자모 체계의 영향 아래에서 그 체계와는 이질적인 것이었다. 오히려 이상적이고 교정된 당시에 조선 한자음이 전사된 『東國正韻』과 연관되는 초성 체계로 파악될 수 있는 것이다.[4]

이러한 초성 23체계에 대한 의식은 〈訓民正音解例〉의 〈初聲解〉에서도 드러난다.

> 正音初聲 卽韻書之字母也 聲音由此而生 故日母 如牙音君字初聲是ㄱ ㄱ與ᅟᅮᆫ而爲군 快字初聲是ㅋ 虯字初聲是ㄲ ㄲ與ᅟᅲ而爲뀨 業字初聲是ㆁ ㆁ與ᅟᅥᆸ而爲업之類…

위에서 확인되는 바와 같이 〈初聲解〉의 '正音初聲卽韻書之字母也'이

---

3) 이 부분은 '훈민정음 제자 원리로서의 상형 의식'이라는 주제로 조선 후기의 상형 의식과 관련해 앞에서 언급한 바가 있다.

4) 姜信沆(1996), 『훈민정음연구(增補版)』, 서울:成均館大學校 出版部, p64, 참조.

라는 표현에서 초성이 당시 운서의 자모로서 역할을 하면서 '聲'을 전사하는 주음 기호의 성격을 지니고 있었음을 알 수 있다. 따라서 이것은 훈민정음의 초성이 중국 성운학에서 '聲母, 字母'의 역할에 해당하는 문자라는 것을 말해 주는 것이다[5].

또한 위에서 인용된 〈初聲解〉의 내용 중간을 보면 중간에 '虯字初聲是ㄲ'라고 언급한 부분을 볼 수 있다. 그리고 〈初聲解〉에 이어 제시된 7언시의 訣曰에서 그 마지막 대목을 보면 '二十三字是爲母 萬聲生生皆自此(23자모가 되어 온갖 소리가 나고 또 남이 다 이것에서부터 시작이다)'라는 구절이 있다. 이 두 내용으로 보건대, 〈初聲解〉에서도 역시 훈민정음의 초성 체계를 23 자모로 인식하고 있음을 알 수가 있다.

그렇다면 우리는 『訓民正音』의 예의 부분과 해례 부분에서 초성 체계에 대한 다소 다른 의식을 엿볼 수 있다. 즉 예의 부분에서 강조한 초성 체계는 애초에 창제된 훈민정음 28자 중 초성 17자모 체계임을 알 수 있다. 이것은 주로 우리말을 표기하기 위한 최소한의 자모 수로서의 체계라고 볼 수 있다[6]. 그 반면에 해례 부분의 〈制字解〉나 〈初聲解〉에서 제시된 초성 23자모 체계는 '聲音'의 체계, 즉 중국 한자음(전탁음, 유성자음)까지도 표기하기 위한 체계라고 볼 수 있겠다.

이러한 조선 전기의 훈민정음 초성 체계 이분법은 그 자체가 모순된 인식의 결과가 아니다. 예의의 17자모 체계를 바탕으로 각자병서를 통해 그 체계가 확대된 것이 해례의 23자모 체계이기 때문이다. 그런데 이러한 체계들은 후기 국어 연구에서도 여실히 드러나게 되고 한편으로는 그 초성 체계의 양상이 연구자들에 따라서 좀더 다양하게 전개되고 있다. 이 점에 주목하여 조선 후기의 연구자들이 각각의 문헌에서 의식

---

5) 金武林(1990), "洪武正韻譯訓의 音韻論的 연구", 高麗大 大學院, p18.
6) 金武林(1990)에서는 훈민정음 예의에 나타나는 초성 17자는 중기 국어의 공시적인 음운 체계라기보다는 문자의 운용에 필요한 '최소한의 字'라는 성격을 갖는 것이라고 언급하였다.

하고 있는 초성 체계는 어떠한 것인지 살펴보기로 하겠다.

1.2 조선 후기의 초성자 의식

조선 후기 국어 연구에서는 크게 초성 체계에 대한 의식의 양상이 네 경향으로 나뉜다. 즉 귀납적으로 분석한 결과, 조선 후기의 초성 체계에서는 우선 조선 전기 『訓民正音』 초성 체계의 두 양상, 즉 예의 부분의 17자모 체계와 해례 부분의 23자모 체계가 계승되고 변형된 의식이 엿보인다. 그리고 당시의 시각에서 보면 범언어적이라고 할 수 있는 보편적 경향의 초성 체계와 독자적 경향의 초성 체계 의식이 아울러 나타난다. 그러면 조선 후기에 나타난 초성 체계에 대한 제 의식을 차례로 살펴보기로 하겠다.

1.2.1 『訓民正音』 예의와 해례의 초성자 체계 계승

『訓民正音』 17 초성 체계와 23 초성 체계를 함께 받아들여 그와 유사한 경향을 보이는 조선 후기 연구자들은 崔錫鼎, 李思質, 黃胤錫, 朴慶家 등을 들 수 있다. 이들은 각기 그들의 저술에서 먼저 훈민정음 초성 17자모 체계와 같거나 유사한 체계를 제시하였으며, 아울러 보편적 체계의 일환으로 23자모의 초성 체계도 함께 제시한 학자들이다. 먼저 시대 상 가장 앞선 연구를 한 최석정의 초성 체계 의식을 살펴보기로 하겠다.

① 崔錫鼎의 초성 의식
최석정은7) 그의 저서 『經世正韻』에서8) 훈민정음에 대한 그 나름의

연구 성과를 남겼다. 그는 그 문헌에서 먼저 훈민정음의 예의의 전문을9) 보인 다음 초성과 관련하여 아래와 같은 〈十七聲分配三聲圖〉를 그 설명과 함께 제시하였다.

ㄱ君	ㅋ快	ㅇ業	牙音	角
ㄷ斗	ㅌ呑	ㄴ那	舌音	徵
ㅂ彆	ㅍ漂	ㅁ彌	脣音	宮
ㅈ卽	ㅊ侵	ㅅ戌	齒音	商
ㆆ挹	ㅎ虛	ㅇ欲	喉音	羽
		ㄹ閭	半舌音	
		△穰	半齒音	

이 표를 보면 알 수 있듯이 그는 우선 훈민정음 예의의 17 초성 체계를 그대로 준수했다. 그런데 특이한 것은 이 각각의 5음(角徵宮商羽)에 浮中沈의 三聲이 있다고 하였다. 이 중 ㄱ, ㄷ, ㅂ, ㅈ, ㆆ은 沈에 속하고, ㅋ, ㅌ, ㅍ, ㅊ, ㅎ은 中에 속하며, ㅇ, ㄴ, ㅁ, ㅅ, ㅇ은 浮에 속한다고 하였다. 또한 ㄹ은 沈에, △은 浮에 속한다고 하였다. 〈十七聲分配三聲圖〉라는 제목에서 '三聲'이란 바로 浮中沈을 가리키는 것으로 독특한 그의 견해다.

兪昌均(1995)에서는 배속된 음의 특징으로 볼 때, 沈은 무성음이고

---

7) 崔錫鼎은 양명학자인 崔鳴吉의 손자로 대제학과 영의정을 지낸 당대의 경학자인 동시에 음운학자이다. 본인 스스로는 양명학자가 아님을 말하였으나 당대 양명학의 석학인 霞谷 鄭齊斗와의 교분이 두터웠던 것으로 알려져 있다.

8) 이 책은 일본 京都大學 中央圖書館 河合文庫에 소장되어 있으며 국내에서 『經世訓民正音圖說』이라 하여 그 영인판이 延世大學校 人文科學硏究所(1968)에서 나왔다.

9) 이 전문은 훈민정음 원본의 예의와 그 내용은 같으나 내용의 배열이 약간 다르다. 즉 원본에서는 御製 서문 다음에 28 자모의 형태 및 그 음가에 대한 설명이 나타나지만, 여기서는 먼저 28 자모의 형태 및 그 음가에 대한 설명이 먼저 나오고 그 다음에 御製 서문이 나온다.

中은 유기음, 浮는 유성음으로 해석되는데, 그럴 경우 ㄹ이 무성음이 되고 ㅅ이 유성음이 된 까닭을 알기 어렵다고 했다. 김석득(1992)에서도 유사한 견해를 보이고 있으나, 이 세 자질이 들림(sonority)에 의한 상대적 개념으로 쓰인 것이지 절대적 개념으로 쓰인 것은 아님을 밝히고 있다. 김성규(1997)에서는 心母인 ㅅ가 불청불탁음들이 주종을 이루는 浮에 포함된 분류는 『皇極經世書』에서 心母를 四濁(불청불탁)에 배당시킨 분류와 같다고 하였다.

위의 세 견해가 그 타당성을 가지고 있는가 하는 문제와는 별도로 우리가 여기서 주목할 것은 崔錫鼎이라는 인물이 훈민정음의 초성을 인식하는 태도가 조선 전기와 한편으로는 같으면서 다른 한편으로는 다르다는 사실이다. 즉 17자모라는 초성 체계를 훈민정음 예의와 똑같이 받아들이면서도 한편으로는 그 초성의 분배를, 중세적 시각에서 언급한 바 없는 三聲의 원칙에 입각한 사실은 높이 평가하지 않을 수 없다. 이것은 중세의 계승이자 중세의 초성 체계를 새롭게 해석하고자 한 조선 후기 초성 의식의 한 단면이다.

그는 위와 같은 17자모 초성 체계와 아울러 〈聲分淸濁圖〉에서 『皇極經世書』에 따라 초성의 체계를 제시하고 있다. 다음은 〈聲分淸濁圖〉에 제시된 초성의 체계이다.

聲分淸濁圖

一淸	ㄱ	君	ㄷ	斗	ㅂ	彆	ㅈ	卽	ㆆ	虛	ㅅ	戌
二濁	ㄲ	虯	ㄸ	覃	ㅃ	步	ㅉ	慈	ㆅ	洪	ㅆ	邪
三淸	ㅋ	快	ㅌ	呑	ㅍ	漂	ㅊ	侵	ㆁ	挹	ㄹ	閭
四濁	ㆁ	業	ㄴ	那	ㅁ	彌			ㅇ	欲	ㅿ	穰

이 표는 17자모 체계와는 달리 그의 언급대로 '正聲二十四'의 자모 체계이다. 물론 ㅈ계열의 四濁이 빠져 있으니 실제로는 23자모의 체계이다. 金敏洙(1980)에서는 'ㆆ'과 'ㅎ'이 엇바뀌고 'ㄹ'은 불안한 위치에 놓여 있으므로 부분적으로 문제가 있으나, 이 초성은 청탁을 기준으로 一淸(無氣無聲), 三淸(有氣無聲), 二濁(口腔有聲), 四濁(鼻腔有聲)의 대립을 나타내고 있다고 하였다.

그런데 분명히 이 체계의 기준은 청탁이다. 이 청탁이 기준이 된 분류는 훈민정음의 〈制字解〉에서도 드러난다. 물론 그 〈制字解〉에서는 全淸, 次淸, 全濁, 不淸不濁에 의한 분류를 제시하고 때문에 위의 〈聲分淸濁圖〉의 분류 기준과는 약간 다르다. 그러나 훈민정음을 통하여 중국 한자음까지도 표기하려는 보편적 음운 의식으로서의 문자 체계라면 위의 23자모의 체계에 대한 의식은 〈訓民正音解例〉의 23자모 체계를 계승한 것으로 이해할 수 있다. 청탁이라는 분류 기준에 대한 의식이 다소 문제의 소지를 띠고 있기는 하다. 그러나 崔錫鼎이라는 인물이 초성에 대한 자신만의 변형된 의식을 가지고 23자모 체계를 인식한 점은 조선 후기에 훈민정음의 초성을 다른 각도에서 이해하려는 그의 독특한 것이었다고 평가하지 않을 수 없다.

요컨대 최석정이 인식한 초성에 대한 의식은 훈민정음의 예의와 해례의 이분법적인 초성 의식 태도에 대한 변형된 계승이다. 그것은 그의 저서인 『經世正韻』의 성격이 궁극적으로 지향하는 韻圖 작성의 목적을 지켜가기 위한 것이었고, 또 다른 한편으로는 조선 전기의 이분법적 초성 체계에 대한 그 나름의 이분법적 인식 태도라 할 수 있을 것이다.

② 李思質의 초성 의식

이사질의 저술 『訓音宗編』은 훈민정음에 관한 본격적인 연구로, 훈민정음 그 자체를 연구 대상으로 삼은 것은 조선 후기에 이 저술이 처음

일 것이다10). 이 저술를 전체적으로 살펴보았을 때 그의 독특한 국어 의식이 드러나는 부분은 第一에서 第五에 이르는 내용이다11). 그러나 李思質은 第六〈御製訓民正音全書〉와 第七〈五音淸濁辨〉에서 그의 초성에 대한 의식을 드러낸다. 전장에서 언급한 崔錫鼎과 마찬가지로 李思質도 초성 체계에 대한 이원적 인식을 가졌던 것으로 이해된다.

우선 그는〈御製訓民正音全書〉에서는 훈민정음 예의 부분을 옮겨 싣고 있다12). 그 예의 부분에서 이사질은 먼저 초성 자모에 해당하는 부분을 먼저 싣고, 초성에 대한 자신 나름의 '初聲解'를 제시하고 있다. 이 '初聲解'는〈訓民正音解例〉의〈初聲解〉와는 다르지만 이것을 통해 이사질이 의식했던 초성 17자에 대한 한 단면을 읽을 수 있다.

臣謹按凡字有初中終三聲ㄱ初聲구也 ㅋ初聲콰也 ㅇ初聲어也 此三聲以舌
脇挨牙而作音然後구콰어三聲始爲分明故曰牙音 …中略… △初聲야ㅇ之
間也 聲出於齒舌之間然後 △聲始出故曰半齒音 以上初聲解

이사질의 '初聲解'를 姜信沆(1995)에서는 "초성자의 음가를 설명함에 있어서 訓民正音 例義編 23字母字(漢字)의 讀音(終聲 제외)를 가지고 發音法을 설명하였다"고 하였다. 그런데 이 글에서는 약간 견해를 달리하고자 한다. 우선 李思質은 훈민정음 예의의 기본자 17자 초성에 대해서만 그의 '初聲解'에서 설명하고 있다. 즉 '初聲解'에서 각자병서 6자에 대한 언급은 보이질 않는다. 또한 위의 '初聲解'에서 보여주는 17자의 초성에 대한 설명은 발음법과 음가라기보다는 초성이 실제로 한자음(국어)

---

10) 兪昌均(1995), p263.참조할 것.

11) 이 부분은 훈민정음의 제자 원리와 상형 의식이라는 주제로 이미 전술한 바 있다.

12) 姜信沆(1995)에서는 第六 御製訓民正音全書라고 한 것과 달리 訓民正音 例義編 만을 轉載하고 있다고 했으며 그나마도 무슨 까닭인지 첫머리를 '訓民正音小序 曰'로 시작하고 있다. 아마도 鄭麟趾의 서문과 구별하기 위함이었던 것으로 보인 다고 했다.

의 음절에서 쓰이는 위치 내지는 분포를 보여주는 것이 아닌가 한다.

위의 본문을 보면 '凡字有初中終三聲ㄱ初聲구也'라고 되어 있다. 즉 이 의미는 "무릇 글자(자모)는 초성, 중성, 종성의 3성이 있는데 ㄱ초성은 '구'라는 글자의 처음에 위치(분포)한다" 라고 이해될 수 있다. 왜냐하면 이 내용은 李思質이 제시한 '初聲解'라는 항목에서 언급된 설명이기 때문이다. 그런 이유에서 '君'에서 종성 'ㄴ'을 빼고 '구' 라는 글자만을 노출한 것이라고 생각한다. 나머지 초성들도 이에 준한다. 물론 '此三聲以舌脇挨牙而作音'이라고 표현된 부분은 발음법 내지는 음가이다. 그런데 이 음가에 대한 설명도 훈민정음에서 보여주는 내용과는 다르다.

이렇게 보면 '初聲解'의 내용은 발음법이나 음가에 대한 설명만이 아니고 초성이 국어 음절에서 분포하는 위치를 보여주는 것이며, 한편으로 이것은 李思質만의 독특한 초성 인식의 방법이다. 즉 李思質은 훈민정음 예의의 17 初聲 체계를 따르면서도 그 초성에 대한 인식은 조선 전기의 태도와는 약간 달랐던 것이다. 이것은 李思質만이 조선 후기라는 시대에 인식했던 초성 17 체계에 대한 의식이다.

한편 그는 第七〈五音淸濁辨〉에서는 23 초성 체계를 청탁을 기준으로 조선 전기의 〈訓民正音解例〉와는 다르게 인식하고 있다. 아래의 본문을 보도록 하자.

第七五音淸濁辨

君初聲牙全濁音幷書虯音次淸次淸近濁
快初聲牙全淸音
業初聲牙全濁音次濁近淸
　　　(中略)
閭初聲半舌不淸不濁音
穰初聲半齒不淸不濁音

愚按牙舌脣齒喉五宮 宮各有三聲 聲各有淸濁且二變聲只各有一音
又按濁音發聲平低 淸音發聲票高 次淸平低中稍高 次濁票高中稍低
ㅋㅌㅍㅊㅎ其呼聲皆票當屬全淸 ㄲㄸㅃㅉㆅ其呼聲小票而淺當屬次淸
ㄱㄴㅂㅈㅇ其呼聲皆平低當屬全濁 ㆁㄴㅁㅇ其呼聲平低而輕當屬次濁

위의 내용을 보면 우선 각 한자음의 초성의 문자 형태가 드러남이 없이 23 초성 체계에 대한 청탁의 기술이 李思質의 기준으로 기술되고 있다. 훈민정음 예의에서는 각자병서를 뺀 나머지 17 초성의 문자 형태를 드러냈다. 그러나 위의 경우는 그 한자음의 배열은 분명히 훈민정음 예의 부분의 자모 순서를 지키고 있으나, 훈민정음 자모의 형태가 겉으로 노출되어 있지 않다. 따라서 엄밀히 말하면 이 체계는 예의의 체계는 아니다. 오히려 일관되게 자모의 형태를 모두 드러내지 않았다는 면에서, 그리고 23 초성를 청탁에 따라 분류하고 있기 때문에 훈민정음 해례의 23 초성 체계의 변형된 초성 체계로 보는 것이 더 낫다고 생각한다. 그러나 11자의 下註에 달려 있는 설명은 그 내용이 정확히 어떤 의미를 지니는지 그 일관성을 포착하기가 어렵다.

그런데 이사질은 위에서 보이는 뒤이은 설명에서 이 五音 체계의 牙舌脣齒喉音을 청탁에 따라서 '淸'의 계열 '二變聲'과 '濁'의 계열 '二變聲'으로 나누었음을 밝히고 있다. 이것은 李思質의 독특한 구분법이어서 체계성은 갖추고 있으나 현실과 괴리가 있으며 그 다음에 이어지는 설명과 일치하지 않는 모순이 있다.

이사질은 뒤이은 설명에서 23 초성 중에서 19개의 초성에 대하여 훈민정음에서 주로 전청에 해당하는 계열의 자모를 전탁으로 이해하고 있고, 주로 차청에 해당하는 자모를 전청으로 파악하고 있으며, 주로 전탁에 해당하는 자모를 차청으로 인식하고 있다. 그리고 불청불탁에 해당하는 자모를 차탁과 불청불탁으로 구분하여 제시하고 있다.

그러나 이사질은 第七 〈五音淸濁辨〉에서 각자병서를 포함하는 23

초성 체계에 따른 초성 인식의 양상을 드러내고 있다. 이것은 훈민정음 예의의 체계라기 보다는 변형된 훈민정음 해례의 체계로 파악된다. 그렇다면 李思質은 역시 초성 체계에 대하여 두 가지로 인식하고 있었는데, 훈민정음 예의를 준수하는 第六〈御製訓民正音全書〉부분과 훈민정음 해례에서 변형된 第七〈五音淸濁辨〉부분으로 나누어 인식한 이원론적 의식의 양상을 보여준 연구자로 판단할 수 있겠다.

③ 黃胤錫의 초성 의식

황윤석은 그의 문집『頤齋遺稿』권26 雜著에서 훈민정음과 관련된 〈字母辨〉1편을 남겼고, 數學書로 이해되는『理藪新編』의 권20에는 〈韻學本源〉1편을 저술하여 국어의 초성에 대하여 자신의 견해를 밝혔다. 후자의 경우는 중국 성운학의 근원을 파헤치고자 했던 내용에 해당하는데, 부록 형식으로 〈世宗大王訓民正音本文字母〉라는 초성의 표가 등장한다. 우선 〈字母辨〉에서 드러난 초성 31자모를 보도록 하자.

ㄱ見	ㄲ羣	ㅋ溪	ㆁ疑	ㆆ影	ㅿ日	ㄷ端	ㄸ定	ㅌ透
ㄴ泥	ㅂ邦	ㅃ並	ㅸ非	ㅹ奉	ㅍ滂	ㅁ明	ㅱ微	精
從	照	床	清	穿	心	邪	審	禪
ㅎ曉	ㆅ匣	ㄹ來						

ㄱㅋㆁ(牙), ㄷㅌㄴ(舌), ㅂㅍㅁ(脣), ㅈㅊㅅ(齒), ㆆ(喉), ㄹ(半舌) -俗用 14字

황윤석도 앞에서 언급한 崔錫鼎과 李思質의 초성 체계에서 드러난 바와 같이 먼저 훈민정음 예의 초성 17자모와 유사한 인식의 태도를 취하고 있다. 위에서 보는 〈字母辨〉에서는 먼저 그는『洪武正韻』의 31자모 체계를 제시하고 있다. 그런데 이 초성 31은 華音의 표기에만 필요하고, 東音에는 속용 14자면 된다고 하였다[13]. 따라서 그는 14자라는 초성에 대한 인식을 보여주고 있는 셈인데, 이 체계는 훈민정음 예의 17 초성 체계에서 변형된 것으로 당시 조선의 현실음을 반영한 체계이다. 즉 ㅇ, ㆆ, ㅿ이 빠져 있다. ㅇ(喩母)를 빼고 ㆁ(疑母)만 택한 점은 이해하기 어렵다고[14] 했으나 ㅇ은 음가가 없는 형태이기 때문에 빠진 듯싶고, ㆆ와 ㅿ은 당시의 언어 현실에서 쓰이지 않았기 때문에 누락된 것이 아닌가 한다. 따라서 黃胤錫의 14 초성 체계는 우리 한자음 표기를 위한 체계이자 현실 한자음 표기를 위한 체계로 이해된다.

그런데 이러한 그의 의식 태도는『理藪新編』의 권20 〈韻學本源〉에 부록으로 실려 있는 洪啓禧의 초성 체계와 완전히 일치한다. 홍계희는 그의 저서『三韻聲彙』에서 〈諺字初中終聲之圖〉란 표를 제시하고 있는데,『理藪新編』의 권20 〈韻學本源〉에는 〈訓民正音初中終聲圖〉라 하여 홍계희의 초성 체계를 전재하고 있다. 따라서 그의 초성 체계에 대한 인식은 훈민정음 예의 17자모 체계의 변형된 의식이자, 홍계희의『三韻聲彙』에서 드러나는 〈諺字初中終聲之圖〉의 14 초성 체계가 그대로 계승된[15] 의식이다.

---

13) 金敏洙(1980). p.170. 참조할 것.

14) 金敏洙(1980). p.170. 참조할 것.

15) 이 점에 비추어 과거에 黃胤錫의『理藪新編』저술 시기와 관련된 의문은 풀리게 된다.『理藪新編』권두에 '甲子菊月'에 쓴 序가 붙어 있는데 이 갑자년은 영조 20년(1744)에 해당한다. 따라서 黃胤錫 나이 26세에 해당하는 바 李崇寧(1976)에서는 이 갑자년이 갑오년의 가능성이 있다고 하였다. 갑오년은 영조 50년(1774)이며 黃胤錫의 나이 56세에 해당한다. 그런데『理藪新編』권20 <韻學本源>의 부록에서 洪啓禧의『三韻聲彙』(1751)의 <諺字初中終聲之圖>가 <訓民正音初中終聲圖>라는 형식으로 재록되어 있는 것을 보면『理藪新編』의 저술 시기는 李崇寧(1976)이 언급한 갑오년 영조 50년(1774)이 더 타당하다. 다만 李崇寧(1976)에서는 이 부록을 확인하지 못한 듯 黃胤錫이 26세라는 나이에는『理藪新編』과 같은 저서를 저술할 수 없다는 근거로 영조 50년(1774)을 저술시기로 보았으나,『理藪新編』<韻學本源>에서 洪啓禧의『三韻聲彙』권두의 내용이 다시 실린 것을 필자가 다

그러나 초성에 대한 黃胤錫의 의식은 이러한 속용 14자모 체계로만 전개되지는 않는다. 그 역시 초성 14자모 체계에 대한 의식과 더불어 앞선 두 사람-崔錫鼎, 李思質과 같이 초성을 『理藪新編』〈韻學本源〉의 〈世宗大王訓民正音本文字母〉 라는 표를 통해 27자모 체계로 인식하고 있다.

〈世宗大王訓民正音本文字母〉

牙舌開口 (淸濁之中) 角 牙音	全淸 ㄱ君初聲 (見)	次淸 ㅋ快初聲 (溪)	全濁 ㄲ蚪初聲 (群)ㄱ並書	次濁 ㆁ業初聲 (疑)不淸不濁	
齶舌 (次淸)齊齒 徵 舌音	全淸 ㄷ斗初聲 舌頭(端)ㄷ 舌上(知)	次淸 ㅌ呑初聲 (透)ㅌ (徹)ㅌ	全濁 ㄸ覃初聲 ㄸ(定) ㄷ並書 ㄸ(澄)	次濁 ㄴ那初聲 (泥)ㄴ舌動而 音在舌端 (舌頭) (孃)ㄴ舌靜而 音在舌上 (舌腹)(舌捲而 止也)	
脣舌 (最淸)撮口羽 (次徵)脣音	全淸 ㅂ彆初聲 重脣(邦)	次淸 ㅍ(漂)初聲 (滂)	全濁 ㅃ(步)初聲 (並)ㅂ並書	次濁 ㅁ(彌)初聲 (明)	

시 확인하게 되었다.

脣輕音	全清 ㅸ(非)初聲 輕脣 ㅂ ○連書	次清 ㆄ(敷)初聲 ㅍ ○連書	全濁 ㅃ(奉)初聲 ㅃ ○連書	次濁 ㅱ(微)初聲 ㅁ ○連書	
齒舌 張口 (最濁) 商 (次羽)齒音	全清 ㅈ卽初聲 齒頭(精)ㅈ 正齒(照)ㅈ	次清 ㅊ侵初聲 ㅊ(淸) ㅊ(穿)	全濁 ㅉ(慈)初聲 (從)ㅉ ㅈ並書 (床)ㅉ		全清 ㅅ戌初聲 次聲之 次 ㅅ(心) ㅅ(審)
喉舌(最濁) 合口 音宮 (次商)喉音	全清ㆆ 拖初聲 (影)	次清 ㆆ虛初聲 (曉)	全濁ㆅ並書 ㆅ(洪)初聲 疑ㆆ按字解當 從ㆆ並書作ㆅ	次濁○ 欲初聲 (喩)	全濁 ㅆ邪初聲 次濁之次 (邪)ㅆ擧舌點 齶其聲淺 (禪)ㅆ捲舌點 齶其聲深
半徵 半舌音				次濁 ㄹ閭初聲 (來)	
半商 半齒音				次濁 △穰初聲 (日)	

이 27 자모 체계는 훈민정음 해례의 23 초성 체계에 순경음 계열의 초성-ㅸ, ㆄ, ㅃ, ㅱ이 포함된 체계이다. 그런데 이 27 초성의 체계는 黃胤錫이 〈字母辨〉에서 華音을 표기하기 위한 초성 체계로 제시한 31 자모 체계(洪武正韻의 자모 체계)와는 일치하지 않는다. 곧 이 체계는 黃胤錫의 독특한 체계라고 할 수 있는데 이 27 자모 체계의 바탕 혹은 기준이 될 수 있었던 것은 바로 훈민정음 해례의 23 자모 체계라고 할 수 있다. 따라서 위의 〈世宗大王訓民正音本文字母〉라는 표현에서 '訓民正音本文'이라고16) 하는 것은 훈민정음 예의 부분을 가리킨다기 보다는 훈민정음 해례 부분으로 짐작할 수가 있다.

그런데 위의 표에서 설음, 치음 부분을 보면 같은 난 안에서 설두와 설상, 치두와 정치로 나누어 제시되어 있는 것을 볼 수 있다. 이 초성들을 모두 합하면 27 자모 이상이 될 수밖에 없다. 그렇게 되면 黃胤錫의 초성 체계는 양상을 달리할 수 있겠으나, 설두와 설상, 치두와 정치를 각각 설음과 치음의 같은 난에서 제시했다는 것은 설두와 설상, 치두와 정치를 독립된 초성 체계의 자모로 인정하지 않겠다는 그의 의식을 엿볼 수 있는 대목이다. 물론 그는 〈字母辨〉에서 31 자모 체계에서 치두와 정치를 독립된 초성 체계의 자모로 인정하고 있다. 그러나 그것은 그가 언급한 바와 같이 『洪武正韻』의 자모 체계에 근거한 것이기 때문에 우리의 초성 체계라고 볼 수는 없다. 따라서 〈字母辨〉에서 그가 인식한 초성 체계를 31 초성 체계로 보는 것은 무리가 있다. 그러나 〈世宗大王訓民正音本文字母〉의 표에서는 훈민정음 해례를 기준으로 삼았기 때문에 설두와 설상, 치두와 정치가 초성 체계의 자모로 인정을 받지 못하고 있음을 알 수 있다.

결국 황윤석은 〈字母辨〉과 〈韻學本源〉에서 그의 이분법적 인식에 근거한 초성 의식을 드러내고 있다. 즉 〈字母辨〉에서는 훈민정음 예의의 변형된 계승으로 속용 14자의 초성 체계를 현실음에 바탕을 두고 제시하고 있으며, 〈韻學本源〉에서는 훈민정음 해례을 기준으로 27 초성 체계를 『洪武正韻』의 31자모 체계와는 다른 시각에서 거리를 두고 제시해 놓고 있다.

④ 朴慶家의 초성 의식

박경가는 『四七正音韻考』(1835)의 권두에 수록된 범례에서 초성에 대한 그의 의식을 보여주고 있다. 사실 이 책은 당시의 표준 운서를 목

---

16) 兪昌均(1995)에서는 '訓民正音本文'이라는 표현을 훈민정음 예의로 이해하고 '訓民正音本文'에는 위에서 말한 설·순·청탁에 의한 이러한 자질의 기술은 없다고 하였다.

적으로 편찬된 운서의 성격을 지니고 있는 문헌이지만, 초성에 대한 朴慶家만의 독특한 체계가 드러난다. 이 문헌에서 그가 보여주는 초성 의식은 어찌 보면 黃胤錫의 의식과 유사함을 느끼게 한다. 우선 그는 〈初聲二十三字說〉이라 하여 아래와 같은 체계를 보여주고 있다.

牙音　ㄱㅋㄲㆆ　　　舌音　ㄷㅌㄸㄴ
脣音　ㅂㅍㅃㅁ　　　齒音　ㅈㅊㅉㅅㅆ
喉音　ㅇㅎㅇㅇㆅ　　半舌音　ㄹ
半齒音　ㅿ

　　이 23 초성 체계는 그 내용에 있어 훈민정음 해례의 23 초성 체계와는 약간 다르다. 우선 ㆆ이 아음에 위치하고 있는 점이 특이하고, 해례 체계에는 없는 전탁자 ㅇㅇ이 ㆅ과 더불어 함께 후음 계열에 위치하고, ㅿ 대신에 그 자리를 ㅇ이 차지하고 있다. 자모의 분포 면에서 해례와는 일치하지 않으며, 또한 제시된 초성 자모도 해례와 다르다. 그러나 박경가는 이 초성의 체계가 華音, 즉 중국 한자음을 기준으로 하고 있음을 밝히고 있다. 이런 점에 비추어 본다면 이 체계 역시 훈민정음 해례에서 드러나는 23 초성 체계의 변형된 체계라고 볼 수 있다.

　　박경가는 東音, 즉 우리 한자음을 기준으로 할 때는 다음과 같이 16 초성 체계를 제시하고 있다.

ㄱㅋㆁㄷㅌㄴㅂㅍㅁㅈㅊㅅ
ㅇㅎㄹ　ㅿ

이 초성 체계는 위의 23 초성 체계에서 전탁자들이 없어진 체계임을 알 수 있다. 따라서 그 전탁자들은 華音을 위한 초성 체계의 자모들임을 확인할 수 있다. 이 체계를 훈민정음 예의 17 초성 체계와 비교한다면 역시 약간 다른 점을 발견할 수 있다. 우선 위의 23 초성 체계에서 전탁자가 7자인 관계로 훈민정음 예의같이 17자가 아니며, ㆆ와 ㅇ가 분포하고 있는 위치가 역시 훈민정음 예의의 초성 체계와는 다르다. 다만 이 16 초성 체계가 바로 우리 한자음을 위한 표기안이었다는 점에서 이 역시 黃胤錫의 속용 14자 초성 체계와 유사하다. 그런 의미에서 이 초성 16 체계도 이해하기 어려운 자모 분포상의 문제점이 있기는 하나, 훈민정음 예의의 17 초성 체계의 변형된 체계라고 볼 수 있겠다.

이런 점에서 보면, 朴慶家 역시 『四七正音韻考』에서 그의 이분법적 인식에 근거한 초성 의식을 드러내고 있다. 즉 그러한 16 초성 체계는 훈민정음 예의 체계에 대한 변형적 의식이며, 또한 23 초성 체계는 훈민정음 해례 체계에 대한 변형적인 의식으로 볼 수 있겠다

결국 훈민정음 예의와 해례의 초성 체계를 계승하고 있는 국어 초성 의식의 국어학사적 계보는 崔錫鼎 – 李思質 – 黃胤錫 – 朴慶家으로 이어진다고 할 수 있을 것이다. 17세기의 崔錫鼎의 초성 체계, 18세기의 李思質과 黃胤錫의 초성 체계, 그리고 마지막 19세기의 朴慶家의 초성 체계는 현실적 한자음—東音을 표기하기 위한 체계로서의 초성 의식인 동시에 다른 한편으로는 보편적인 한자음(중국 한자음, 華音)을 표기하기 위한 체계로서의 태도를 함께 내포하고 있는 것이라고 할 수 있겠다.

1.2.2 〈訓民正音例義〉의 초성자 체계 계승

우리는 이 절에서 〈訓民正音例義〉』17 초성 체계를 받아들여서 그 체계와 유사한 경향을 보여 준 연구자들로 朴性源, 洪啓禧, 徐命膺, 琴榮澤 등을 살펴보고자 한다. 이들은 각기 그들의 저술에서 〈訓民正音例

義〉17 초성 체계를 기본적으로 계승하면서도 부분적으로 약간의 차이를 보이는 체계를 제시하고 있다. 먼저 이 주제에 대해 시대적으로 제일 앞선 태도를 보인 朴性源의 초성 체계에 대한 인식을 살펴보기로 하겠다.

① 朴性源의 초성 의식

박성원은 『華東正音通釋韻考』 2권 1책을 편찬하여 1747(영조 23년)에 간행을 하였다. 흔히 『華東正音』 혹은 『正音通釋』으로 줄여 부르는 이 책은 고려 이래로 전래하는 『增補三韻通考』에17) 華音과 東音을 병기한 것이다18). 박성원의 『華東正音通釋韻考』에 대한 연구는 일찍이 鄭卿一(1989, 1990)에서 이루어졌다. 鄭卿一(1989, 1990)에서는 국어사적 입장에서 『華東正音通釋韻考』의 한자음 聲母에 대한 전면적인 연구 및 『華東正音通釋韻考』라는 책의 성격과 관련된 초성 체계에 대한 연구가 있었다. 기존의 연구에서도 제시된 것이지만 우리는 이 문헌에서 박성원의 초성 의식의 전모를 엿볼 수 있는데 그 범례의 앞부분에 실려 있는 다음의 〈五音初聲圖〉를 보자.

五音初聲〔五音合二變爲七音〕

角　牙音	ㄱ ㅋ ㅇ		
徵　舌音	ㄷ ㅌ ㄴ	變徵　半舌音	ㄹ洪武韻作半徵半商
商　齒音	ㅈ ㅊ ㅅ		
羽　脣音	ㅂ ㅍ ㅁ ◇		
宮　喉音	ㅇ ㅎ	變宮　半喉音	△洪武韻作半商半徵

---

17) 이 운서의 편찬 시기를 金敏洙(1980)에서는 1720년 경이라고 하였다. 그리 중요한 문제는 아니나, 최근에 나온 18세기 조선 인물지(1997, 창작과 비평사)에 따르면 成孝基의 출생 연도가 1701년으로 제시되어 있다. 그렇다면 그가 金濟謙과 더불어 대략 19세에 운서를 편찬한 셈이다. 그러나 19세의 나이에 판을 거듭할 만큼의 명성을 지닌 운서를 편찬할 수 있었을까 하는 의문이 남는다.
18) 金敏洙(1980). p.163를 참조할 것.

이 五音初聲에 사용된 초성은 모두 17자이다. 숫자 상으로 이 초성 체계는 훈민정음 예의 부분과 일치한 듯하다. 그러나 훈민정음에 있던 ㆆ가 사라졌으며, 朴性源이 새로이 만든 ◇와 같은 글자가 추가되었다. 그리고 박성원은 △을 '半喉音'으로 인식하고 있으며 배열 상 치음과 순음의 순서를 바꾸어 놓고 있다[19]. 그가 창안한 ◇은 순전히 華音을 위한 표기이며 실제로 초성에 ◇을 사용한 예가 87자가 보이는데 그 모두가 華音에만 쓰이고 있다고 하였다[20]. 그렇다면 이 17자의 초성 체계는 그의 저서가 운서라는 측면을 먼저 드러내기 위에서 책 앞머리에 제시한 체계임을 짐작할 수 있다. 그와 동시에 이 체계는 훈민정음 예의의 17자모 체계의 변형된 체계임을 알 수 있다.

그러나 그는 권말의 〈諺文初中終三聲辨〉에서는 위의 17 자모 체계와는 다른 16 자모 체계의 초성을 보여주고 있다. 아래의 〈諺文初中終三聲辨〉을 보기로 하자.

初聲終聲通用八字

ㄱ 其役　ㄴ 尼隱　ㄷ 池(末)　ㄹ 梨乙　ㅁ 眉音　ㅂ 非邑　ㅅ 時(衣)

ㅇ 異凝　其尼池梨眉非時異八音用於初聲　役隱(末)乙音邑(衣)凝八音用於終聲 (末)(衣)兩字只取本字之釋俚語爲聲

初聲獨用八字

ㅋ(箕)　ㅌ 治　ㅍ 皮　ㅈ 之　ㅊ 齒　△ 而　ㅇ 而　ㆆ 屎

(箕)字亦取本字之釋俚語爲聲

---

19) 이 자모 배열에 대한 문제는 "훈민정음 자모 배열에 대한 의식"의 주제로 후술한다.

20) 鄭卿一(1989). p16를 참조할 것.

이 16자모 초성 체계는 물론 위의 〈五音初聲圖〉에서 제시된 ◇이 제외된 초성 체계이다. 곧 〈諺文初中終三聲辨〉의 16 자모는 보다 현실적인 당시 東音을 위한 초성 체계라고 짐작해 볼 수 있다. 그런데 이 체계 역시 훈민정음 예의의 17 초성 체계에서 그리 크게 벗어나지 않는다. 즉 朴性源은 華音의 표기를 위한 초성 체계이든 東音의 표기를 위한 초성 체계이든 훈민정음 예의 체계의 변형된 체계로 초성에 대한 의식을 그의 저술에서 드러낸 셈이다. 이 〈諺文初中終三聲辨〉의 '初聲終聲通用八字', '初聲獨用八字'는 당연히 박성원의 독창적 견해가 아니다. 이미 16세기에 최세진의 『訓蒙字會』에서 언급한 것으로 항간에 알려진 내용을 그의 저술에 그대로 반영한 것으로 판단된다.

그러나 이 책은 분명히 華音과 東音을 병기한 운서이다. 華音을 위한 표기를 위해서 범례 첫머리에 전탁자(각자병서 6자)를 포함한 23 초성 체계(훈민정음 해례 체계)에 대한 내용도 있었는데 왜 그는 〈五音初聲圖〉에서 자신이 만든 ◇를 더하여 17 초성 체계만을 제시한 이유는 무엇일까?

실제로 박성원은 華音과 東音 어디에도 전탁자를 사용하고 있지 않다. 다만 중국 운서 체계에 맞추고자 박성원 자신이 권점을 사용하여 각자마다 청탁의 구별은 의식하고 있었다.21) 그러나 兪昌均(1995)에서는 東音의 실제에 비추어 당시에 전탁음의 구별이 어려웠기 때문이라고 하였다. 또한 鄭卿一(1989)에서는 박성원이 한자음의 전탁음이 중국 근세음 이래 淸音化되었음을 알고 있었다는 점을 강조하였다. 이런 점에 비추어본다면 박성원은 華音과 東音의 표기를 위한 초성으로서 전탁자를 뺀 현실적이고 실제적인 자모만을 스스로 인정하고자 했을 것이라는 추측이 가능하다.

---

21) 字音淸濁 旁加圈點而別之 全淸 次淸 不淸不濁 全濁 而下同蒙上空(鄭卿一, 1989에서 재인용).

결국 朴性源은 그의 저서의 범례 및 권말에서 훈민정음의 예의 체계에 바탕을 둔 초성 의식을 드러내고 있다. 비록 華音 표기를 위한 초성 체계가 17자요, 東音 표기를 위한 초성 체계가 16자이어서 일치하지 않지만, 두 체계 모두 훈민정음 예의 체계의 변형된 초성 체계라 할 수 있다. 또한 박성원 자신이 실제 표기에서 전탁자를 사용하지 않았다는 점은 그가 의식한 초성 체계가 훈민정음 해례에서 제시하는 23초성 체계와 현실적으로 괴리된 것을 반영하는 태도를 말해 주는 것이다. 따라서 범례에 드러난 朴性源의 초성 의식은 훈민정음 예의 체계만을 계승한 의식이라고 규정할 수 있을 것이다.

② 洪啓禧의 초성 의식

洪啓禧는 1746년(영조 22년)에 『三韻聲彙』 3권 3책을 편찬하여 1751년에 간행을 보았다. 이 역시 『華東正音通釋韻考』와 마찬가지로 『三韻通考』에 華音과 東音을 병기하였으나 그 특징은 같은 운의 한자를 가나다순으로 배열하여 조선식이 된 점이다[22]. 우리는 홍계희의 초성 의식과 관련한 내용을 『三韻聲彙』의 권두에 실린 〈諺字初中終聲之圖〉에서[23] 엿볼 수 있다. 다음은 그 〈諺字初中終聲之圖〉에서 초성 부분에 해당한다.

---

22) 金敏洙(1980). p164을 참조할 것.
23) 『三韻聲彙』의 <諺字初中終聲之圖>는 나중에 黃胤錫의 『理藪新編』 권20 <韻學本源>에 그대로 전재된다. <諺字初中終聲之圖>가 黃胤錫의 <韻學本源>에 轉載하는 과정에서 내용은 그대로인데 그 제목이 <訓民正音初中終聲圖>로 바뀌어 있다.

初終聲通用八字			
ㄱ 君初聲 役終聲	ㄴ 那初聲 隱終聲	ㄷ 斗初聲 末終聲	ㄹ 閭初聲 乙終聲
ㅁ 彌初聲 音終聲	ㅂ 彆初聲 邑終聲	ㅅ 戌初聲 衣終聲	ㆁ 業初聲 凝終聲
初聲獨用六字			
ㅈ 卽初聲	ㅊ 侵初聲	ㅌ 呑初聲	ㅋ 快初聲
ㅍ 漂初聲	ㅎ 虛初聲		

이 〈諺字初中終聲之圖〉를 살펴보면 洪啓禧가 인식하고 있는 초성 체계는 14자모의 체계임을 알 수 있다. 그는 여기서 初終聲通用八字 8개와 初聲獨用六字 6개를 각각 분리하여 제시하고 있다. 그리고 이러한 초성의 배열이 현대의 자모 배열과 매우 유사함을 알 수 있으며, 역시 崔世珍의 『訓蒙字會』에서 드러나는 초성에 대한 태도와도 유사함을 확인할 수 있다.

이 14 자모 체계를 조선 전기의 훈민정음 예의 체계와 비교해 보면 ㅇ, ㆆ, ㅿ 세 자가 사라졌음을 확인하게 된다. 그리고 자모 밑의 해당 한자는 훈민정음 예의에서처럼 자모의 음가를 나타내는 의미만으로는 쓰이지 않았다. '初終聲通用八字' 및 '初聲獨用六字'이라는 표현이 말해 주듯이 이 한자들은 그 한자들 위에 있는 자모가 국어의 초종성의 어디에 위치 혹은 분포하는가를 보여주기 위한 역할도 하고 있다. 훈민정음 예의의 'ㄱ…君字初發聲'이 'ㄱ君初聲役終聲'으로 표현된 점이 그러하다고 하겠다. 그런 점에서는 최세진이 『訓蒙字會』 범례의 '俗所謂反切二十七字'에서 보여준 'ㄱ其役…'과 같은 기능을 자모 밑에 제시된 한자들이 해 주고 있음을 알 수가 있다..

물론 이 초성 체계는 華音과 東音의 표기를 위한 체계이다. 그러나 이 체계에서 전탁자가 드러나지 않은 것을 보면 華音과 東音의 현실적 한자음을 반영하기 위한 최소한의 체계임을 짐작해 볼 수 있다. 따라서 운서가 가지고 있는 보수적이고 이상적인 체계를 무시한 현실적 초성 체계는 훈민정음 예의에서 보여준 17 초성 체계와 유사하다고 할 수밖에 없다.

요컨대 洪啓禧는 그의 『三韻聲彙』에서 훈민정음 예의 체계에 근거한 초성 의식을 드러낸 연구자라고 할 수 있을 것이다. 비록 문헌의 성격상 華音 표기와 東音 표기를 위한, 즉 중국과 조선의 현실 한자음을 위한 14 초성 체계이고 훈민정음 창제 당시에 사용된 세 글자 ㅇ, ㆆ, △가 빠진 체계이지만, 홍계희의 초성 체계는 훈민정음 예의 체계의 변형된 초성 체계라 할 수 있다. 또한 朴性源과 마찬가지로 홍계희 자신이 실제 표기에서 전탁자를 사용하지 않았다는 점은 그의 초성 체계가 훈민정음 해례에서 제시하는 23 초성 체계와 현실적으로는 거리가 있었음을 말해주는 것이다. 따라서 홍계희의 초성 의식은 훈민정음 예의 체계만을 계승한 의식으로 이해된다.

③ 李德懋·徐命膺의 초성 의식

이덕무·서명응은 『奎章全韻』을 정조의 欽定으로 편찬하여 1792년에 간행하였다. 이 운서는 明 章黼(부)의 『音韻集成』을 근거로 글자를 四聲四段으로 배열하고 華音과 東音을 병기한 책이다[24]. 華音은 대체로 『華東正音』을 따랐으며, 東音은 『三韻聲彙』의 東音과 일치하고 있다고 한다. 우리는 이 운서에서도 이덕무·서명응의 초성에 대한 의식을 엿볼 수 있다. 이 운서에서는 다음과 같은 15 초성 체계를 제시하고 있음을 알 수 있다.

---

24) 金敏洙(1980). pp.171~172을 참조할 것.

ㄱㄴㄷㄹㅁㅂㅅㅇㅈㅊㅋㅌㅍㅎㅿ25)

이 초성 체계는 앞에서 언급한 朴性源의 초성 체계 및 洪啓禧의 초성 체계와 비교가 필수적이다. 박성원의 경우 16 초성 체계이고, 홍계희의 경우 14 초성 체계임에 반해 李德懋・徐命膺의 초성 체계는 15 초성 체계이다. 이덕무・서명응의 초성 체계는 홍계희의 초성 체계의 계승이자 역시 훈민정음 예의 체계의 변형된 형태임을 알 수 있다. 이 체계에서도 전탁자는 드러나지 않는다. 다만 ㅿ이 초성 체계에 들어가 있음을 알 수 있는데 이것은 華音을 위한 표기로 생각된다.

④ 琴榮澤의 초성 의식

금영택은26) 『晚寓齋集』 권3에서 그가 추구하려고 했던 문자 의식의 단면을 보여주고 있다. 그 문자 의식의 양상은 크게 〈諺文字音起例〉와 〈五音初聲〉이라는 두 대목으로 이루어져 있다. 그런데 이 두 대목은 박성원이 편찬한 『華東正音通釋韻考』의 凡例에 실려 있는 내용과 거의 일치한다. 즉, 〈諺文字音起例〉의 내용은 박성원의 〈諺文初中終三聲辨〉과 유사하며 금영택의 〈五音初聲〉 부분은 박성원의 〈五音初聲〉을 거의 그대로 전재한 것이다. 금영택 또한 〈諺文字音起例〉의 앞부분에서 그 사실을 밝히고 있다. 아래의 원문을 보자.

---

25) 『奎章全韻』에는 범례가 없는데, 위의 15 자모 체계는 鄭卿一(1989)에서 표기음을 바탕으로 귀납한 것이다.

26) 琴榮澤의 한글 학설과 관련된 글은 兪昌植(1958)의 논문을 참고할 것.

初聲終聲通用八畫 以其初而從中聲而其終事物成音

ㄱ 其役　ㄴ 尼隱　ㄷ 池末　ㄹ 梨乙　ㅁ 眉音　ㅂ 非邑　ㅅ 時衣
ㅇ 異凝　其尼池梨眉非時異初聲也　役隱末乙音邑衣凝終聲也　末衣從俚語

初聲獨用八字

ㅋ箕　ㅌ治　ㅍ皮　ㅈ之　ㅊ齒　△而　ㆁ伊　ㅎ希箕亦俚爲

五音初聲
（以諺字初聲　屬五音蓋五音合二變爲七音）

角　牙音	ㄱ其 ㅋ箕 ㆁ伊		
徵　舌音	ㄷ池 ㅌ治 ㄴ尼	變徵(半舌音半徵半商)	ㄹ梨
商　齒音	ㅈ之 ㅊ齒 ㅅ時		
羽　脣音	ㅂ非 ㅍ皮 ㅁ眉 ◇	此一字闕聲	
宮　喉音	ㅇ異 ㅎ屎	變宮(半喉音半商半徵)	△而

　위의 본문을 보면 그가 〈諺文字音起例〉와 〈五音初聲〉에서 제시하고 있는 초성에 대한 의식이 朴性源의 그것과 매우 유사함을 확인하게 된다. 다만 그는 박성원의 견해와 표현을 조금의 차이 없이 그대로 전재하고 있지는 않다. 우선 〈諺文字音起例〉에서 보면 琴榮澤은 박성원이 ‘初聲終聲通用八字, 初聲獨用八字’라고 표현한 부분을 ‘初聲終聲通用八畫’, ‘初聲單用八畫’이라고 했다. 그는 각각의 字母를 ‘畫’이라는 용어를 서서 표현하고 있는데 그것은 그 나름의 이유가 있다고 생각한다.

　그는 우선 음절을 ‘字’라는 용어를 써서 이해하고 있기 때문에 그 혼란을 방지하고자 초성, 중성 따위의 문자를 ‘字’가 아닌 ‘畫’으로 인식했던 것이다. 이 점은 금영택의 독특한 견해라고 할 수 있겠다. 그러나 이 대목에서 琴榮澤은 朴性源의 16 초성 체계를 표면적으로 준수하고 있다.

또한 그는 〈五音初聲〉이라는 대목에서는 위에서 볼 수 있듯이 박성원의 〈五音初聲〉에서 인용한 내용을 싣고 있다. 다만 세부 내용에 있어서는 약간의 차이를 보인다. 즉, 박성원의 〈五音初聲〉에서 각 자모에 해당하는 명칭으로서의 한자를 달지 않았음에 비해 금영택은 그것을 달아 놓고 있다. 그리고 치음의 경우 ㅈ, ㅊ를 즈, 츠로 바꾸어 표기하고 있다27). 이런 점에서 금영택의 〈五音初聲〉은 미세하게 박성원의 그것과 다르나, 17 초성 체계는 표면적으로 박성원의 〈五音初聲〉를 따르고 있다.

결국 우리는 위의 〈諺文字音起例〉와 〈五音初聲〉를 통해 이것이 대체로 박성원의 초성 체계를 그대로 계승하고 있다고 판단할 수 있을 것이다. 그러나 금영택은 그의 한글 학설 맨 뒷부분에서 다음과 같은 언급을 하고 있다.

若ㅇㆁㅿ◇分屬於角羽宮三音 而中華ㆁ伊ㅿ而之初聲 與我東之ㅇ異 出聲相近 不必異用 ◇則不著其聲 而不過ㅁ眉音之小變意 華俗所用 而無用於東音 不必强辨之爾(終)

금영택은 위의 본문에서 'ㅇㆁㅿ◇'의 관계에 대하여 자신의 견해를 밝히고 있다. 그 내용을 요약해 보면 'ㅇㆁㅿ◇'은 각각 각우궁 3음에 속하고 중국의 ㆁ(伊), ㅿ(而)의 초성은 우리 나라의 ㅇ(異)와 더불어 그 소리가 비슷하기 때문에 달리 쓸 필요가 없다고 하였다. 그리고 ◇은 그음이 뚜렷하지 못하여 ㅁ의 小變異에 불과하니 중국음에는 필요해도 우리 음에는 소용 없으니 이것을 구별할 필요가 없다고 하였다. 이것은 박성원이 『華東正音通釋韻考』에서 제시한 것을 달리 보자고 했던 내용으로 판단되고 그런 의미에서 금영택의 초성 의식은 박성원과도 약간은

---

27) 세부 내용이 바뀐 그 밖의 것들은 兪昌植(1958)를 참고하라.

차별되면서 새롭게 평가받을 수 있는 그의 주장이다.

이 점에 비추어 본다면 琴榮澤의 초성 체계는 현실적으로 ㆁㅿ◇이 빠진 14 초성 체계라고 할 수 있으며, 이 체계는 중국식 한자음인 華音을 표기하기 위한 초성 체계라기 보다는 東音을 표기하기 위한 현실적 초성 체계라고 할 수 있다. 그것은 역사적 맥락에서 살펴볼 때 역시 훈민정음 예의 부분이 변형되어 계승된 초성 체계라고 볼 수 있을 것이다. 중국 한자음 표기를 위한 전탁자에 대한 언급이 전혀 없기 때문에 훈민정음 해례 체계라고 보기는 어렵다. 물론 금영택의 이러한 체계는 훈민정음 예의 체계가 직접적으로 계승된 체계라기 보다는 금영택 자신이 『華東正音』의 범례를 인용했다고 밝혔듯이 朴性源의 견해를 거쳐 비판적으로 검토된 현실적 14 초성 체계라는 점이 국어학사적 의의를 띤다고 하겠다.

결국 이 14 초성 체계는 박성원이 華音과 東音을 고려하여 17 초성 체계와 16 초성 체계로 나누어 살펴본 것을 東音에 맞게 수용한 체계로 훈민정음 예의 체계를 계승한 금영택의 현실적 초성 의식이라고 할 수 있다.

⑤ 石帆의 초성 의식

석범은 그의 저서 『諺音捷考』에서 초성에 대하여 간단히 언급하고 있다. 그는 체계적으로 초성에 대한 의식을 드러낸 연구자자는 아니나, 당시의 초성를 14 초성 체계로 바라보고 있다는 점을 간과하기는 어려울 듯 하다.

ㄱ ㄴ ㄷ ㄹ ㅁ ㅂ ㅅ ㅇ ㅈ ㅊ ㅋ ㅌ ㅍ ㅎ

그는 정음자의 변천에 대하여 말하면서 훈민정음이 반포된 때에는 28자였던 것이 82년이 지나 『訓蒙字會』에서는 'ㆆ'가 없어져 27자가 되었고, 다시 225년이 지나 洪啓禧의 『三韻聲彙』에 이르러서는 'ㅇ, ㅿ'이 사라져 정음의 수가 25자가 되었으며, 이 중 초성의 수가 14자로 줄었음을 밝히고 그가 살았던 당대까지 그 글자 수가 계속 유지되고 있음을 언급하고 있다. 따라서 그의 14 초성 체계는 철저하게 훈민정음 예의 체계의 변형된 체계라고 할 수 있다. 그리고 훈민정음이라는 글자가 창제된 후 그 중 초성이 17자였던 것이 당대에는 14자로 줄어들게 되었다는 그의 언급은 현실적인 초성 체계에 대한 인식 태도라고 할 수 있을 것이다.

이렇게 본다면 결국 훈민정음 예의의 초성 체계를 계승하고 있는 국어 의식의 학적 계보는 朴性源 – 洪啓禧 – 李德懋·徐命膺 – 琴榮澤 – 石帆으로 이어진다고 하겠다. 이들 중 朴性源 – 洪啓禧 – 李德懋·徐命膺는 18세기에 그들의 초성 의식을 밝힌 학자들이고 순조 20년(1820)에 82세로 생애를 마감한 琴榮澤과 石帆은 19세기에 그들의 초성 의식을 피력한 학자들이다. 그런데 박성원, 홍계희, 이덕무·서명응의 경우는 그들의 운서에서 華音을 무시한 것은 아니나, 東音을 표기하기 위한 체계로서도 16 초성 체계, 14 초성 체계, 15 초성 체계를 각각 제시했다는 점이 주목되고, 금영택과 석범의 경우는 운서가 아닌 문헌에서 14 초성 체계를 제시했다. 이것은 이들의 초성 의식이 좀더 현실적이었다는 점을 말해 주는 것이며 조선 후기라는 시대적 언어 환경을 반영하는 모습이라고 이해된다.

1.2.3 <訓民正音解例>의 초성자 체계 계승

우리는 이 장에서 훈민정음 해례의 23 초성 체계를 받아들여 그와 유사한 경향을 보인 연구자들로 鄭東愈, 鄭允容, 盧正燮, 權靖善 등을 들

수 있다. 이들은 각기 그들의 저서에서 먼저 훈민정음 초성 23자모 체계와 유사한 체계를 제시하고 있다. 먼저 이러한 태도와 관련해 이 시대에 가장 앞선 연구를 한 鄭東愈의 초성 체계 의식을 살펴보기로 하겠다.

① 鄭東愈의 초성 의식

정동유는 그의 저서 〈畫永編〉 권2에서 훈민정음과 관련된 그의 견해를 피력하였다. 그는 우선 초성과 관련하여 먼저 〈廣韻三十六字母圖〉를 제시하고 연이어 〈訓民正音二十三字母圖〉를 표로 보여 주었다.

訓民正音二十三字母圖

七音	牙音	舌音	脣音	齒音	喉音	半舌半齒
全清	ㄱ	ㄷ	ㅂ	ㅈ	ㆆ	
次清	ㅋ	ㅌ	ㅍ	ㅊ	ㅎ	
全濁	ㄲ	ㄸ	ㅃ	ㅉ	ㆅ	
不清不濁	ㆁ	ㄴ	ㅁ		ㅇ	ㄹ ㅿ
全清				ㅅ		
全濁				ㅆ		

정동유는 위의 표를 제시하면서 자모는 훈민정음과 같은 23개의 초성을 제시하고 있는데, 이러한 의식은 곧 훈민정음 해례의 초성 23자모 체계의 완벽한 계승이다. 이러한 체계는 현실 한자음과 더불어 중국 한자음에 대한 생각도 염두해 둔 것으로 판단된다. 다시 말하면 그는 중국의 36자모의 문제와 훈민정음 창제 당시 해례에서 언급한 23 초성 체계를 아울러 고민한 연구자이다. 이것은 훈민정음을 보편적이고 범언어적 입장에서 세계적으로 훌륭한 표음문자로 인식한 태도로 판단되며,

조선 전기 훈민정음 해례를 전재한 것은 그가 전탁자를 포함한 23 초성에 맞추겠다는 태도를 드러낸 것으로 이해할 수 있을 것이다. 결국은 초성 체계에 국한해 보면 그는 조선 전기의 역사적 전통성을 계승한 셈이 된다고 할 수 있겠다.

② 鄭允容의 초성 의식

鄭允容은 그의 저서『字類註釋』를 통하여 그의 초성 의식을 전개하고 있다. 이『字類註釋』은 책 제목에서 짐작할 수 있듯이 한자를 1만 8백여자로 분류하고 그 새김을 달아 놓은 문헌인데, 국어학사에서 주목을 받는 부분은 이 문헌의 부록 부분이다. 이 부록 부분에 '諺文反切' 항에서 그는 〈訓民正音字母圖二十三字〉를 제시하고 있다.

全濁	全清	不清 不濁	全濁	次清	全清	七音	五行	五音	
		ㆁ 仝疑 字母	ㄲ 仝郡 字母	ㅋ 仝溪 字母	ㄱ 仝見 字母	牙音	木	角音	訓民正音字母圖二十三字
		ㄴ 仝泥 字母	ㄸ 仝定 字母	ㅌ 仝透 字母	ㄷ 仝端 字母	舌音	火	徵音	
		ㅁ 仝明 字母	ㅃ 仝竝 字母	ㅍ 仝 字母	ㅂ 仝幫 字母	脣音	水	羽音	
ㅆ 仝邪 字母	ㅅ 仝心 字母		ㅉ 仝從 字母	ㅊ 仝清 字母	ㅈ 仝精 字母	齒音	金	商音	
		ㅇ 仝喩 字母	ㆅ 仝匣 字母	ㅎ 仝曉 字母	ㆆ 仝影 字母	喉音	土	宮音	
		ㄹ 仝來 字母				半舌音	半火	半徵音	
		ㅿ 仝日 字母				半齒音	半金	半商音	

이 〈訓民正音字母圖二十三字〉는 鄭東愈가 〈晝永編〉에서 제시하고 있는 〈訓民正音二十三字母圖〉와는 약간의 체제가 다르다. 정동유가 제시하고 있는 〈訓民正音二十三字母圖〉는 청탁과 七音을 기준으로 초성 23 자모의 문자 형태만을 보여주고 있는 반면에 鄭允容의 『字類註釋』의 〈訓民正音字母圖二十三字〉는 좀더 복잡하다. 위에서 볼 수 있듯이 이 체계는 청탁과 七音에 따른 분류에 덧붙여서 五音(角徵羽商宮)과 오행을 함께 제시하고 있다. 그리고 이 표는 초성 23 자모의 문자 형태뿐만이 아니라 각 자모의 해당 표음 한자를 '仝見字母, 仝溪字母…'등으로 드러내고 있다. 물론 이 표음 한자들은 훈민정음 해례나 예의에서 제시한 표음 한자와는 다르다는 점에서 정윤용만의 독특한 점을 읽을 수 있다. 정동유의 〈訓民正音二十三字母圖〉보다는 상대적으로 중국 운서를 참고한 흔적이 엿보인다. 그러나 정윤용의 〈訓民正音字母圖二十三字〉역시 훈민정음 해례 체계를 계승한 초성 체계라고 판단할 수 있겠다.

또한 정윤용의 『字類註釋』에서는 위의 〈訓民正音字母圖二十三字〉를 제시한 다음에 〈廣韻字母三十六字溫公類編字母二十三字圖〉라 하여 표를 제시하고 있는데 표 안에서 왼쪽에는 훈민정음 자모를, 오른쪽에는 자모의 중국 '本音'을 함께 노출하고 있다.

그리고 그 다음에 洪啓禧의 『三韻聲彙』에서 제시된 〈諺字初中終聲之圖〉와 거의 똑같은 표를 제시하고 있다28). 그런데 홍계희의 〈諺字初中終聲之圖〉과 유사한 표를 그의 저서에서 드러냈다고 해서 鄭允容의 초성 의식을 훈민정음 예의와 해례 체계(위의 〈訓民正音字母圖二十三〉 체계)를 동시에 수용한 의식이라고 보기는 어렵다. 왜냐하면, 앞에서

---

28) 洪啓禧의 <諺字初中終聲之圖>를 전재했다고는 하나, 실제로 <諺字初中終聲之圖>와는 약간 다르다. 예컨대, <諺字初中終聲之圖>에서는 'ㄱ君初聲役終聲'의 형식을 띠고 있으나, 『字類註釋』에 전재된 것을 보면 'ㄱ其初聲役終聲'으로 되어 있다. 이하의 나머지 初終聲通用八字의 자모도 마찬가지로 洪啓禧의 <諺字初中終聲之圖>와 완전히 같다고 할 수는 없다. 『字類註釋』의 형식도 崔世珍의 『訓蒙字會』의 <諺文字母>에서 그 영향을 받은 것으로 짐작된다.

훈민정음 예의와 해례 체계를 동시에 계승한 연구자들은 그들의 초성 의식을 바탕으로 직접적으로 훈민정음 예의와 해례의 초성 체계를 계승했다. 그러나 鄭允容의 초성 의식은 그들과는 차이가 난다. 鄭允容은 훈민정음 해례의 초성 체계를 받아들였기는 했지만, 한편으로는 洪啓禧의 〈諺字初中終聲之圖〉를 약간 변형하여 전재했기 때문이다. 변형하여 전재한 〈諺字初中終聲之圖〉 앞에 〈廣韻字母三十六字溫公類編字母二十三字圖〉를 보여주고 있는 것을 보면, 정윤용은 중국 운서(廣韻)와 조선의 운서(三韻聲彙)의 初聲 체계를 편의상 동시에 보여주기 위한 의도로 추측된다.

따라서 정윤용이 〈訓民正音字母圖二十三字〉를 통해 자신 나름의 독특한 체계로 초성 의식을 전개하고 있음을 볼 때, 그 역시 훈민정음 해례의 23자모 체계를 변형적으로 계승하여 초성을 인식한 연구자로 그를 평가해야 하며 훈민정음 예의의 변형적 체계인 14 초성 체계는 홍계희의 것으로 보는 것이 타당하다고 할 수 있다.

③ 盧正燮의 초성 의식

노정섭은 그의 『蓮谷集』의 〈廣見雜錄〉에서 그의 초성 의식을 드러내고 있다. 그는 『三韻聲彙』의 '初聲終聲通用八字, 初聲獨用八字'를 들고 있으나, 字母의 전체 숫자를 언급하는 과정에서 『廣韻』 36자, 『洪武正韻』 31자와 비교하여 훈민정음 23자를 제시하였다. 그 23자는 곧 훈민정음 해례의 체계를 말하는 것으로 그는 훈민정음 해례 체계를 계승하여 초성 의식을 전개한 연구자라고 할 수 있겠다.

1.2.4 독자적 경향의 초성자 의식

우리는 이 장에서 초성 체계의 인식과 관련하여 독자적인 경향을 보인 연구자들로 申景濬, 柳僖, 姜瑋 등을 들 수 있다. 이들은 각기 그들의 저서에서 먼저 훈민정음 예의의 17 초성 체계나 훈민정음 해례의 23 초성 체계에서 벗어나는 초성 체계에 대한 태도를 드러내고 있다. 먼저 이 문제와 관련하여 시대 상 가장 앞선 연구를 한 申景濬의 초성 체계에 대한 인식을 살펴보기로 하겠다.

① 申景濬의 초성 의식

신경준은 그의 저서 『訓民正音韻解』를29) 통해 초성에 대한 의식을 드러내고 있다. 이 『韻解』는 그 내용이 크게 세 부분으로 나누어진다. 그 첫째가 권두의 〈經世聲音數圖〉와 〈律呂唱和圖〉이고, 그 다음이 〈訓民正音圖解〉라고 일컬어지는 부분이며, 그 마지막은 〈韻圖〉에 해당하는 부분이다. 이 중에서 그의 초성 의식을 엿볼 수 있는 부분은 〈訓民正音圖解〉의 〈初聲解〉 부분이다.

金敏洙(1980)에서는 이 저서의 본질이 그가 교정한 한자음을 표기할 운도를 만들 목적으로 훈민정음을 확대하여 응용한 점에 있다고 밝히고 있다. 김석득(1983)에서는 이 『韻解』를 신경준의 독자적인 음운학적, 역학적인 연구의 성과로 보고 있다. 또한 역사적 맥락에서 15세기 〈訓民正音解例〉로부터 18세기 초 崔錫鼎의 〈經世訓民正音圖說〉에 이어진 조선조의 학맥을 다시 18세기 중엽으로 이어 주고 있는 업적으로 그것을 평가했다. 兪昌均(1995)에서는 신경준이 이 『韻解』를 통해 훈민정음이 經世聲音의 이론과 어떻게 연결되는가를 보려고 했다는 점에서 초점을 맞춰 이 저술의 집필 목적을 언급하고 있다. 이 글에서는 이러한 견해들을 수용하면서 그의 독자적인 초성 의식의 단면을 살펴보고자 한다.

〈訓民正音圖解〉의 〈初聲解〉 부분에서 그는 '字母分屬'이라는 항목을

---

29) 이 『韻解』는 당시에는 출간되지 못하고 손으로 쓴 사본으로 전하다가 1938년 朝鮮語學會에서 『訓民正音韻解』라는 단행본으로 간행되었다. 그래서 『韻解』를 世稱 『訓民正音韻解』라고도 부른다.

통해 다음과 같이 그의 초성 체계를 제시하였다.

宮	喉音		ㅇ 影	ㆆ 把	ㅎ 曉	ㆅ 匣	
角	牙音		ㆁ 疑	ㄱ 見	ㅋ 溪	ㄲ 群	
徵	舌音	舌頭音	ㄴ 泥	ㄷ 端	ㅌ 透	ㄸ 定	
		舌上音	ㄴ 孃	ㄷ 知	ㅌ 徹	ㄸ 澄	
商	齒音	齒頭音	ㅅ 審	ㅈ 照	ㅊ 穿	ㅆ 禪	ㅉ 牀
		正齒音	ㅅ 心	ㅈ 精	ㅊ 清	ㅆ 邪	ㅉ 從
羽	脣音	重脣音	ㅁ 明	ㅂ 幫	ㅍ 滂	ㅃ 竝	
		輕脣音	ㅱ 微	ㅸ	ㆄ 敷	[illegible] 奉	
變徵	半舌喉音		ㄹ 來				
變商	半齒喉音		ㅿ 日				

위의 내용을 보면 申景濬이 36 초성 체계를 제시한 것을 확인할 수 있다. 그런데 그는 〈初聲解〉 '字母分屬'에서 "故今依舊法備三十六母焉"이라는 표현을 통해 "지금 구법에 의거하여 36 자모를 갖추었다"고 하였다. 여기서 '舊法'이라고 하는 것은 짐작컨대 『廣韻』 36 자모를 가리키는 것으로 판단된다. 그렇다면 申景濬의 초성 체계는 중국의 운서인 『廣韻』의 체계를 따른 것으로 이해될 수밖에 없다. 그러나 여기서 우리는 『廣韻』의 聲母에 주음을 표기하는 수단으로 훈민정음을 '天下의 聲音大典'이라고 그가 언급한 점, 그리고 세종 때 따로 설정하지 않았던 舌上音을 舌頭音에서 구별하고자 '知徹澄孃'의 네 한자음에 대한 '聲母'로서의 한글 자모를 새롭게 만들어 설정한 점에 대하여 그 독창성을 인정하지 않을 수 없다. 이것이 바로 신경준이 독자적인 초성 체계를 의식한 점이라고 할 수 있겠다.

다만 김석득(1983)에서 제기하였듯이 '知徹澄孃'의 네 한자음이 우리나라 서북인과 서울에 거주하는 반촌인이 혹시 사용한다 하여 36 자모를 구법에 의거하여 갖추었다는 申景濬의 언급은 방언이나 개인적인 변이음을 음소로 잘못 인식하고자 했던 점에서 부적절한 그의 음소관일 수 있다. 그러나 일반론적으로 혹은 범언어적으로 훈민정음 초성 체계를 인식한다는 것은 음소론적 관점과 함께 문자론적 관점이 있을 수 있다는 것이 필자의 생각이다. 왜냐하면 위에서 언급한 바와 같이 '天下聲音大典'으로서 훈민정음 체계가 평가될 수 있기 때문이다.

따라서 문자론적 관점에서 바라본다면 우리의 한자음에 국한 것이 아니라 중국의 한자음도 고려한 것이므로 그의 36 초성 체계는 그 의의가 있다고 볼 수 있다. 그리고 그것은 훈민정음이라는 문자 체계에 대한 신경준만의 독자적인 의식이라는 점에서 존중될 필요가 있다.

또한 신경준이 분명히 『廣韻』의 36 자모의 체계를 따랐다고는 하나, 위에서 볼 수 있듯이 『廣韻』 36 자모도에서는 확인할 수 없는 내용이 그의 체계에서 존재하는 점에서 그의 독자적 인식 태도를 인정하지 않을 수 없다. 즉 『廣韻』에서는 半舌, 半齒라는 표현은 있어도 ㄹ, △과 관련하여 '半舌而兼喉, 半齒而兼喉'라는 표현은 없다. 이러한 점이 그가 초성 자모의 조음 위치와 관련하여 그가 지녔던 독특한 의식으로 평가할 만하다. 물론 이 부분은 문자론적 차원이라기 보다는 음성학적 차원에서 언급될 성질의 것이기 때문이기는 하나 그러한 바탕 아래에서 새로운 초성 체계를 성립시켰다는 점을 간과할 수는 없는 것이다.

요컨대 신경준의 초성 의식은 훈민정음 예의의 17 초성 체계나 훈민정음 해례의 23 초성 체계와는 다르다. 그 36 초성 체계는 천하의 성음을 모두 주음할 수 있는 훈민정음의 표음적 성질을 문자론적 영역에서 제시한 것이었다. 그리고 그것은 전적으로 동음의 차원에서 보면 현실음을 반영한 것이 아닌 보편적이고 이론적인 체계임을 추측해 볼 수 있을 것이다. 다만 그의 36 초성 체계는 신경준만의 독자적 체계라는 점에서 전장에서 언급된 여러 다른 초성 의식과 변별되는 특징이 있다.

② 柳僖의 초성 의식

유희 역시 申景濬과 더불어 독자적인 초성에 대한 의식을 보여주는 대표적인 조선 후기의 국어 연구자이다. 그는 그의 저서 『諺文志』를 통하여 그의 초성 체계를 제시하고 있다. 우선 그는 『諺文志』의 〈初聲例〉에서 〈廣韻三十六字母〉, 〈集韻三十六字母〉, 〈韻會三十五字母〉, 〈洪武正韻三十一字母〉, 〈訓民正音十五初聲〉, 〈正音通釋十七初聲〉을 제시하고 끝으로 자신의 〈柳氏校定初聲二十五母〉를 설정하여 제시하였다. 아래의 표를 보도록 하자.

柳氏校定初聲二十五母

	角	徵	羽	商	宮	變徵	變宮
	牙	舌	脣	齒	喉		
全淸	見 ㄱ	端 ㄷ	幫 ㅂ	精 ㅈ			
次淸	溪 ㅋ	透 ㅌ	滂 ㅍ	淸 ㅊ			
全濁	羣 ㄲ	定 ㄸ	並 ㅃ	從 ㅉ			
不濁	魚 ㆁ	泥 ㄴ	明 ㅁ	日 △	喩 ㅇ	來 ㄹ	影 ㆆ
次全淸			匪 ㅸ	心 ㅅ	曉 ㅎ		
次全濁			俸 ㅹ	邪 ㅆ	匣 ㆅ		

위의 표를 보면 우리는 그의 초성 체계가 외형상 기존의 훈민정음 해례 23 초성 체계에 ㅸ, ㅹ를 추가한 체계로 파악할 수 있다. 즉 유희에 따르면 그가 설정한 이 체계는 그의 스승인 鄭東愈의 견해를 바탕으로 설두/설상, 순중/순경, 치두/정치의 구별을 없애고[30] 여기에 『廣韻』의 순경음에 해당하는 소리 '非, 奉의 聲母와는 다른 吹脣音 ㅸ, ㅹ을[31] 합한 초성 체계을 제시한 것이다. 이 체계는 이런 점에서 유희의

---

30) 鄭東愈의 견해에 따르면 설두/설上, 순중/순경, 치두/정치로 갈라지는 것은 거이 중성(ㅏㅘㅓㅝㅗㅜ·)과 안이 중성(ㅑㅙㅕㅖㅛㅠㅣ)과의 배합 때문인 것으로 보고 있다. 따라서 설두/설상, 순중/순경, 치두/정치의 차이는 미세한 차이기 때문에 그 차이를 구별할 필요가 없음을 주장했다.

독자적인 초성 체계라고 할 수 있다.

그리고 이 25 초성 체계를 청탁에 의해 분류한 내용을 위의 표에서 살펴보면 그 분류가 훈민정음 해례에서 분류한 23 초성 체계와는 다른 점을 알 수 있다. 우선 柳僖는 훈민정음 해례의 전청에 해당하는 ㅅ과 ㆆ을 각각 次全淸 및 不濁의 자질로 분류하고 있다. 그리고 훈민정음 해례에서 차청에 속하는 ㅎ을 次全淸으로 분류하였고, 전탁에 속하는 ㅆ과 ㆅ을 次全濁에 위치해 놓고 있다. 또한 불청불탁을 없애고 그 자리를 不濁으로 대체하였으며, 次全淸과 次全濁에 그가 초성 체계에 새로이 추가한 ㅸ, ㅹ을 각각 분류해 놓았다. 따라서 청탁에 따른 그의 자질 분류는 훈민정음 해례의 네 부류에서 여섯 부류로 증가하게 되었다.

여기서 그가 설두/설상, 순중/순경, 치두/정치의 구별은 없애면서 굳지 ㅸ, ㅹ을 초성 체계에 넣은 이유는 무엇일까? 그는 자기의 교정음에서 나온 ㅸ, ㅹ를 순경음으로 보지 않고 吹脣音으로 보기 때문이라고 하였다. 그래서 『廣韻』의 非(ㅸ), 奉(ㅹ)의 聲母와는 다른 ㅸ(匪), ㅹ(俸)을 次全淸과 次全濁에 배치하였다는 것이다. 곧 독립적인 초성의 한 자모로 인정하고 있는 셈이다[32]. 그러나 초성 체계에서 ㅸ, ㅹ을 새로이 설정한 것은 현실적이지 못한 것이었다. 그러나 그 체계는 다른 시각에서 보면 이상적인 초성 체계를 수립하려는 독자적인 의도라고 볼 수밖에 없다.[33]

---

31) 이 吹脣音은 글자 그대로 번역하면 입술을 불어서 내는 소리에 해당하는 것으로 그가 교정한 음이라고 밝히고 있다. 즉 ㅸ을 匪母, ㅹ을 俸母라고 보고 있으며 전자를 次全淸에, 후자를 次全濁에 배치하고 있다.

32) 兪昌均(1995)에서는 이 두 吹脣音을 현대 음성학의 脣齒摩擦音 [f]로 보고 있음이 자명하다고 하였다.

33) 김병제(1984)에서는 柳僖의 이러한 견해를 "한자음을 적는데 필요한 자모를 론하기 위한 것이 아니라 우리말 말소리를 적기 위한 것인만큼 응당한 일이다"고 하였다. 그러나 과연 유희가 한자음을 적기 위한 것이 아니라 진정으로 우리말 말소리를 적기 위해 설두/설상, 순중/순경, 치두/정치의 구별은 없애면서 ㅸ, ㅹ을 독립된 초성 체계에 삽입했는지는 의문이다. 오히려 조선 전기의 『東國正韻』의 이상적 교

그러나 柳僖는 그러한 이상적인 초성 체계에 대한 의식만을 가지고 있었던 사람은 아니었다. 자기의 〈柳氏校定初聲二十五字母〉를 설정하기 이전에 우선 〈訓民正音十五初聲〉에서는 다음과 같이 초성 체계에 대한 현실적 의식을 보여주고 있다.

訓民正音十五初聲

ㄱ其 ㄴ尼 ㄷ池 ㄹ梨 ㅁ尾 ㅂ非 ㅅ時 ㅇ異
ㅋ箕之俚釋 ㅌ治 ㅍ皮 ㅈ之 ㅊ齒 ㆆ屎 ㅸ別有吹脣
訓民不製全濁之形 使加旁邊於全淸 其理與雙形同 而爲字簡捷 然因以致字
音全廢濁聲也 旁邊說見下

우리는 위의 사실을 보면서 현실적이라고 할 만한 그의 초성 의식의 일면을 읽을 수 있다. 훈민정음 예의의 초성 17 자모에서 현실적으로 쓰이지 않는 ㆁ, ㆆ, ㅿ를 빼고 여기에 ㅸ을 추가한 15 초성 체계를 보여주고 있다. 이 체계는 1.2.2에서 제시한 朴性源 – 洪啓禧 – 李德懋·徐命膺 – 琴榮澤으로 이어지는 훈민정음 예의 체계의 변형적 계승과 흡사하다. 다만 柳僖는 특별히 ㅸ이라는 자모를 '別有吹脣'이라고 하여 덧붙이고 있다는 점이 이전의 연구자들과는 구별된다. 그가 ㅸ을 吹脣이라고 고집하면서까지 현실적인 초성 체계에 삽입하려고 했던 점은 무엇일까? 그것은 아마도 유희는 ㅸ이 현실 언어 생활에서 실제 쓰이고 있다는 확신을 했거나 스스로 교정하고자 했던 초성 체계을 확립하기 위해서 이론적으로 설정했을 것으로 추측된다. 이러한 입장에서 본다면

정 한자음과 같은 시도를 그가 마치 하려고 했다는 의도로 파악하는 것이 더 타당할 듯하다.

그가 교정한 〈柳氏校定初聲二十五字母〉에서도 'ᄫ'과 'ᄬ;을 吹脣音으로
취급하여 독자적인 25 초성 체계를 수립하게 된 것이 설득력을 지닐 수
있는 가능성으로 추론될 수 있겠다.

　요컨대, 〈柳氏校定初聲二十五字母〉가 華音 표기이거나 이상적 체계
의 수립을 위한 초성 체계라고 한다면,34) 〈訓民正音十五初聲〉은 훈민
정음 예의의 변형된 초성 체계에 吹脣音 ᄫ을 보탬으로써 독자적인 그
의 초성 의식이 반영된 현실적인 초성 체계라고 할 수 있겠다.

　③ 姜瑋의 초성 의식

　강위는 그의 저서 〈東文字母分解〉에서 그의 초성 의식을 밝혔다. 그
런데 이 〈東文字母分解〉는 그 원본이 전하지 않으며 전하는 것은 이본
두 종류에 불과하다35). 이 두 종류의 이본 중 金允經(1938)에서 그 본
문이 소개되어 강위의 초성 의식을 엿볼 수 있는데 그의 초성 의식은 그
본문의 〈東文三十五字母分解〉와 〈東文三十七字母分解〉에서 드러난다.
이렇게 내용이 〈三十五字母分解〉와 〈三十七字母分解〉로 양분되는 것은
〈三十五字母分解〉가 자모 'ㅈ, ㅊ'이 빠진 체계이고, 〈三十七字母分解〉
는 자모 'ㅈ, ㅊ'이 포함된 체계이기 때문이다.

　이 문제와 관련하여 金允經(1938)에서는 "여러 사람의 傳寫에 크게
잘못됨이 있음인지는 모르되, 體系가 漠然하고 重複됨도 있는 同時에
漏落됨도 있어 보입니다. 처음에는 初聲에서 ㅈㅉㅊ을 除하였다가 나중
에는 ㅈㅊ을 添加하였으나, ㅉ은 여전히 除外함이 무슨 이유인지 未詳
합니다."고 하였다.

---

34) 金敏洙(1980). p174 참조할 것.
35) 姜瑋가 지은 <東文字母分解>의 이본 두 종류는 金允經(1938)에 전재된 것과 國
　　文硏究所(1907, 李能和가 본문 登載)이다. 이에 대한 본격적이고 주목할 만한 논문
　　은 金敏洙(1981), 金敏洙(1987)이다. 이 두 논문에서는 그 이본의 문제 및 그 내용
　　의 국어학사적 의의 등에 대하여 상세히 언급하고 있다.

그러나 金敏洙(1981, 1987)에서는 구개음화와 관련하여 사투리로서는 35자모에 불과하기 때문에, 그 〈三十五字母分解〉는 당시의 일반적인 현실음을 분석한 것이며, 〈三十七字母分解〉는 그러한 사투리를 고치기 위해서 그 나름의 擬定으로 제시한 방안이라고 믿어진다고 하였다. 따라서 이 글에서는 姜瑋의 진정한 초성 의식을 후자로 보고자 한다.

이 37자모는 초성 뿐만이 아니라 중성, 종성까지도 포함한 자모이다, 그는 이 37자모 중에서 18 초성의 자모 체계를 제시하였다. 다음의 〈東文三十七字母分解〉에 드러난 그의 초성 체계를 보도록 하자.

初聲十八

ㅇ ㅇ ㆅㅎ ㄱㄱ ㄲㄲ ㅋㅋ ㅅㅅ ㅆㅆ ㅈㅈ ㅊㅊ
ㄴㄴ ㄷㄷ ㄸㄸ ㅌㅌ ㄹㄹ ㅁㅁ ㅂㅂ ㅍㅍ

위의 내용에서 알 수 있듯이 강위는 18 초성 체계를 제시하였는데, 이 체계는 훈민정음 예의의 17 초성 체계도 아니요, 그렇다고 훈민정음 해례의 23 초성 체계도 아니다. 그렇다고 예의 및 해례 각각의 초성 체계의 변형된 체계라고 보기도 어렵다. 굳이 훈민정음 해례의 23 초성 체계를 기준으로 따져 본다면 이 초성 체계는 일단 강위가 살았던 19세기에 쓰이지 않은 전탁자 ㆅ과 'ㅿ, ㆆ, ㅇ'이 빠져 있는 체계이다. 그렇다면, 19 초성이 되어야 하는데 18 초성이 된 이유는 전탁자 'ㅉ'도 함께 누락되었기 때문이다. 그런데 모든 전탁자가 문자 의식에서 빠진 것은 이전에 존재했어도 이 'ㅉ'만이 빠지고 나머지 전탁자가 초성 체계에 속한 경우는 없었다. 따라서 강위의 초성 체계는 전탁자가 모조리 빠진 훈민정음 예의 17 초성 체계나 그 변형된 체계도 아니며, 전탁자가 모두 들어간 훈민정음 해례의 23 초성 체계나 그 변형된 체계도 아님을 알 수 있다. 姜瑋의 이 18 초성 체계가 23 초성 체계의 변형된 체계가 되려면, 단순히 'ㆅ'만 누락되었어야 그 설득력을 지닐 수 있다. 강위가 왜 하필 'ㅉ'만을 그의 초성 체계에서 뺐는지에 대한 판단은 그 원본만을 가지고는 판단 내리기 어렵다.

金敏洙(1981, 1987)에서는 이 18 초성 체계에 대하여 柳僖의 25 초성 체계와의 비교를 통해 그 해석을 내리고 있다. 그 비교의 근거는 비록 그 대상이 다르지만 '校定'과 '擬定'이라는 점에 주목하여 강위의 '擬定'이 훨씬 더 실질적인 것임을 알 수 있다고 하였다. 또한 유희의 교정 초성 체계는 그가 이상으로 생각한 한자음 표기를 위한 자모를 설정한 것이나, 후자는 그가 생각한 국어 표기를 위한 자모를 가정한 것이라고 하였다. 이러한 해석은 강위의 초성 체계가 보다 근대적 지향을 하고 있음을 보여주는 점일 것이다.

따라서 그러한 해석은 그 타당성을 지닌다고 할 수 있겠지만 필자는 이 글에서 유희의 '校定'과 아울러 강위의 '擬定'이라는 점에 주목하여 姜瑋의 초성 체계가 훈민정음 예의나 해례 체계를 계승한 체계가 아니라 그의 독창적 체계라는 데 그 국어학적 의의를 더 두고 싶다. 단순히 이전의 특정한 체계-훈민정음 예의나 해례 체계를 답습하거나 계승하는 차원을 넘어서 강위가 직접 擬定하여 자신의 초성 의식을 표출했다는 점은 그 자체가 독창적이다. 곧 18세기 중반의 申景濬과 19세기 초반의 유희, 그리고 19세기 중후반의 강위로 이어지는 독자적인 경향의 초성 체계의 연속이라는 국어학사적 의의를 제공하는 데 일조한 면이 있기 때문이다.

다만 독자적인 초성 체계에 대한 의식의 흐름도 앞 장에서와 같이 조선 후기 연구자들의 초성 체계에 대한 의식의 한 양상으로 이어지고는 있으나, 申景濬- 柳僖- 姜瑋의 흐름에서 독자적인 초성 체계의 상호 유사점을 발견하기 어려운 점이 이 셋을 한데 묶는 데 한계라면 한계일 것이다.

이상으로 우리는 조선 후기 연구자들의 훈민정음 초성에 대한 의식을 살펴보았다. 여러 학자들 모두 훈민정음의 초성에 대하여 다양한 의식을 전개하고 있음을 알 수 있었다. 이들이 그러한 훈민정음 초성에 대한 의식은 다음과 같이 정리될 수 있겠다.

크게 조선 후기의 초성 의식은 네 가지 경향으로 나눌 수 있다. 훈민정음 예의와 해례의 초성 체계가 근본적으로 다른 체계는 아니다. 해례의 체계는 예의의 체계에 그 전탁자를 포함한 체계이기 때문이다. 그러나 조선 후기의 연구자들이 그들의 문헌에서 문자 의식상 어느 것에 더 초점을 두었는가 하는 점은 조선 후기의 초성 의식을 나누는 기준이 될 수 있다. 우선 그 첫째가 한 문헌에서 훈민정음 예의와 해례의 초성 체계를 모두 받아들인 경향이다. 두 번째는 훈민정음 예의의 17자 초성 체계를 받아들인 경향이고, 세 번째는 훈민정음 해례의 23자 초성 체계를 받아들인 경향이다. 그리고 마지막으로는 독자적으로 초성 의식을 전개한 경향이다.

훈민정음 예의와 해례의 초성 체계를 모두 계승한 연구자는 崔錫鼎, 李思質, 黃胤錫, 朴慶家 등이다. 최석정은 〈十七聲分配三聲圖〉에서 17자 초성 의식을, 그리고 〈聲分淸濁圖〉에서는 23자 초성 의식을 전개하고 있다. 그리고 이사질은 그의 저서 『訓音宗編』의 第六 〈御製訓民正音全書〉의 〈初聲解〉에서는 17자 초성 의식을, 第七 〈五音淸濁辨〉에서는 23자 초성 의식을 제시하였다. 또한 황윤석의 경우는 〈字母辨〉에서 東音에는 속용 14자면 된다고 하여 14자 초성 의식을, 〈韻學本源〉에서는 〈世宗大王訓民正音本文字母〉라 하여 27자 초성 의식을 전개하고 있다. 14자의 경우는 예의의 17자에서 'ㅇ, ㆆ, ㅿ'이 빠져 변형된 초성의 수이며, 27자의 경우는 해례의 23자에 'ㅸ, ㅱ, ㅹ, ㆄ'이 포함된 초성의 수이다. 마지막으로 朴慶家는 예의의 변형된 형태로 16자 초성 의식을, 해례의 변형된 형태로 23자 초성 의식을 드러내고 있다. 전자의 경우는 'ㅿ'이 빠져 있으며, 후자의 경우는 'ㅿ'이 빠지고 대신에 'ㆅ'이 초성에 속해 있어서 숫자 상으로는 해례와 일치하지만 실질적으로 변형된 초성 의식의 양상이었다.

훈민정음 예의의 초성 체계만을 계승한 연구자들은 朴性源, 洪啓禧, 琴榮澤, 石帆 등이다. 박성원은 〈五音初聲圖〉에서 17자 초성 의식을 전개하였으며, 〈諺文初中終三聲辨〉에서는 16자 초성 의식을 드러냈다. 전자의 17자는 예의의 'ㆆ'이 없는 대신에 그가 고안한 '◇'이 추가된 것이고, 후자의 16자는 'ㆆ, ◇'이 모두 없는 의식의 결과였다. 홍계희는 〈諺字初中終聲之圖〉에서 14 초성 의식을 드러냈다. 그것은 문자상 'ㅇ, ㆆ, ㅿ' 세 자가 없어진 것으로 예의가 변형된 틀이었다. 또한 금영택의 경우는 〈諺文字音起例〉에서 朴性源의 초성 의식을 계승하고 있다. 다만 그 표현의 양상이 약간 다를 뿐이었다. 석범의 경우는 그 스스로 정음자의 변천에 대하여 언급하면서 14자만을 초성으로 의식했다. 이 역시 예의의 초성 체계를 현실적이면서도 변형적으로 계승한 것으로 이해된다.

훈민정음 해례의 체계만을 계승한 연구자들은 鄭東愈, 鄭允容, 盧正爕 등이다. 정동유의 경우 〈訓民正音二十三字母圖〉에서 훈민정음 해례의 23자 초성 체계를 그대로 계승하고 있다. 정윤용은 〈訓民正音字母圖二十三字〉라 하여 역시 훈민정음 해례의 23 초성 체계를 이어받고 있다. 다만 그 자모도의 형태가 정동유의 자모도 및 해례와는 확연히 다르다는 점이 이채롭다. 노정섭 역시 앞의 두 연구자와 마찬가지로 23 초성자를 제시하고 있다.

마지막으로 독자적인 경향의 초성 의식을 전개한 연구들은 申景濬, 柳僖, 姜瑋 등이다. 신경준의 경우는 『韻解』의 〈訓民正音圖解〉의 〈初聲解〉'字母分屬'에서 36자 초성 의식을 전개하고 있다. 이는 설음과 치음 계열의 문자를 각각 설두음, 설상음, 치두음, 정치음으로 세분하여『廣韻』36 자모 체계와 의도적으로 맞춘 것으로 이해된다. 柳僖의 경우는 〈柳氏校定初聲二十五母〉라 하여 훈민정음 해례에 'ㅸ, ㅹ'을 추가한 초성 의식을 드러냈다. 그리고 그는 청탁에 따른 자질 분류도 네 가지가 아닌 여섯 가지로 제시하였다. 마지막으로 姜瑋도 역시 독자적인 초성 의식을 전개하였는데 그는 초성을 18자로 의식하였다. 이것은 17자 초성 체계도 23자 초성 체계도 아닌 'ㅉ, ㆅ, ㅿ, ㆆ, ㅇ'이 빠진 것으로 소위 강위의 '擬定'에 의한 체계라는 점에서 특이한 초성 의식으로 볼 수 있다.

이렇게 조선 후기의 연구자들은 문자론의 입장에서 보면 다양한 초성 의식의 양상을 드러냈다. 이러한 초성 의식은 이 글에서 물론 음운사적인 차원에서 논의될 성질의 것이 아니다. 다만 조선 전기에 훈민정음 창제 당시에 제시된 17 초성 체계 및 23 초성 체계가 문헌의 성격, 문자의 소실 등과 맞물려 연구자들에게 다양한 초성 의식으로 전개되었다는 사실은 분명한 것이었다. 그것은 연구자들이 훈민정음이라는 문자의 초성을 받아들이는 관점의 차이라는 점에서 조선 후기 문자 의식사의 한 양상으로 이해될 수 있을 것이다.

2 훈민정음 중성자에 대한 의식

2.1 조선 전기의 중성자 의식

2.1.1 〈訓民正音例義〉의 중성자 체계

『訓民正音』에서는 예의 부분과 해례 부분을(制字解, 中聲解) 통해서 중성에 대한 의식을 보여 주고 있다. 이 중성 체계에 대한 의식은 앞장에서 살펴본 초성 체계에 대한 예의 부분과 해례의 차이와는 다른 양상을 띤다. 예의 부분과 해례 〈制字解〉에 드러나는 중성 체계는 같으며 오히려 예의 및 해례 〈制字解〉와 해례 〈中聲解〉와는 중성에 대한 서로 다른 의식을 보여 준다. 이 장에서는 먼저 예의에 나타나는 중성에 대하여 보도록 하자.

예의 부분에서는 신문자 28자 중 중성에 해당하는 모음 11자의 문자 형태와 그것이 어떤 표음 한자에 쓰이는지를 예시하고 있다.

ㆍ 如呑字中聲	ㅡ 如卽字中聲
ㅣ 如侵字中聲	ㅗ 如洪字中聲
ㅏ 如覃字中聲	ㅜ 如君字中聲
ㅓ 如業字中聲	ㅛ 如欲字中聲
ㅑ 如穰字中聲	ㅠ 如戌字中聲
ㅕ 如彆字中聲	

주지하다시피 이 11자는 당시의 단모음 체계가 아니다. 당시의 단모음은 7모음 체계로 가정되는데 이 체계에 이중모음에 해당하는 재출자로서 'ㅑ, ㅕ, ㅛ, ㅠ' 넉 자가 추가되어 이루어진 11 중성이 그 체계로 자리잡았다. 해례 〈制字解〉에서는 이 넉 자 'ㅑ, ㅕ, ㅛ, ㅠ'를 '起於ㅣ'라36) 하여 해례의 〈中聲解〉에서 등장하는 나머지 이중모음과는 구별

---

36) ㅛ與ㅗ同而於ㅣ ㅑ與ㅏ同而於ㅣ ㅠ與ㅜ同而於ㅣ ㅕ與ㅓ同而於ㅣ

을 하고자 하였다. 즉 해례의 〈中聲解〉에 등장하는 이중모음은 '二字合用'이라고 하여 위의 'ㅑ, ㅕ, ㅛ, ㅠ'와는 성격이 약간 다르다. 그렇다면 '起於ㅣ'에서 알 수 있듯이 'ㅑ, ㅕ, ㅛ, ㅠ'는 'ㅣ'에서 시작하는 점이 'ㅏ, ㅓ, ㅗ, ㅜ'와는 다를 뿐 같은 계열의 문자라는 것이다. 그것은 아마도 'ㅑ, ㅕ, ㅛ, ㅠ'이 비록 단모음은 아닐 수는 있어도 'ㅑ, ㅕ, ㅛ, ㅠ'를 다른 단모음 7개와 마찬가지로 문자상으로는 하나의 문자로 인정하게 된 것은 아닌가 한다. 실제로 해례에서 'ㅑ, ㅕ, ㅛ, ㅠ'를 나머지 단모음 7자와 마찬가지로 '一字中聲'이라고 부르고 있다는 점에 주목할 필요가 있다.

이런 점을 고려한다면 예의 부분의 중성 체계는 '我殿下創制正音二十八字略揭例義以示之'라는 鄭麟趾 서문의 언급에 비추어 볼 때, 『訓民正音』이든 국역본 『셰종엉졩훈민졍흠』이든지 11자에 한정된다고 볼 수 있다.

2.1.2 〈訓民正音解例〉의 중성자 체계

훈민정음 해례의 〈中聲解〉에서는 예의 부분 및 해례 〈制字解〉의 11 중성 체계와는 그 양상을 달리하고 있다는 점에 주목해야 할 필요가 있다. 훈민정음 해례의 중성 체계는 〈制字解〉와 〈初聲解〉라는 두 부분을 동시에 고려하여 언급되어야 할 필요가 있다.

먼저 〈制字解〉에서는 예의 부분과 마찬가지로 11자만을 중성의 체계로 제시하고 있다. 그러나 이 부분은 중성이 어떻게 만들어졌는지를 보여주는 제자 원리로서의 상형 의식이다[37]. 따라서 〈制字解〉에서 보여주는 이 체계는 중성의 진정한 체계라고 보기는 어렵다. 초성 체계와 관련해서 〈制字解〉에서는 17 초성 체계를 제자 원리로서의 상형 의식으

---

[37] 이 부분은 '훈민정음 제자 원리로서의 상형 의식'이라는 주제로 조선 후기의 상形 의식과 관련하여 이미 2부 5장에서 논의하였다.

로, 23 초성 체계를 성음의 청탁으로 분류한 바 있다[38].

반면에 해례의 〈中聲解〉를 보면 'ㅑ, ㅕ, ㅛ, ㅠ'를 제외한 나머지 이중모음에 대하여 자세하게 살피고 있다. 그리하여 여기서는 중성 체계를 예의의 11자에 二字合用에 해당하는 넉 자 'ㅘ, ㅘ, ㅝ, ㅝ'와 '一字中聲之與ㅣ相合字十'의 10자 '·ㅣ, ㅢ, ㅚ, ㅐ, ㅟ, ㅔ, ㅚ, ㅒ, ㅟ, ㅖ'와 '二字中聲之與ㅣ相合字四'의 넉 자 'ㅙ, ㅞ, ㅙ, ㅞ'를 합쳐 29 중성 체계로 보고 있는 것이다.

그렇다면 우리는 훈민정음의 해례에서 중성 체계에 대한 다른 의식을 엿볼 수 있다. 즉 〈制字解〉에서는 11자만을 중성 체계로 인식하고 있는 반면에 〈中聲解〉에서는 최대로 가능하고 이상적인 중성 체계를 보여 주고 있다. 그렇다면 해례의 중성 체계로 과연 〈制字解〉의 11 중성 체계를 진정한 중성 체계로 보아야 하는가 아니면 〈中聲解〉의 29 중성 체계를 진정한 중성 체계로 보아야 하는가? 일단 해례에서 〈制字解〉와 〈中聲解〉를 놓고 중성 체계를 판단할 때는 〈中聲解〉에 더 비중을 두어야 한다. 〈制字解〉의 중성 체계는 예의를 그대로 따른 것으로 이해되기 때문이다.

그렇다면 중성의 체계도 초성의 이분법적 체계-예의의 17 자모 체계, 해례의 23 자모 체계와 마찬가지로 예의에서 중성 체계는 최소한의 중성의 문자 형태를 보여주는 11 중성 체계이며, 해례에서 중성 체계는 중성으로서 가능한 문자 형태를 모두 드러내는 29 중성 체계라고 할 수 있겠다. 그러나 예의와 해례에서 드러나는 중성 체계의 이분법적 의식이 결코 서로 모순된다고 보지는 않는다. 전자의 체계가 최소한의 중성 문자, 즉 '一字' 체계라면 후자의 체계는 이것을 바탕으로 하여 결합된 '二字' 체계를 포괄한 이상적인 문자 체계라고 판단할 수 있기 때문이다.

그런데 이러한 체계들은 후기 국어 연구에서도 여실히 드러나게 되

---

38) 1.1.2 훈민정음해례 부분의 초성 체계를 참고하라.

고 한편으로는 그 중성 체계의 양상이 좀더 다양해지는 결과를 낳는다.
이 점에 주목하여 실제로 조선 후기의 연구자들이 각각의 문헌에서 의
식하고 있는 중성 체계는 어떠한 것인지 살펴보기로 하겠다.

2.2 조선 후기의 중성자 의식

조선 후기 국어 연구에서는 크게 중성 체계에 대한 의식의 양상이
네 경향으로 나뉜다. 귀납적으로 분석한 결과 우선 조선 전기 훈민정음
중성 체계의 두 양상, 즉 예의 부분의 11 중성 체계와 해례 부분의 29
중성 체계가 계승되고 변형된 의식이 엿보인다. 그리고 보편적이고 이
상적인 경향의 중성 체계와 독자적 경향의 중성 체계의 의식이 아울러
나타난다. 그러면 조선 후기의 중성에 대한 제 의식을 차례로 살펴보기
로 하겠다.

2.2.1 『訓民正音』 예의와 해례의 중성자 체계 계승

① 崔錫鼎의 중성 의식

최석정은 그의 저서 『經世正韻』에서 훈민정음에 대한 그 나름의 연
구 성과를 남겼다. 초성에 대한 그의 태도는 앞장에서 이미 살펴보았고,
이 문헌에서 그는 먼저 중성과 관련하여 아래와 같은 〈十一音取象八卦
圖〉라는 표와 그 설명을 제시하였다.

<table>
<tr><td>ㅏ 阿 太陽</td><td></td></tr>
<tr><td>ㅑ 也 太陰</td><td>ㅡ 應動</td></tr>
<tr><td>ㅓ 於 少陽</td><td></td></tr>
<tr><td>ㅕ 與 少陰</td><td></td></tr>
<tr><td></td><td>· 兒─動─靜之間</td></tr>
<tr><td>ㅗ 烏 少剛</td><td></td></tr>
<tr><td>ㅛ 要 少柔</td><td>ㅣ 伊動</td></tr>
<tr><td>ㅜ 于 太剛</td><td></td></tr>
<tr><td>ㅠ 由 太柔</td><td></td></tr>
</table>

　　이 표를 보면 알 수 있듯이 崔錫鼎은 훈민정음 예의의 11 중성 체계를 그대로 따르고 있음을 확인할 수 있다. 그런데 훈민정음 예의와 그 내용 상 다른 점은 중성의 원리를 귀납하는 데 있어서 해례와는 반대로 먼저 8 중성을 제시하고, 그 다음에 2 중성, 그리고 마지막에 ㆍ를 이끌어 내고 있다. 그런데 8 중성은 각각 八卦에 대응되며, 이 八卦의 8 중성은 四象에 해당하는 'ㅏ, ㅓ, ㅗ, ㅜ'에 각각 'ㅡ, ㅣ'가 결합하여 이루어진 것으로 보고 있다. 즉 ㅡ+ㅏ=ㅏ, ㅣ+ㅏ=ㅑ, … 등과 같이 결합하여 형성되는 것으로 파악했다. 그런데 여기서 주목할 것은 'ㅣ'가 四象과 결합하면 'ㅑ, ㅕ, ㅛ, ㅠ'로 나타나지만, 'ㅡ'라는 中聲은 四象과 결합하면 생략되어 그대로 'ㅏ, ㅓ, ㅗ, ㅜ'가 드러나 八卦가 형성된다는 것이다.

　　그리고 八卦 중 양에 대응되는 것은 모두 'ㅡ'와 연결되고, 음에 대응되는 것은 모두 'ㅣ'에 대응된다. 이것은 곧 'ㅡ'가 양을, 'ㅣ'가 음을 나타내는 것으로 각각에 연결된 八卦가 음양으로 나뉘어 있음을 알 수 있다. 그것들은 바로 현대의 양성 모음과 음성 모음에 해당한다. 그리고 'ㅡ'와 'ㅣ'의 중간에 위치한 'ㆍ'는　양도 음도 아닌 중성으로 양의 자질-動과

음의 자질-靜을 함께 공유하고 있다.

이 체계는 중성의 수에 있어서 훈민정음 예의의 11 중성과 비교했을 때 전혀 어긋남도 없기 때문에 그 체계를 계승한 것으로 볼 수 있다. 그러나 이러한 최석정의 11 중성은 위에서 볼 수 있듯이 훈민정음 예의의 11 중성 체계에서 보여주지 못한 그만의 독특한 해석과 원리에 입각한 체계이다. 그것은 최석정이 보여준 중성 의식의 또다른 양상이다. 곧 훈민정음 예의 체계를 계승하면서 발전시킨 체계가 최석정의 11 중성 체계라 할 수 있으며 이것은 중세의 계승이자 중세를 극복하는 조선 후기의 중성 의식의 한 단면이라고 할 수 있겠다.

최석정은 위와 같은 11 중성 체계와 아울러 〈音分闢翕圖〉에서는 새로운 중성 의식을 드러내고 있다. 다음은 그가 제시한 〈音分闢翕圖〉이다.

音分闢翕圖

일흡	ㅏ	阿	ㅑ	也	ㅓ	於	ㅕ	與
이벽	ㅘ	烏阿	ㆇ	要也	ㅝ	于於	ㆎ	由與
삼흡	ㆍ	兒	ㅣ	伊兒	ㅡ	應	ㅢ	伊應
사벽	ㅗ	烏	ㅛ	要	ㅜ	于	ㅠ	由
	ㅐ	阿伊	ㅒ	也伊	ㅔ	於伊	ㅖ	與伊
	ㅙ	烏阿伊	ㆈ	要也伊	ㅞ	于於伊	ㆋ	由與伊
	ㆉ	兒伊	ㆌ	伊兒伊	ㆊ	應伊	ㅢ	伊應伊
	ㅚ	烏伊	ㆉ	要伊	ㅟ	于伊	ㅟ	由伊

이 표를 보면 그의 새로운 중성 의식이 잘 나타나 있는데, 이 표에서는 그는 실제로 국어에서 쓰이지 않았지만 중성 32자를 제시하고 있다.

그는 초성을 '正聲'이라고 한데 대하여 여기서 중성을 '正音'이라고 하였다. 이 체계는 훈민정음 해례의 29 중성 체계보다 중성의 수가 3개 더 추가된 체계가 되었다. 그러면서도 위의 표에서 드러나듯이 빈칸이 없이 이상적으로 구성되어 있다.

위의 표에서는 一, 二, 三, 四,의 數와 翕闢의[39] 대립으로 중성이 분류되어 있다. 輸의 一, 二는 저모음, 三, 四는 고모음을 뜻한다[40]고 한다. 一闢은 甲에 해당하는 'ㅏ, ㅑ, ㅓ, ㅕ'와 여기에 'ㅣ'모음이 후행하는 'ㅐ, ㅒ, ㅔ, ㅖ'의 여덟이다. 二翕은 一闢의 'ㅏ, ㅑ, ㅓ, ㅕ'와 四翕의 'ㅗ, ㅛ, ㅜ, ㅠ'이 결합하여 이루어진 것, 넉 자에 'ㅣ'모음이 후행하는 'ㅙ, ㅙ, ㅞ, ㅞ'이 합쳐진 여덟이다. 그리고 三闢은 三才의 '·, ㅡ, ㅣ'를 넷으로 설정한 '·, ㅣ, ㅡ, ㅣ'에 'ㅣ'이 후행하는 'ㆎ, ㅢ, ㅓ, ㅢ'를 합친 여덟이다. 그리고 마지막으로 四翕은 'ㅗ, ㅛ, ㅜ, ㅠ'에 'ㅣ'모음이 후행하는 'ㅚ, ㅚ, ㅟ, ㅟ'가 더해진 여덟이다. 이렇게 해서 正音(중성) 32자가 설정되었는데, 그는 초성인 正聲과 중성인 이 正音을 합한 56은 列宿의 2배수라고 하였다. 위의 32자 중에서 기본 11 중성을 제외한 나머지 중성을 훈민정음 해례의 〈中聲解〉와 비교하면 二翕의 중성은 해례의 '二字合用'의 넉 자와 '二字中聲之與ㅣ相合字四'의 넉 자가 만들어지는 원리와 같다는 점에서 해례의 중성 원리를 계승한 점으로 이해할 수 있다.

물론 그가 위의 표에서 제시하고 있는 중성 중에서 이중모음에 해당하는 많은 모음이 실제로 다 쓰이지는 않았다. 兪昌均(1995)에서는 "위의 체계는 매우 이치적이지만, 현실적으로 이러한 것이 모두 실현된 것은 아니다. 그가 작성한 이러한 체계는 '正音'의 체계, 즉 천지자연의 '元音'을 구현하려고 한 것으로 이른바 음운의 보편적 체계를 뜻하는 것이

---

39) 闢은 開口音, 翕은 合口音을 뜻한다.
40) 兪昌均(1995), p205을 참고할 것.

다. 이렇게 함으로써 'ㅣ' 중성은 'ㅣ' 와 'ㅡ'의 둘로 나뉘어지게 되고 따로 'ㅣ'는 없는 결과가 된다"고 하였다. 따라서 위의 32 중성 체계는 훈민정음 해례의 29 중성 체계에 이론적으로 가능한 두 자 'ㅣ' 와 ㅡ를 추가하고 여기에 'ㅣ'를 둘로 나누어 'ㅣ' 와 'ㅡ'으로 파악한 체계이다.

그렇다면 이 체계 역시 중성의 수에 있어 차이가 날 뿐 훈민정음 해례의 29 중성 체계와 큰 차이가 없는 이상적이고 보편적 체계이다. 곧 崔錫鼎의 또다른 중성 의식은 훈민정음 해례 〈中聲解〉의 29 중성 체계를 변형적으로 계승하면서 그 체계를 四象과 八卦의 이론적 틀에 맞추고자 했던 의도를 드러내는 것이다.

요컨대 최석정의 중성 의식은 훈민정음 예의와 해례의 체계를 각각 계승했다. 〈十一音取象八卦圖〉를 통해 훈민정음 예의의 11 중성 체계를 이어받았고, 〈音分闢翕圖〉를 통해 훈민정음 해례의 중성 체계보다 더 이상적인 32 중성 체계를 제시하였다. 그것은 최석정의 이분법적 중성 체계에 대한 의식으로 음운에 대한 특수성-우리말에 해당하는 음운의 특성과 보편성-'天地本然之元聲'의 특성을 나누어 사고하려고 했던 조선 후기의 한 특징이기도 하다는 점에서 국어학사적 의의를 가질 수 있다고 생각한다.

② 黃胤錫의 중성 의식

황윤석은 그의 문집 『頤齋遺稿』 권26 雜著의 〈字母辨〉에서 훈민정음과 관련된 국어의 중성에 대하여 언급하였다. 또한, 수학서로 이해되는 『理藪新編』의 권20에는 〈韻學本源〉 1편이 실려 있는데 여기서도 중성에 대한 그의 의식을 살펴볼 수 있다. 우선 〈字母辨〉에서 드러난 중성에 대한 그의 의식을 살펴보도록 하자.

又定三十三中聲而自譯華語以外俗用者十九中聲也
ㅏㅑㅓㅕㅒㅔㅖ(關) ㅗㅛㅜㅠㅘㅝㅚㅟ(翁), ㆍㅡㅣ、ㅢ

그는 여기서 훈민정음에서 33 중성을 정하였으나, 중국어(華語)를 번역하는 것 이외에 속용으로 쓰이는 것은 19 중성이라고 하였다. 黃胤錫이 훈민정음에서 33 중성을 정하였다고 언급한 것은 훈민정음 해례를 살펴보면 사실에서 어긋나나,41) 그가 제시한 속용 19 중성을 주목할 필요가 있다. 이 19 중성은 물론 우리말 표기를 위해 쓰인 중성일 터인데, 현대의 21 모음자과 비교해도 큰 차이가 없다. 현대 21 모음 문자 체계(이중 모음 포함)는 황윤석의 19 중성 체계에서 'ㆍ'가 빠지고 'ㅙ, ㅞ, ㅒ'가 추가된 체계이다.

33 중성 체계에 들어 있는 중성 중에는 훈민정음 창제 당시에 제시한 29 중성에서도 벗어나는 문자 형태를 보이는 것들이 있다. 예컨대, 'ㅛ, ㅑ, ㅗ, ㅕ, ㅠ, ㅜ' 따위가 그것이다. 그러나 이 중성들은 그가 언급한 대로 중국어 표기를 위한 표기 수단이라고 할 때 그가 의식한 진정한 중성 체계라고 볼 수는 없다. 훈민정음 창제 당시에도 이상적인 중성 체계가 제시되기도 하였으나, 위의 중성들까지 포괄되지는 않았다. 따라서 위의 33 중성 체계는 그가 생각한 보편적이고 이상적인 중성 체계이기는 하겠으나, 역시 현실과는 거리가 먼 체계라고 할 수 있겠다. 반면에 19 중성 체계는 그가 언급한 대로 속용의 체계이자 현실적인 중성 체계로 당시의 東音을 표기하는 데 있어 거의 완벽한 중성 체계라고 할 수 있겠다42).

---

41) 훈민정음 당시에 정한 중성 체계는 훈민정음 예의에서 밝힌 11 중성 체계나, 훈민정음 해례에서 밝힌 29 중성 체계이다.

42) 좀 이해가 되지 않는 것은 속용을 위한 체계나 혹은 중국어를 번역하기 위한 체계에도 'ㅞ' 중성이 보이질 않는다는 점이다. 그 이유를 알 수 없다.

黃胤錫은『理藪新編』의 권20에는 〈韻學本源〉에서 그의 중성 의식을 또한 드러낸다. 여기서 그의 중성 체계는 다음과 같은 11 중성 체계이다.

、呑中聲附下	ㅡ卽中聲附下	ㅣ侵中聲附右	ㅗ洪中聲附下
ㅏ覃中聲附右	ㅜ君中聲附下	ㅓ業中聲附右	ㅛ欲中聲附下
ㅑ穰中聲附右	ㅠ戌中聲附下	ㅕ彆中聲附右	

이 11 중성 체계는 물론 훈민정음 예의 11 중성 체계를 그대로 계승한 것이다. 그러나 위에서 볼 수 있듯이 그 배열은 분명히 훈민정음 예의 11 중성 체계와 같으나, 좀 이채로운 표기가 있다. 즉, 각 중성 밑에 附書法에 대한 개별적 언급이 드러나 있다. 훈민정음 예의에서는 예의 끝부분에서 부서법에 대하여 간단히 언급했으나, 위의 중성 체계에서는 각 중성 밑에 '附下, 附右'라는 표시를 제시하고 있다. '附下, 附右'라는 것은 바로 초성의 아래에, 초성의 오른쪽에 각 중성을 쓰라는 것으로 훈민정음 예의의 부서법과 같으나, 중성 체계 안에 부서법을 함께 제시한 것은 황윤석만의 독창적 구성이라고 볼 수 있겠다.

또한 황윤석은 '중성 11자'에 대한 언급이 끝난 후 〈訓民正音初中終聲圖〉라 하는 것을 제시하고 있는데, 여기서 그는 14 중성 체계를 제시하고 있다. 그러면 왜 황윤석은 14 중성 체계를 다시 제시하고 있는가? 그러나 자세히 보면 이 체계는 황윤석의 중성 체계가 아님을 알 수 있다. 이 〈訓民正音初中終聲圖〉에서는 洪啓禧의 중성 체계를 그대로 전재하고 있다43). 따라서 그의 중성 체계에 대한 인식은 훈민정음 예의 11

---

43) 전장에서 〈訓民正音初中終聲圖〉는 洪啓禧의 〈諺字初中終聲之圖〉를 그대로 전재해 놓은 것이라고 밝힌 바 있다. 약간의 차이가 있다면, '合中聲二字' 위에

중성 체계와 洪啓禧의 『三韻聲彙』에서 드러나는 〈諺字初中終聲之圖〉의 14 초성 체계가 그대로 계승된 의식이다.

요컨대, 黃胤錫은 〈字母辨〉과 〈韻學本源〉에서 그의 이분법적 인식에 근거한 중성 의식을 드러내고 있다. 즉 〈字母辨〉에서는 『洪武正韻』의 체계를 기준으로 33 중성 체계에 속용 19 중성 체계를 현실적인 중성 체계로 제시해 놓고 있으며, 〈韻學本源〉에서는 훈민정음 예의의 중성 체계를 계승하여 11 중성 체계를 자신의 중성 체계로 인식하고 있고, 아울러 홍계희의 14 중성 체계를 아울러 제시함으로써 자신의 속용 19 중성 체계와 비교를 모색한 것으로 판단된다.

2.2.2 〈訓民正音例義〉의 중성자 체계 계승

① 洪啓禧의 중성 의식

우리는 홍계희의 중성 의식과 관련한 내용을 『三韻聲彙』의 권두에 실린 〈諺字初中終聲之圖〉에서 엿볼 수 있다. 다음은 그 〈諺字初中終聲之圖〉에 실린 중성 14자에 해당한다.

中聲十一字	合中聲二字	重中聲一字
ㅏ覃中聲ㅗ洪中聲	ㅘ 光合中聲	
ㅑ穰中聲ㅛ欲中聲		
ㅓ業中性ㅜ君中聲	ㅝ 月合中聲	
ㅕ彆中聲ㅠ戌中聲		
ㅡ卽中聲		
ㅣ侵中聲		ㅣ 橫重中聲
·呑中聲		

'新增'이라는 표현을 上記함으로써 훈민정음 예의의 11 중성 체계보다 중성의 수가 증가했음을 알려주고 있다.

이 〈諺字初中終聲之圖〉를 보면 洪啓禧가 인식하고 있는 중성 체계는 초성과 마찬가지로 14 자모의 체계임을 알 수 있다. 여기서 홍계희는 중성을 '中聲十一字, 合中聲二字, 重中聲一字'[44] 등의 세 갈래로 나누고 있다. '中聲十一字'의 경우는 훈민정음 예의의 11 중성 체계를 그대로 따르고 있음을 알 수 있다. 그런데 '合中聲二字'에서는 훈민정음 예의의 체계에 속하지 않는 중성이면서 훈민정음 해례의 29 중성 체계의 모음 중 '二字合用'의 중성인 'ㅘ, ㆇ, ㅝ, ㆊ' 중에서 현실적으로 쓰이기 어려운 'ㆇ, ㆊ'를 빼고 현실적으로 쓰일 수 있는 'ㅘ, ㅝ'만을 설정해 놓고 있다.

여기서 우리는 중요한 점을 알 수 있다. 그것은 훈민정음 예의 체계를 변형적으로 계승한 홍계희의 중성 의식이다. 아무리 현실 속음을 반영하고자 했던 운서라고 할지라도 중성 11자만으로는 그 운서의 의도를 충족될 수 없었던 점 때문에 그가 현실적으로 쓰이고 있는 合中聲을 중성 체계에 설정하게 된 계기가 된 것이다. 또한 그것은 그러한 合中聲은 훈민정음 해례의 '二字合用'에 해당하는 것 중에서 현실적인 것만을 선택한 양상으로 귀착된 셈이 되어 버렸다. 이 또한 홍계희가 훈민정음 해례에서 드러난 중성의 체계를 어느 정도 알고 있었다는 증거일 것이다. 그러면서도 현실음만을 골라 그에 해당하는 문자를 선택한 점은 중세와는 다른, 조선 후기 국어 연구에서 엿볼 수 있는 현실적, 실용적 의식이라고 아니할 수 없다.

또한 '中聲十一字'에 속하고 '浸' 자의 중성인 'ㅣ'와 구별되는 重中聲 'ㅣ'의 설정은 그의 세밀한 음운 의식을 엿보는 대목이기도 하다. 훈민정음 해례의 29 중성 체계를 현실적으로 받아들였다면 이 딴이를 설정하기보다는 딴이가 덧붙는 중성 모두를 〈諺字初中終聲之圖〉에 밝혔을 터

---

44) 兪昌均(1995)에서는 合中聲, 重中聲 등의 술어가 국어학사상 처음 등장하는 말이라고 했다.

인데45), '橫'자의 'ㅣ'만을 重中聲에 제시함으로써 간략하고 현실적인 중성 체계를 보여주는 데 결정적 기여를 했다는 점에서 그의 높은 국어 의식을 일면을 알 수 있는 부분이기도 하다46). 물론 단독으로 쓰이면 불완전한 이 重中聲 'ㅣ'를 중성 체계에 넣을 수 있는가 하는 점이 문제가 될 수 있다. 그러나 이 글의 방향은 당시의 음운 체계(음소 체계)로서의 중성 체계를 살펴본다기보다는 문자론적 입장에서 접근하고 있으므로 그의 중성 체계를 14 중성 체계로 보는 것에 큰 무리가 없을 것이다.

요컨대 洪啓禧의 중성 의식은 훈민정음 예의 체계 11자에 훈민정음 해례의 '二字合用' 원칙을 현실적으로 계승한 14 중성 체계이다. 다만 重中聲 'ㅣ'가 현실적으로 결합하여 얻어질 수 있는 다른 모음을 고려한다면 23 중성 체계에 해당하는 것으로 추론할 수도 있겠다.

② 李思質의 중성 의식

이사질은 『訓音宗編』〈第六御製訓民正音全書〉에서 초성과 마찬가지로 훈민정음 예의 부분의 중성을 전재하고 있다. 그는 훈민정음 예의 부분 중에서 중성 자모에 해당하는 부분을 자신의 저술에서 나열하고 중성에 대한 음가를 밝히고 있다. 그리고 〈中聲解〉에 대한 내용을 언급하고 있다.

---

45) 重中聲 'ㅣ'와 결합하여 만들어질 수 있는 현실적 모음은 다음의 것들로 추정된다. 中聲十一字 중에서 重中聲 'ㅣ'와 결합하여 'ㅐ, ㅒ, ㅔ, ㅖ, ㅚ, ㅟ, ㅢ' 일곱에 合中聲二字에 重中聲 'ㅣ'가 결합하여 얻어진 'ㅙ, ㅞ'가 그것이다. 그러면 洪啓禧의 중성 체계는 〈諺字初中終聲之圖〉의 14 중성 체계에 아홉을 더하니 23 중성 체계로 추정할 수도 있다. 그러면 이 체계에서 'ㆍ, ㅣ(딴이)'를 빼면 현대의 모음 수 21개와 일치하는 결과를 낳는다. 곧, 洪啓禧의 중성 의식이 얼마나 현실적이었는가 하는 점을 방증하는 부분이다.

46) 김병제(1984)에서는 'ㅘ'는 'ㅗ'와 'ㅏ', 'ㅝ'는 'ㅜ'와 'ㅓ'의 거듭이지만, 'ㅚ, ㅐ'는 종래에 'ㅗ'와 'ㅣ', 'ㅏ'와 'ㅣ'의 거듭으로 보아오던 관점을 깨뜨리고 횡(橫) 자의 중성인 'ㅚ'에서의 'ㅣ'(딴이)로 봄으로써 중중성의 본질을 밝히여낸 것의 그의 견해의 중요한 부분의 하나라고 하였다.

> 又按吞中聲토 也 卽中聲즈也 侵中聲츠也 洪中聲호也 覃中聲다也
>
> 君中聲구也 業中聲어也 欲中聲요也 穰中聲야也 戌中聲슈也 彆中
>
> 聲벼也

그는 위의 사실만으로는 우리는 그가 훈민정음 11 중성 체계를 계승하고 있다는 점을 알 수 있다. 그런데 음가를 밝히는 뒤의 내용을 보면 특이한 두 가지 점을 발견하게 된다. 우선 각 한자들의 초성과 중성을 합친 것까지만 음독하고 있으며47), 그 밑에 '—' 모음을 덧붙여 놓고 있다48). 兪昌均(1995)에서는 이것이 이중 조음적임을 뜻하는 것은 아닐까하는 추측을 하고 있으며, 姜信沆(1995)에서는 아무런 설명이 없으므로 알 길이 없다고 하였다. 그리고 다른 하나 특이한 점은 분명 예의 부분의 11 모음을 열거하고 있으면서 위의 설명에서 나머지 11 중성 중 정작 'ㅣ' 중성과 'ㅠ' 중성은 나머지와 음가 표기가 다르다는 점이다. 이것이 필자의 실수로 그렇게 된 것인지 아니면 李思質이 의도적으로 두 중성을 그렇게 설명한 것인지는 알 수가 없다. 어쨌든 이사질은 훈민정음 예의의 11 중성을 그대로 계승하여 그의 중성에 대한 태도를 드러낸 연구자로 보는 게 타당할 것이다.

③ 朴性源의 중성 의식

박성원은 『華東正音通釋韻考』 권말의 〈諺文初中終三聲辨〉에서 중성에 대한 그의 의식을 드러내고 있다. 아래 〈諺文初中終三聲辨〉을 보기로 하자.

---

47) 이 부분에 대해서는 전장의 '李思質의 초성 의식'에서 언급한 바 있다.
48) 본문을 자세히 보면 '戌中聲(ㅠ)'의 경우는 '—' 모음이 덧붙여진 게 아니라, 'ㄴ' 자모가 덧붙여져 '슌'이라고 표시되어 있다. 오식인 듯하다.

中聲獨用十一字

ㅏ阿　ㅑ也　ㅓ於　ㅕ餘　ㅗ吾　ㅛ要　ㅜ牛　ㅠ由
一 應(不用終聲)　　ㅣ 伊(只用中聲)　　・ 思(不用初聲)

이 체계는 훈민정음 예의의 11 중성 체계와 차이가 없다. 곧 훈민정음 예의 중성 체계를 계승한 체계이다. 다만 그 배열에서 'ㅡ, ㅣ, ﹒'가 뒤에 분포한다는 점에서 차이가 있을 뿐이다. 그러나 崔世珍의 '俗所謂諺文字母'에서 드러난 중성 의식과 비교해 본다면 배열과 수에 있어 완벽하게 일치한다. 곧 朴性源의 중성 의식은 훈민정음 예의의 중성 의식과 최세진의 중성 의식을 그대로 계승한 것으로 보는 데 이견이 있을 수는 없을 것이다. 그리고 박성원의 이러한 중성 의식은 琴榮澤의 중성 의식으로 계승된다.

④ 琴榮澤의 중성 의식

금영택은[49] 『晩寓齋集』 권 3에서 그가 추구하려고 했던 문자 의식의 단면을 보여 주고 있다. 그의 중성 의식은 〈諺文字音起例〉 부분에서 드러나고 있다. 전장에서 초성 체계를 언급하면서도 밝힌 바 있지만 중성에 대한 의식이 드러난 〈諺文字音起例〉의 내용은 박성원의 〈諺文初中終三聲辨〉과 거의 일치한다. 다음을 보도록 하자.

---

49) 琴榮澤의 한글 학설과 관련된 글은 兪昌植(1958)의 논문을 참고할 것.

中聲單用十一畫　用於中而以初聲乘之終承之各成字音

ㅏ阿　ㅑ也　ㅓ於　ㅕ餘　ㅗ吾　ㅛ要　ㅜ牛
ㅠ由　ㅡ應　ㅣ伊　·思

　　위의 사실에서도 알 수 있듯이 그는 훈민정음 예의의 체계인 11 중성 체계를 그대로 계승하고 있다. 11 중성 체계를 계승한 것은 朴性源의 경우도 마찬가지인데, 다만 두 연구자가 모두 중성의 배열을 훈민정음 예의와는 다르게 보고 있다50). 그러나 위의 내용은 朴性源이 언급한 〈諺文初中終聲三聲辨〉의 중성 부분과 약간의 차이가 있다. 〈諺文初中終聲三聲辨〉에서는 '中聲獨用十一字'라고 되어 있으나, 여기서는 '中聲單用十一畫'라고 되어 있으며, '中聲單用十一畫' 다음에 덧붙인 설명은 〈諺文初中終聲三聲辨〉에는 없다. 그리고 〈諺文初中終聲三聲辨〉에서는 'ㅡ, ㅣ, ·'의 음가 표시에 '不用終聲, 只用中聲, 不用初聲'이라는 설명이 있으나, 琴榮澤의 〈諺文字音起例〉 부분에는 누락되었다. 그리고 '初聲獨用八字'와 '中聲獨用十一字'의 순서가 〈諺文字音起例〉에서는 뒤바뀌어 있다. 이런 점을 열거하게 되면 금영택이 박성원의 〈諺文初中終聲三聲辨〉를 참고하기는 했으나, 전적으로 그의 저술을 그대로 전재했다고 볼 수는 없을 듯 하다.

　　어쨌든 금영택의 11 중성 체계는 분명히 박성원의 〈諺文初中終聲三聲辨〉의 11 중성 체계를 계승한 것이며, 박성원의 11 중성 체계는 崔世珍의 '中聲獨用十一字'를 계승한 것이고, 그것은 훈민정음 예의의 11 중성 체계를 계승한 것으로 볼 수 있을 것이다.

---

50) 이 부분은 후술할 '자모 배열 의식' 부분을 참고하라.

⑤ 石帆의 중성 의식

석범은 그의 저서 『諺音捷考』에서 중성에 대해서도 간단히 언급하고 있다. 그는 체계적으로 중성 대한 의식을 드러낸 연구자는 아니나, 중성의 제자에 대하여 언급하고[51] 정음자 글자 수의 변천을 설명하면서 당시의 중성을 11 중성 체계로 인식하고 있다.

> ·　ㅡ　ㅣ　ㅗ　ㅏ　ㅜ　ㅓ　ㅛ　ㅑ　ㅠ　ㅕ

이 체계는 훈민정음 예의의 11 중성 체계와 같다. 그가 정음자의 수가 변한 내용에 대하여 언급할 때도 중성은 훈민정음 창제 당시와 변화가 없고 초성만 그 수가 변했음을 밝히고 있는 점에서 그의 중성 의식이 훈민정음 예의의 중성 의식에서 벗어나지 않음을 보여주는 근거가 된다. 그리고 11 중성 체계는 당시의 현실적 체계이기도 하였다. 다만 그가 당시에 'ㅏ'와 '·'의 발음이 섞갈리고 있음을 밝히고 그 구분법을 언급했다는 점은 문자 상에서 건재한 '·'가 이제 현실 발음에서는 그 존재 의의를 상실해 가고 있음을 한 연구자를 통해서 확인할 수 있었고, 그것은 당시의 언어 변화의 일면을 보여주는 것으로 후일에 '·'의 문자 소실을 예견하는 언어 현실이기도 하다.

⑥ 鄭允容의 중성 의식

정윤용은 그의 저서 『字類註釋』의 부록을 통하여 그의 중성 의식을 전개하고 있다.

---

51) 石帆이 언급한 중성 제자에 대한 내용에 대하여 金敏洙(1990)에서는 申景濬의 圓圖說, 朴慶家의 종률설과 공통점이 있는 것으로 보아 그것에 영향을 받았을 것으로 보고 있으며, 兪昌均(1995)에서는 李思質의 견해와 유사하다고 밝히고 있다.

、	ㅣ	ㅡ	ㅠ	ㅜ	ㅛ	ㅗ	ㅕ	ㅓ	ㅑ	ㅏ	
吞中聲思不用初聲	侵中伊	卽中應不用終聲	戌中由	君中牛	欲中要	洪中吾	彆中余	業中於	穰中也	覃聲中阿	中聲十一字
合中聲重中聲見三韻聲彙								ㅝ		ㅘ	合中聲二字
								月合中聲		光合中聲	
	ㅣ 橫重中聲										重中聲一字

이 부록 부분에 그는 '諺文反切' 항에서 초성 체계로서 〈訓民正音字母圖二十三字〉를 제시하고 있으며, 그는 중성에 대해서는 洪啓禧의 『三韻聲彙』에서 보여준 〈諺字初中終聲之圖〉의 중성 14 체계와 동일하게 인식하고 있다.

위의 표를 보면 알 수 있듯이 鄭允容은 자기의 중성 체계를 홍계희의 〈諺字初中終聲之圖〉의 중성 체계에서 거의 옮겨왔다. 약간의 차이가 있다면 위의 표에서 중성이 배열된 위치가 홍계희의 그것과는 다르다는 점이다. 즉, 홍계희의 〈諺字初中終聲之圖〉에서는 'ㅏ, ㅑ, ㅓ, ㅕ'와 그 나머지 일곱 개의 중성이 서로 다른 행에 배열되어 있는 반면에 정윤용의 표에서는 11 중성 모두 한 행에 배열되어 있음을 보게 된다. 또한 홍계희의 '中聲十一字'에는 각 중성의 명칭 내지는 중성의 음가에 해당하는 한자가 드러나 있지 않으나, 崔世珍의 『訓蒙字會』의 영향을 받은 것으로 짐작되지만, 鄭允容의 '中聲十一字'에서는 그것을 드러내고 있다.

그러나, 이러한 사소한 차이를 제외하면, 정윤용의 중성 체계는 자기의 체계라기 보다는 洪啓禧의 체계를 그대로 답습한 것으로 이해된다. 초성 체계에서는 훈민정음 해례의 체계를 계승한 점을 들어 그의 초성 의식을 23 초성 체계로 파악했다면, 중성의 경우는 14 중성 체계를 제시하고 있다는 점에서 홍계희의 계승이다. 따라서 정윤용의 중성 의식을 독자적인 의식으로 보기는 어렵다. 그 스스로도 '合中聲重中聲見三韻聲彙'라는 표현을 통해 合中聲 'ㅓ, ㅘ'와 重中聲 'ㅣ'을 독창적으로 자기가 설정한 것이 아님을 밝히고 있다. 이런 점에서 그의 중성 의식은 이전 18세기 연구자의 중성 의식을 그대로 계승한 것으로 받아들일 수밖에 없으며, 중성에 대한 당시의 흐름을 좇은 결과였다고 말할 수밖에 없다.

⑦ 姜瑋의 중성 의식

강위는 그의 저서 『東文字母分解』에서 그의 중성 의식을 전개하고 있다. 그의 중성 의식은 그 본문의 〈東文三十五字母分解〉와 〈東文三十七字母分解〉에서 드러난다. 그러나 이렇게 내용이 '三十五字母分解'와 '三十七字母分解'의 양분은 자모 'ㅈ, ㅊ'이 빠진 체계인가 아니면 포함된 체계인가에 따른 구분일 뿐 중성과는 관계가 없다. 그는 이 '三十五字母分解'와 '三十七字母分解'에서 그는 11 중성 체계를 똑같이 보여주고 있기 때문이다.

ㅏ아　ㅑ야　ㅓ어　ㅕ여　ㅗ오　ㅛ요　ㅜ우　ㅠ유

ㅡ으　ㅣ이　·ㅇ

위의 내용에서 알 수 있듯이 姜瑋는 11 중성 체계를 제시하고 있는 바, 그의 중성 체계는 훈민정음 예의 체계를 그대로 계승한 연구자로 볼 수 있겠다. 초성의 독특한 체계와는 달리 그의 중성 체계는 가장 일반적인 체계를 받아들인 셈이다. 그러나 金敏洙(1981, 1987)에서는 이 11 중성 체계에 대하여 柳僖의 16 중성 체계와의 비교를 통해 그 해석을 내리고 있다. 전장의 초성 체계에서도 언급한 바 있으나, 金敏洙(1981, 1987)에서는 '校定'과 '擬定'이라는 점에 주목하여 강위의 擬定이 훨씬 더 실질적인 것임을 알 수 있다고 하였다. 또한 유희 체계는 그가 이상으로 생각한 한자음 표기를 위한 자모를 설정한 것이나, 후자는 그가 생각한 국어 표기를 위한 자모를 가정한 것이라고 하였다. 그런 점에서 姜瑋의 11 중성 체계는 한편으로 훈민정음 예의의 11 중성 체계를 계승했다는 점에서 원리적이지만, 국어 표기를 위한 자모였다는 점에서 근대적 경향을 띠고 있다고 볼 수 있을 것이다.

2.2.3 <訓民正音解例>의 중성자 체계 계승

① 申景濬의 중성 의식

신경준은 그의 저서 『訓民正音韻解』를 통해 중성에 대한 의식을 드러내고 있다. 이 『韻解』에서는 그 내용이 크게 세 부분으로 나누어진다. 그 첫째가 권두의 〈經世聲音數圖〉와 〈律呂唱和圖〉이고, 그 다음이 〈訓民正音圖解〉라고 일컬어지는 부분이며, 그 마지막은 〈韻圖〉에 해당하는 부분이다. 이 중에서 그의 중성 의식을 엿볼 수 있는 부분은 〈訓民正音圖解〉의 〈中聲圖〉 및 〈中聲解〉 부분이다.

중성			正(陽)	· ㅏ ㆍㅣ ㅐ
	입벌림소리 (開口音)(陽)	正(陽)	副(陰)	ㅡ ㅓ ㅓ ㅔ
		副(陰) 齊齒音	正(陽)	ㆍㆍ ㅑ ㆍㅣ ㅒ
			副(音)	ㅣ ㅕ ㅣㅣ ㅖ
	입오르림소리 (合口音)(陰)	正(陽)	正(陽)	ㅗ ㅘ ㅚ ㅙ
			副(陰)	ㅜ ㅝ ㅟ ㅞ
		副(副) 撮口音	正(陽)	ㅛ ㆇ ㆉ ㆈ
			副(陰)	ㅠ ㆊ ㆌ ㆋ

위의 표에 입각한다면 申景濬은 중성을 32 중성 체계로 인식하고 있다. 그러나 이것은 어디까지나 이론적인 것이요, 그가 밝히고 있듯이 실제 쓰이고 있는 중성은 겨우 18 중성이라고 하여 〈中聲解〉의 圈圖에서 '中聲三十二 所用者不過十八'이라고 했으며, 『韻解』 본문 후반의 〈韻圖〉에서는 18자만을 나타내었다[52].

위 32 중성 체계는 숫자상으로만 볼 때는 崔錫鼎의 32 중성 체계와 일치한다. 그러나, 최석정이 제시한 32 체계의 중성과 그 내용 면에서 차이가 있는데, 신경준의 32 중성 체계는 훈민정음 해례의 29 중성 체계에 ㆍㆍ, ㆍㅣ, ㅣㅣ 세 중성이 추가되었다. 이 추가된 음은 어떤 현실음을 근거로 한 것이 아니라 음양의 대립에 의한 체계화로 해석할 수 있다[53]. 따라서 빈칸을 인정하지 않는 체계이기 때문에 지극히 이론적인

---

52) 金敏洙(1980)에서 재인용. p167
53) 兪昌均(1995), p241을 참조할 것.

체계일 수밖에 없다.

반면에 〈韻圖〉에서 실현된 중성은 18 중성인데 그것은 開口正韻(ㅏ, ㅐ, ㅡ, ㅓ,ㅢ), 開口副韻(ㅑ, ㅒ, ㅣ, ㅕ, ㅖ), 合口正韻(ㅘ, ㅙ, ㅜ, ㅝ, ㅟ), 合口副韻(ㅠ, ㆄ, ㅞ) 등이다. 이 18 중성의 체계는 그가 생각한 현실적 中聲이었는데, 이것도 실상은 완전한 현실적 중성이라고 보기 어렵다. 그렇다면 우리는 申景濬의 중성 체계를 이원적으로 바라보아야 하는가?

이 글에서는 신경준의 18 중성 체계가 완전히 현실적인 중성 체계가 아니라면 오히려 32 중성 체계를 그의 진정한 중성 체계로 파악하고자 한다. 왜냐하면 이상적이고 이론적이려면 그 나름의 체계를 가지고 있어서 하는데 상대적으로 18 중성 체계는 덜 체계적이기 때문이다. 우선 현실적으로 쓰일 법한 'ㅗ, ㅛ, ㅔ, ㅐ' 따위가 누락된 점에서 그러하다. 비록 신경준이 교정한 한자음을 표기할 목적으로 만든 운서일지라도 華音 및 東音을 막론하고 'ㅗ, ㅛ'와 같은 중성이 쓰이지 않는다는 것이 가능한가? 따라서 申景濬의 32 중성 체계는 비현실적이고 인위적인 체계이기는 하겠으나, 그가 초성을 36 초성으로 인식한 점에 주목하여 마찬가지로 중성에 대해서도 32 체계로 인식하고 있었다고 볼 수밖에 없다.

2.2.4　독자적 경향의 중성자 의식

① 柳僖의 중성 의식

유희는 초성에 대한 의식과 함께 중성에 대한 의식도 독자적인 경향을 보여주는 대표적인 조선 후기의 국어 연구자이다. 그는 그의 저서 『諺文志』를 통하여 그의 중성 체계를 제시하고 있다. 우선 그는 『諺文志』의 〈中聲例〉를 통하여 먼저 '正音通釋中聲十一形'을54) 제시하고 자

---

54) 中聲十一形은 『訓民正音』과 『三韻聲彙』에서도 제시되었다고 밝히고 있다. 그리고, 洪啓禧의 『三韻聲彙』에서 제시된 合中聲 'ㅘ, ㅝ'이 있다고 하였으며, 11자의

신의 '柳氏校定中聲十五形'과 '中聲變例一形'을 설정하여 제시하였다.

> 柳氏校定中聲正例十五形
>
> ㅏ ㅑ ㅘ ㅹ ㅓ ㅕ ㅋ ㅖ ㅗ ㅛ ㅜ ㅠ ㅡ ㅣ ·
>
> 中聲變例一形 ㅣ 每於全字右旁加之

위에서 드러나는 柳僖의 중성 체계는 16 중성 체계에 해당한다고 볼 수 있는데, 유희는 중성에 대한 독특한 견해를 피력한 셈이 된다. 金敏洙(1980)에서는 이른바 '딴이'의 설정이 큰 특징이라고 하였으며, '柳氏校定中聲正例形'과 '中聲變例一形'를 기본자로 세워 비현실적인 30자가 되었다고 하였다. 즉, 딴이를 합친 16자에 딴이를 제외한 15자 중에서 딴이와 결합한 14자를 합치니 곧 30자가 된 것이다. 그런데 유희의 중성 체계를 30자로 보면 훈민정음 해례의 29 중성 체계와 유사하다. 다른 점이 있다면, '딴이'를 두었으니 1자가 더 추가된 것이다.

표면적으로 드러나는 유희의 16 중성 체계는 훈민정음 예의 체계인 11 중성 체계에 '二字合用' 넉 자를 더한 것에 딴이를 추가한 체계라고 할 수 있다. 이 체계의 설정은 洪啓禧가 『三韻聲彙』에서 제시한 체계의 변형이라고 볼 수 있는 가능성이 있다. 즉 홍계희는 훈민정음 예의 11 중성 체계에 合中聲 두 자(ㅘ, ㅝ)를 추가하고 여기에 '딴이'를 설정한 14 중성 체계를 제시한 바 있다. 그러나 유희의 16 중성 체계에는 우리말에 없는 'ㅹ, ㅖ'까지 설정된 점이 변형되었다고 보는 면이다.[55] 따라서

오른쪽에 더해질 수 있는 重中聲 'ㅣ'가 있다고 하였다.

55) 김병제(1984)에서는 'ㅹ, ㅖ'를 두게 된다는데 무슨 리유가 있는지 알 수 없으나 그 것이 사람들의 발음가운데 나타난다고 하였을뿐 구체적으로 어떤 경우에 쓰인다는 근거기 없다고 비판하였다.

두 체계 중에서 더 현실적인 중성 체계는 洪啓禧의 14 중성 체계이다.

그렇다면 柳僖의 체계를 16 중성 체계로 보았을 때 그의 체계는 홍계희의 체계보다 더 원칙적이고 이상적이라고 할 수 있을 것이다. 왜냐하면 11 중성에 덧붙여 훈민정음 해례의 〈中聲解〉에서 제시된 '二字合用'의 원칙을 지켜 'ㅘ, ㅝ, ㆇ, ㆈ' 넉 자를 설정한 것이기 때문이다. 그러면서 유희는 '딴이'를 설정해 '每於全字右旁加之'의 원칙을 지키면 30 중성 체계가 되었고, 표면적으로는 16 중성 체계가 되는 독특한 중성 체계를 제시했던 것이다.

요컨대, 유희는 훈민정음 예의의 11자 중성의 계승, 그리고 훈민정음 해례의 '二字合用' 준수, 홍계희가 설정한 '딴이'의 계승을 통하여 표면적으로는 16 중성 체계, 본질적으로는 30 중성 체계를 세워서 중성에 대한 독특한 의식을 드러낸 연구자라고 할 수 있겠다.

② 朴慶家의 중성 의식

박경가는 『鶴陽集』 부록 권 1 行狀에 실린 〈四七正音韻考〉(1835)의 권두에 수록된 범례에서 중성에 대한 그의 의식을 보여주고 있다. 사실 이 책은 당시의 표준 운서를 목적으로 편찬된 운서의 성격을 지니고 있는 문헌이지만, 초성과 마찬가지로 중성에 대한 박경가만의 독특한 체계가 이 저술에서 드러난다. 우선 그는 華音 표기 체계로서는 11 중성을, 東音 표기 체계로서는 13 중성을 설정하였다. 먼저 화음 표기 체계로서의 중성 11자를 보도록 하자.

ㅏ ㅑ ㅓ ㅕ ㅜ ㅠ ㅡ ㅣ ㅘ ㅝ ㆈ

박경가의 11 중성 체계는 숫자 상으로만 보면 훈민정음 예의의 11

중성 체계와 일치한다. 그러나 그가 설정해 놓은 중성의 낱낱을 보면 예의의 체계와는 차이가 있음을 발견하게 된다. 朴慶家의 중성 체계에서는 예의에 설정되어 있는 'ㆍ, ㅗ, ㅜ'가 제외되어 있음을 알 수 있다. 그 대신에 'ㅘ, ㅝ, ㆌ'가 중성 11 체계 속에 들어가 있다. 위의 체계를 그대로 받아들이면 화음 표기를 위해서는 'ㆍ, ㅗ, ㅜ' 따위의 중성은 불필요하다는 의식과 'ㅘ, ㅝ, ㆌ' 따위의 중성은 화음 표기를 위해서 필요하다는 태도가 박경가의 생각이다. 그런데 왜 'ㆍ, ㅗ, ㅜ'를 폐기했는지 그 근거를 알 수 없으며 화음 표기를 위해 'ㆇ'는 제외되고 'ㅘ, ㅝ, ㆌ'만을 설정했는지 그 이유를 알 수 없다. 일반적으로 'ㆇ'는 'ㅘ, ㅝ, ㆌ'과 함께 '二字合用'의 짝이다. 'ㅘ, ㅝ, ㆌ'가 화음 표기를 위한 중성이라면 'ㆇ'도 화음 표기를 위한 중성이 되어야 하고 이전의 연구자들의 중성 체계에서는 그러하였다[56]. 좀 기이하고 특이한 체계라고 할 수 있거나, 아니면 박경가가 'ㆇ'를 실수로 누락한 것은 아닌지 의심스럽다.

　반면에 박경가는 동음, 즉 우리 한자음을 기준으로 할 때는 다음과 같이 13 중성 체계를 제시하고 있다.

ㅏ ㅑ ㅓ ㅕ ㅗ ㅛ ㅜ ㅠ ㅡ ㅣ ㆍ ㅘ ㅝ

　華音 표기를 위한 자모가 東音 표기를 위한 자모보다는 많은 것이 일반적인데, 박경가의 중성 체계는 그렇지 않다. 위에서 알 수 있듯이 이 체계는 훈민정음 예의의 11 중성 체계에 현실적으로 실현되었다는 인정되는 합중성 'ㅘ, ㅝ'가 추가된 체계이다. 현실적으로 동음에서는 실현되기 어려운 'ㆇ, ㆌ'는 제외되었다. 이 체계를 洪啓禧의 중성 체계와 비교한다면 'ᆜ이 ㅣ'가 제외된 체계이다. 'ᆜ이'가 체계에 들어간다는 것

---

56) 崔錫鼎, 洪啓禧, 黃胤錫 등의 中聲字 意識을 보라.

은 '딴이'가 오른쪽에 더해지는 중성들을 가정한 체계이지만, 이 체계는 '딴이'의 누락으로 위의 13 중성 체계만을 동음의 중성 체계로 본 것이다. 따라서 이 체계는 대단히 현실적이며 실용적인 체계임을 알 수 있다. 따라서 위의 중성 체계를 통해서 우리는 같은 운서인데도 洪啓禧의 『三韻聲彙』에서는 보기 어려운 朴慶家만의 독자적인 중성 인식 태도를 엿볼 수 있다.

요컨대 박경가는 이원론적 입장을 견지하고 있는 바, 그것은 화음과 동음을 구분하고 그것에 맞는 중성만을 갈라서 분류하고자 했던 그의 중성 의식을 살펴보았다. 다만 화음을 위한 체계가 오히려 동음을 위한 체계보다 단순하다는 것이 독자적이며 특기할 일이다. 그러나 동음 표기를 위한 그의 중성 의식은 당대의 현실음을 제대로 고려한 체계가 아니었나 생각된다.

이상으로 우리는 조선 후기 연구자들의 훈민정음 중성에 대한 의식을 살펴보았다. 여러 학자들 모두 훈민정음의 중성에 대하여 다양한 의식을 전개하고 있음을 알 수 있었다. 이들이 그러한 훈민정음 중성에 대한 의식은 다음과 같이 정리될 수 있겠다.

크게 조선 후기의 중성 의식은 네 가지 경향으로 나뉠 수 있다. 훈민정음 예의와 해례의 중성 체계가 근본적으로 다른 체계는 아니다. 중성의 경우 해례의 체계는 예의의 기본자 11자와 그 기본자의 '二字合用, 三字合用'의 결합으로 이루어진 이상적 문자 체계이기 때문이다. 그러나 조선 후기의 연구자들이 그들의 저술에서 문자를 인식하는 태도의 관점에서 어느 것에 더 초점을 두었는가 하는 점은 조선 후기의 중성 의식을 나누는 기준이 될 수 있다.

우선 그 첫째가 한 문헌에서 훈민정음 예의와 해례의 중성 체계를 모두 받아들인 중성 의식이다. 두 번째는 훈민정음 예의의 11자 중성 체계를 받아들인 의식이고, 세 번째는 훈민정음 해례의 29자 중성 체계

를 받아들인 의식이다. 그리고 마지막으로는 독자적으로 중성 의식을
전개한 경향이다.

먼저 훈민정음 예의와 해례의 중성 체계를 모두 받아들인 중성 의식
을 전개한 연구자는 崔錫鼎과 黃胤錫이다. 최석정은 〈十一音取象八卦圖〉
에서 훈민정음 예의의 11자 중성 체계를 그대로 계승하고 있으며, 같은
문헌의 〈音分闢翕門圖〉에서는 32 중성 의식을 드러냄으로써 훈민정음
해례의 29자 중성 체계를 이어받았다. 후자의 경우 예의의 중성자 수보
다 3자가 더 많으나 이것은 체계상의 빈 칸이 없이 이상적으로 제시한
문자 의식이었다. 황윤석은 〈字母辨〉에서 33자 중성 의식(속용 19자)의
양상을 제시하였고, 〈韻學本源〉에서는 예의와 같은 중성자 11자를 제시
함으로써 그 또한 이상적 중성 의식과 현실적 중성 의식을 모두 고려한
연구자였다.

다음으로 훈민정음 예의의 중성 체계만을 받아들인 연구자들은 洪啓
禧, 李思質, 朴性源, 琴榮澤, 石帆, 鄭允容, 姜瑋 등이다. 이 흐름의 조
선 후기 중성 의식의 일반적 경향이라고 볼 수 있다. 홍계희는 중성 14
자를 제시하였으나, 合中聲과 重中聲 3자를 제외하면 그의 '中聲十一字'
는 훈민정음 예의의 계승이다. 이사질 역시 훈민정음 예의의 11자를 그
의 중성자로 이어받았고, 박성원도 '中聲獨用十一字'라 하여 예의의 11
자와 崔世珍의 '諺文字母'에서 보여주고 있는 중성 체계를 그대로 계승
하였다. 금영택의 중성 의식은 표현 양상을 제외하고는 朴性源과 일치
한다는 점에서 역시 훈민정음 예의의 중성 체계를 이어받은 인물로 봐
야 할 것이다. 그리고 석범의 경우도 정음자의 변천을 언급하면서 11자
중성 의식의 양상을 드러냈으며, 정윤용은 『字類註釋』에서, 姜瑋는 〈東
文字母分解〉에서 각각 11자 중성 의식을 전개하였다.

세 번째로는 훈민정음 해례의 체계만을 변형적으로 계승한 연구자인
申景濬을 들 수 있다. 그는 『訓民正音圖解』의 〈中聲圖〉〈中聲解〉에서

32 중성 의식을 제시하였다. 이 중성 의식은 해례의 29자 중성 체계에 'ㆍ, ㆎ, ㅒ'이 추가된 양상이었다. 이 역시 빈 칸을 인정하지 않는 체계이기 때문에 지극히 이론적이고 이상적인 의식이라고 볼 수 있겠다.

마지막으로 독자적인 경향의 중성 의식을 드러낸 연구자의 부류는 柳僖와 朴慶家였다. 유희는 '柳氏校定中聲十五形' 및 '中聲變例一形'이라 하여 16자 중성 의식(실제는 30자 중성 의식)을 전개한 연구자이다. 그의 중성 문자 의식은 중성과 '中聲變例'로 구분된 독특한 것이었으며, 변례를 제외한 15자 중성 역시 이전의 다른 연구자들과는 다른 양상이었다. 그리고 박경가의 경우 華音 기준 중성字로 11자를, 東音 기준 중성자 13자를 제시하고 있다. 그런데 그 11자, 13자의 낱낱을 보면 예의 11자와도 일치하지 않을뿐더러 화음과 동음에 대한 구별 의식을 근거로 한 중성자 의식이라는 점에서도 독자적인 경향을 띠었다고 볼 수 있다.

조선 후기 연구자들의 다양한 중성 의식은 초성 의식과 더불어 그 다양성이 두드러진다. 이러한 중성 인식에 대한 당대 연구자들의 태도는 이 글에서 음운사적인 차원에서 논의될 성질의 것이 아니다. 다만 조선 전기에 훈민정음 창제 당시에 제시된 11-29자 중성 체계가 문헌의 성격, 이상음과 현실음의 표기 문제, 화음과 동음 등과 맞물려 연구자들에게 다양한 중성 의식으로 전개되었다는 사실은 분명한 것이었다. 그것은 연구자들이 훈민정음이라는 문자의 중성을 받아들이는 관점의 차이라는 점에서 조선 후기 문자 의식사의 한 양상으로 이해될 수 있을 것이다. 그리고, 그만큼 많은 연구자들의 다양한 견해들이 쏟아져 나오는 형국이었다는 것은 이 시대가 '훈민정음'에 대하여 얼마나 많은 관심을 기울인 시대였는가 하는 점을 대변하는 것이다.

3 훈민정음 종성자에 대한 의식

3.1 조선 전기의 종성자 의식

3.1.1 〈訓民正音例義〉의 종성자 체계

초성과 중성에서도 훈민정음 예의 부분과 해례 부분에서 그 체계의 차이를 보였듯이 종성에서도 그 예의의 의식은 해례의 의식과 표면 상 달랐다. 훈민정음 예의에서 종성 의식과 관련된 내용은 주지하다시피 '終聲復用初聲'이다. '終聲復用初聲'이라는 이 대전제 속에는 종성자를 따로 만들지 아니하고 초성을 다시 쓴다는 의미를 담고 있는데, 이것은 위치에 따라 나타나는 異音(allophone)을 정확하게 파악한 것으로 높이 평가받고 있다57). 이것은 또한 당시의 형태주의적 사고를 반영하는 의 식이기도 하다.

그런데 이 '終聲復用初聲'에 대한 구체적인 설명이 없다는 점에서 兪 昌均(1995)에서는 그 의미를 두 가지로 보고 있다. 그 첫째는 모든 초성 자는 종성에 다시 쓸 수 있다는 의미이다. 그리고 그 둘째는 종성의 표 기를 필요로 하는 경우에는 초성자 중에서 택해서 쓴다는 의미이다. 우 리는 위의 두 의미 중 축자적인 해석에 근거하여 전자의 의미를 일반적 으로 받아들이고 있으나, 후자의 의미를 고려한다면 해례에 나오는 '八 終聲可足用'의 원칙과 모순되지 않을 수 있는 개연성이 존재한다. 그리 하여 '終聲不復初聲'이 일반적이고 거시적 규정이라면, '八終聲可足用'이 현실적이고 미시적 규정으로 이해될 수 있을 것이다. 따라서 이 글에서

---

57) 金敏洙(1980), 姜信沆(1987, 1995)에서 재인용.

는 예의의 종성 의식과 해례의 종성 의식을 서로 어긋나는 모순의 관계로 인식하여 두 관점을 본질적인 차이로 보기보다는 표면적인 차이로 파악하고자 한다.

3.1.2 〈훈민정음해례〉의 종성자 체계

훈민정음 예의의 종성 의식이 '終聲復用初聲'이라는 원칙이었다면 훈민정음 해례의 종성 의식은 해례의 〈終聲解〉에서는 표면상 달리 나타난다. 이 〈終聲解〉에서 해례의 종성 의식을 알 수 있는 대목은 아래와 같다.

然ㄱㅇㄷㄴㅂㅁㅅㄹ八字可足用也 如빗곶爲梨花 엿의갖爲狐皮 而ㅅ字可以通用 故只用ㅅ字 且ㅇ聲淡而虛 不必用於終 而中聲可得成音也 ㄷ如볃爲彆 ㄴ如군爲君 ㅂ如업爲業 ㅁ如땀爲覃 ㅅ如諺語옷爲衣 ㄹ如諺語실爲絲之類

해례를 편찬한 집현전 학사들은 해례의 〈終聲解〉에서 음절말 발음에 충실한 음소주의를 표방하고 국어의 종성 의식을 '八終聲可足用'이라는 내용으로 전개하였다. 즉, 그것은 종성의 표기를 위해서는 8자만 사용함이 족하다는 규정을 내세움으로써 예의의 '終聲復用初聲'의 원칙에서 표면상으로 벗어난 종성 표기 의식이었다. 예를 들어 '비곶'을 '비곳'으로 표기하고 '엿의갖'을 '엿의갓'으로 적자는 것이었다. 결국 당시의 실제 규정은 이 '八終聲可足用'으로 정해지는데, 그 결정은 표기법의 한 이상인 배우고 쓰기 쉬운 방안으로 낙착된 것이다. 이런 처리는 현행 맞춤법과고 상반되지만, 당시 서민 대중을 위한 표기법으로서는 당연하고 타당한 결정이었다[58].

---

58) 金敏洙(1980), p125에서 재인용.

이러한 '八終聲可足用'의 규정은 80여 년이 지난 후, 한 학자의 初聲 終聲通用八字'라는 원칙으로 계승되었다. 그 학자는 다름 아닌 崔世珍인 바, 그의 이러한 의식이 그 전부터 내려오던 일반적 견해를59) 그의 범 례에서 반영하여 옮겨 놓은 것이라고 할지라도, 여기서 우리는 그 범례 의 국어학사상 의의를 찾을 수 있다. 그러한 인식 태도에 영향을 받아 예의의 '終聲復用初聲'의 원칙과 해례의 '八終聲可足用'의 규정 중에서 후자가 대체로 계승되었다는 사실이며, 이 규정은 조선 후기 국어학사 에서 많은 연구자들에게 終聲復用初聲이라는 원칙보다 더 타당하고 현 실적인 규정으로 받아들여졌다는 역사적 맥락이 내재하고 있다는 의의 이기도 하다.

조선 전기 종성 의식의 한 양상은 '八終聲可足用'이라는 규정과 '初聲 終聲通用八字'라는 규정으로 압축할 수 있겠다. 그러나 편의상 조선 후 기의 종성 의식을 파악할 때는 '八終聲可足用'이라는 훈민정음 해례의 규정을 '初聲終聲通用八字'보다 더 근본적인 바탕으로 삼고자 한다.

물론 조선 후기에 종성을 의식하는 연구자들의 태도가 절대적으로 '八終聲可足用'으로 경도되어 있었던 것은 아니다. 예의의 '終聲復用初 聲'의 원칙을 고수하는 연구자도 있었으며, 조선 후기라는 새로운 시대 에 걸맞는 독특한 종성 의식을 구현한 연구자들도 있었다. 이 장에서는 바로 이 점에 주목하여 후기의 연구자들이 초기의 종성 의식의 두 전제 를 어떻게 계승하고 반영하고 있는지를 살펴보고자 한다.

3.2 조선 후기의 종성자 의식

---

59) 金敏洙(1980 :150)에서는 八終聲과 불가분의 관계에 있는 이 '諺文字母'의 세 구 분은 成俔의 『慵齋叢話』에서 이미 기록되어 있다고 밝히고 있다.

조선 후기 국어 연구에서는 크게 종성 체계에 대한 의식의 양상이 세 경향으로 나뉜다. 귀납적으로 분석한 결과 우선 조선 전기 훈민정음 종성 체계의 두 양상인 예의의 '終聲復用初聲'의 의식을 반영한 종성 체계와 해례의 '八終聲可足用'의 체계를 그대로 반영하거나 변형시킨 체계, 마지막으로 독자적 경향의 종성 체계를 드러내는 경우가 있다.

3.2.1 〈訓民正音例義〉의 종성자 체계 계승

① 崔錫鼎의 종성 의식

최석정은 그의 저서 『經世正韻』에서 그의 종성 의식을 보여주고 있는데, 그 양상이 이원적이다. 우선 『經世正韻』 乾(상권)에서는 '終聲十六'이라 하여 종성 체계를 16 종성으로 파악하고 있으며,60) 『經世正韻』 坤(하권)에서는 '論諺文終聲'이라 하여 훈민정음 예의의 '終聲復用初聲'의 원칙을 제시하고 그 예를 들면서 종성 의식을 전개하고 있다. 이 절에서는 최석정이 훈민정음 예의의 체계를 계승한 측면만을 그의 종성 의식의 한 단면으로 먼저 서술하고자 한다.

論諺文終聲

訓民曰終聲復用初聲 不復細論	今以意細推		則初聲十七字 皆可爲終聲 特著于下	
鮒부魚어	붕어		角각이	가기
極극히	그키		山산이	사니
筆붇이	부디		末귿히	그티
木낢오	나모		食밥이	바비
葉닢히	니피		花곳이	고지
漆옻이	오치		衣옷이	오시
乙을이	으리		主쥬人신	쥰

---

60) 崔錫鼎의 이러한 독특한 종성 의식은 3.2.3에서 따로 다루고자 한다.

위의 내용은 표면상으로 볼 때 훈민정음 예의의 '終聲復用初聲'을 그대로 계승한 것으로 이해할 수 있다. 그러나 金敏洙(1980)에서는 위에서 '終聲復用初聲'이라는 의미는 초성을 모두 종성으로 쓴다는 뜻으로 해석하여 훈민정음 해례와는 상반되었다고 했다. 위의 원문에서 '則初聲十七字 皆可爲終聲'이라는 표현이 그런 뜻으로 해석될 수 있는 근거가 된다. 왜냐하면 '則初聲十七字 皆可爲終聲'의 번역은 '초성 17자는 모두 종성이 될 수 있다'라는 번역으로 이해할 수 밖에 없기 때문이다.

그것은 崔錫鼎이 '終聲復用初聲'의 예로 든 위의 내용을 보더라도 그러하다. 즉 '鮒부魚어 붕어'와 '主쥬人신 쥰인'을 제외하면 그 나머지는 '角각이 가기'와 같이 '가기'의 '기'의 초성 'ㄱ'이 '각이'에서 종성으로 쓰이는 것과 같은 형태를 보여주고 있다. 그런데 과연 훈민정음 예의의 '終聲復用初聲'이 위의 예와 같은 표기를 위해서 적용되는 의미로 제시된 규정인가 하는 점은 생각해 볼 여지가 있다. 왜냐하면 예의의 '終聲復用初聲' 규정은 초성을 17자 모두 종성으로 쓴다는 의미와 종성은 새로운 글자를 만들지 않고 초성을 다시 쓰되 8자만으로 족하다는 두 의미를 함께 고려해야 하기 때문이다.

그러나 최석정은 훈민정음 예의 자체에 구체적인 설명이 없는 '終聲復用初聲'에 대하여 '則初聲十七字 皆可爲終聲'이라고 하였으니 이러한 표현이 예의의 '終聲復用初聲'에 대하여 틀린 해석이라고 볼 수는 없을 것이다. 그렇다면 '論諺文終聲'에서 드러낸 최석정의 종성 의식은 훈민정음 예의의 '終聲復用初聲'의 원칙을 기본적으로 준수한 태도라고 볼 수 있을 것이며 그의 독자적인 종성 의식은 아닐지라도 '終聲復用初聲'에 대한 자신 나름의 해석을 담고 있다는 점에서 그 의의를 찾을 수 있을 것이다.

② 鄭東愈의 종성 의식

　정동유는 그의 저서 〈晝永編〉 二에서 훈민정음 예의의 '終聲復用初聲'의 종성 의식을 계승하고 있다. 정동유는 다음과 같은 그의 설명과 예를 통하여 그의 종성 의식의 전개하고 있다.

> 訓民正音曰　終聲復用初聲　夫以初聲爲終聲也　其分屬之理盖有自然之妙
> 而非容人智者也　今讀가가ー成각야　讀다댜ー成닫야　讀바뱌ー成밥야　讀나
> 냐ー成난야　讀마먀ー成맘야　讀라랴ー聲랄야　以下字初聲爲上字終聲　則
> 下字初聲自聲喉音　而其連呼之聲便成同音　故ㄱ爲각終聲　ㄴ爲난終聲　ㄷ
> 爲닫終聲　ㅂ爲밥終聲　ㅁ爲맘終聲　ㄹ爲랄終聲也

　이 설명과 예는 崔錫鼎의 '論諺文終聲'에서 그가 전개하고 있는 내용과 유사하다. 그렇다면 정동유의 종성 의식도 기본적으로 훈민정음 예의의 종성 의식을 계승하고 있다고 볼 수 있다. 그 역시 위의 원문에서 훈민정음에서 '終聲復用初聲'을 언급했다고 말하고 그것은 "초성으로써 종성을 삼는 것이다(以初聲爲終聲也)"라고 분명히 언급하고 있다. 이 표현은 위에서 최석정이 언급한 '則初聲十七字 皆可爲終聲'과 같은 의미라고 할 수 있겠다. 그렇다면 정동유 역시 최석정과 마찬가지로 초성을 모두 종성으로 쓴다는 의미로 훈민정음 예의의 '終聲復用初聲'를 받아들이고 있는 셈이다. 따라서 그의 종성 의식 역시 논리적으로는 훈민정음 예의 '終聲復用初聲'의 의미—종성은 새로운 글자를 만들지 않고 초성을 다시 쓴다—와 모순이 없다.

　위에서 보여주는 예도 최석정이 열거한 예와 형식 상 유사한데, 최석정과 약간의 차이가 있다. 최석정은 'ㅋ, ㅌ, ㅍ, ㅈ'과 같은 초성도 종성이 되는 예를 보여주고 있지만, 정동유는 그러한 초성이 종성이 되는 예는 보여주고 있지 않다. 그렇다면 '終聲復用初聲'에 대한 정동유의 의식은 "종성을 위해서는 새로운 문자를 만들지 않고 초성 글자 중에서 필

요한 것을 가져다 쓴다"의 의미를 내포하고 있지는 않은가 하는 문제 제기도 가능할 수 있다. 즉 그는 의식적으로 'ㅋ, ㅌ, ㅍ, ㅈ'과 같은 초성을 종성으로 쓰는 예를 보이지 않음으로써 終聲復用初聲의 의미를 좀더 해례의 '八終聲可足用'의 규정과 연관지어 보고자 했던 것은 아닌가 하는 해석도 해 보게 된다. 확언할 수는 없지만, 그의 예가 모든 초성은 종성으로 쓸 수 있다는 의미로 제시되고 있지는 않기 때문이다.

요컨대 종성 의식과 관련하여 그는 표면상으로 훈민정음 예의의 '終聲復用初聲'을 계승한 연구자이며, 崔錫鼎의 '論諺文終聲'에서 보여주는 내용과 유사한 형태로 그의 종성 의식을 구현한 인물이라는 평가를 내릴 수 있겠다. 다만 그의 종성 의식은 좀더 예를 통해서 다시 한번 검토해 볼 필요가 있다.

③ 李思質의 종성 의식

이사질의 종성 의식은 그의 저서『訓音宗編』에서 드러난다. 그는 그의 저서에서 훈민정음 예의 부분의 '終聲復用初聲'을 언급하고 그 의미를 새롭게 해석하였다. 또한 그는『訓音宗編』〈第八終聲起例〉에서 8 종성을 제시하며 훈민정음 해례의 종성 의식을 계승하기도 하였다[61]. 이사질의 '終聲復用初聲' 의식과 '八終聲可足用' 의식은 서로 연관이 있는 것이지만, 이 장에서는 훈민정음 예의 부분의 종성 의식이 계승된 '終聲復用初聲' 의식만을 다루고자 한다.

> 臣謹按終聲復用初聲云者非以聲謂之也 謂其聲之字也 假如ㄱ字卽初聲字
> 而於其終聲也 復以ㄱ附書於下之類也

이사질은 위의 원문에서 보다시피 '終聲復用初聲'에 대하여 새로운

---

61) 李思質의 이러한 종성 의식은 3.2.2 훈민정음 해례 부분의 종성 의식 계승에서 따로 다루고자 한다.

해석을 내리고 있다. 훈민정음 예의에서 오직 '終聲復用初聲'이라고만 원칙을 정했기 때문에 그 의미에 대하여 앞선 두 연구자들의 해석 방식이 있었듯이 李思質도 그 규정에 대한 자신의 견해를 밝히고 있다.

그는 '終聲復用初聲'이라는 뜻이 '聲'을 가지고 그것을 이르는 것이 아니라 '聲'의 '字'를 가지고 이르는 것이라고 했다. 즉 '終聲復用初聲'이라는 의미는 음을 가지 말하는 것이 아니고 초성자를 다시 쓰라고 한 규정이라고 했다[62]. 여기서 聲이라고 함은 곧 소리요, 字라고 함은 문자이다. 그가 소리와 그 소리를 표기하는 문자, 양자를 구분하고 있다는 점에서 대단히 주목되는 바이다. 이러한 그의 견해를 다시 뒷받침하는 내용은 『訓音宗編』의 〈第八終聲起例〉에서도 등장하는 바, 여기서는 다음과 같은 내용이 나온다.

> 又按訓文只有十七母字初聲 無十七母字終聲 而訓文中聲下曰終聲復用初聲 此亦不以音謂之者 而以字言之者也.

위에서 그는 '終聲復用初聲'의 의미를 다시 한번 강조했다. 즉 훈민정음이라는 문자는 초성이 17자가 있는 반면에 종성은 17자가 없다. 그래서 훈민정음에서 중성 아래에 종성은 초성을 다시 쓴다함은 '음'으로써 그것을 이르는 것이 아니라, '자'로써 그것을 말하는 것이라고 자신의 견해를 밝히고 있다. 이것은 그가 앞선 두 연구자와는 다른 시각으로 훈민정음 예의의 '終聲復用初聲'의 의미를 파악한 의식인데 그것은 곧 그의 '八終聲論'으로 이어지게 된다. 즉 종성에서는 음은 8글자로 족하다는 것에 대한 전제로 '終聲復用初聲'을 이해하고 있는 것이다.

그렇다면 그는 '終聲復用初聲'과 '八終聲可足用'의 두 규정을 서로 모순되는 규정으로 이해하지 않고 있다는 것을 말해 준다. 다시 말하면

---

62) 姜信沆(1995), p86을 참조할 것.

'終聲復用初聲'의 대전제 아래에서 '八終聲可足用'의 실질적 규정을 따르고 있는 것이다. 이 부분의 내용은 3.2.2에서 李思質의 또다른 중성 의식의 일면으로 다루고자 한다.

요컨대 그는 훈민정음 예의의 '終聲復用初聲'의 의미를 위에서와 같이 두 번 강조함으로써 그가 가지고 있는 종성 의식의 일면을 드러냈다. 그 종성 의식은 훈민정음 예의의 '終聲復用初聲'에 대한 올바른 해석을 제시한 의식으로 평가할 만하다. 그리고 그의 그러한 종성 의식은 궁극적으로 훈민정음 해례의 현실적인 '八終聲可足用'의 규정을 받아들이는 일반적 전제로서 제시되고 있다고 보아야 한다.

④ 石帆의 종성 의식

석범의 종성 의식은 그의 저서 『諺音捷考』 권상의 〈諺文源流〉에서 드러나고 있다. 그는 여기서 다음과 같은 언급을 하고 있다.

既合初聲ㄱ中聲ㅏ 而復用ㄱ爲終聲 則成각則覺字也 餘倣此

위의 내용을 金敏洙(1990)에서는 '終聲復用初聲'에 대한 최초의 올바른 해석이라고 했다. 즉 위의 의미는 초성 'ㄱ'을 되써서 받침 'ㄱ'이 된다는 설명이다. 훈민정음의 '終聲復用初聲'은 모든 초성을 다 받침으로 쓴다는 해석과 상반되며, 결국 받침 글자를 따로 만들지 않는다는 해석이라고 하였다. 석범이 위에서 '初聲復用'이라고 한 점이 위와 같은 평가를 내리게 된 셈이다. 그리하여 석범의 이러한 종성 의식을 金敏洙(1990)에서는 최초의 올바른 해석이라고 하였다. 그런데 앞에서 언급한 이사질도 그가 '終聲復用初聲'과 '八終聲可足用'를 이해하는 태도가 서로 모순되지 않는다는 점에서 역시 올바른 종성 의식을 강조한 연구자가 될 수 있지 않을까 한다. 여하튼 석범도 훈민정음 예의의 '終聲復用初聲'을 올바르게 계승한 연구자로 보아야 할 것이다.

⑤ 盧正燮의 종성 의식

노정섭은 그의 저서 〈廣見雜錄〉에서 그의 종성 의식을 드러냈다. 그러나 그의 저서의 제목이 말해 주듯이 그는 앞선 연구자들의 저술을 널리 종합하여 보여주고 있다. 특히 현저한 문헌은 鄭東愈의 〈畫永編〉, 柳僖의 『諺文志』, 鄭允容의 『字類註釋』 등이다63). 종성에 대한 그의 의식도 예외는 아니어서 그는 정동유가 제시한 종성 의식을 따르고 있어서 정동유의 종성 의식을 거의 그대로 전재하고 있다64).

그러므로 그의 종성 의식은 '終聲復用初聲'이라는 훈민정음 예의의 의식을 계승한 것이었다. 조선 후기의 앞선 연구자들-崔錫鼎, 李思質, 鄭東愈가 역시 終聲復用初聲에 입각한 종성 의식을 전개한 후 그는 19세기에 그런 의식을 역사적으로 이어받은 마지막 연구자이다. 이렇게 본다면 조선 후기에 드러난 종성의 한 의식은 훈민정음 예의의 의식을 이어받은 17세기의 최석정, 18세기 중반의 이사질, 18~19세기 초의 정동유, 그리고 19세기 중반의 石帆, 후반에 노정섭으로 이어지는 역사적 양상이었다고 볼 수 있다.

3.2.2 훈민정음 해례의 종성자 체계 계승

① 朴性源의 종성 의식

박성원의 종성 의식은 그의 저서 『華東正音通釋韻考』의 권말에서 〈諺文初中終三聲辨〉에 담겨 있다. 여기 나타난 그의 종성 의식은 기본적으로 훈민정음 해례의 '八終聲可足用'의 규정을 계승한 것이나 현실적으로는 崔世珍의 '諺文字母'의 〈初聲終聲通用八字〉를 그대로 옮긴 것이다.

---

63) 金敏洙(1980), p178을 참고할 것.

64) "終聲復用初聲者 訓民正音曰 終聲復用初聲先以初聲爲終聲 其分屬有自然之妙 …"라고 표현하여 앞부분에서 약간의 표현 상의 차이기 있을 뿐 그 이하는 鄭東愈가 언급한 예와 완전히 일치한다.

初聲終聲通用八字

ㄱ 其役 ㄴ 尼隱 ㄷ 池(末) ㄹ 梨乙 ㅁ 眉音 ㅂ 非邑 ㅅ 時(衣) ㅇ 異凝
其尼池梨眉非時異八音用於初聲 役隱(末)乙音邑(衣)凝八音用於終聲 (末)(衣)
兩字只取本字之釋俚語爲聲

위의 원문에서 볼 수 있듯이 그가 『訓蒙字會』의 '諺文字母'의 내용을
그대로 옮겼다고 하더라도 이 '諺文字母'의 '初聲終聲通用八字'의 규정이
훈민정음 해례의 규정을 그대로 계승한 것으로 파악된다면, 궁극적으로
朴性源의 종성 의식은 훈민정음 해례의 규정을 그대로 받아들인 것이
다. 이것은 이하 연구자들에게도 마찬가지로 적용되는 전제이다.

그런데 朴性源의 '初聲終聲通用八字' 부분을 보면 崔世珍의 '初聲終
聲通用八字' 부분과 약간의 차이가 있다. 위의 원문에서 볼 수 있듯이
최세진의 '諺文字母'의 '初聲終聲通用八字'에서는 중간에 나타나는 '(末)
(衣)兩字只取本字之釋俚語爲聲'이라는 표현이 박성원의 〈諺文初中終三
聲辨〉에서는 '初聲終聲通用八字' 부분의 맨 끝에 와 있다. 朴性源이 崔世
珍의 것을 전재하는 과정에서 위의 내용을 뒤로 돌린 듯하다.

이런 차이를 제외하고는 박성원의 '初聲終聲通用八字'는 崔世珍의
'初聲終聲通用八字'와 일치한다. 즉 그의 종성 의식은 최세진의 종성 의
식을 이어받은 것이며, 그것은 훈민정음 해례의 종성 의식을 계승한 것
이다. 따라서 그의 종성 의식은 조선 전기의 종성 의식과 차이를 보이지
않고 전개되었음을 알 수 있다.

② 洪啓禧의 종성 의식
홍계희는 자신의 종성에 대한 태도를 그의 저서 『三韻聲彙』의 권두

에 실린 〈諺字初中終聲之圖〉에서 보여주고 있다. 그의 종성 의식도 훈민정음 해례의 '八終聲可足用'과 崔世珍의 '初聲終聲通用八字'의 내용을 그대로 이어받고 있다.

<table>
<tr><td colspan="4" align="center">初終聲通用八字</td></tr>
<tr><td>ㄱ 君初聲
役終聲</td><td>ㄴ 那初聲
隱終聲</td><td>ㄷ 斗初聲
末終聲</td><td>ㄹ 閭初聲
乙終聲</td></tr>
<tr><td>ㅁ 彌初聲
音終聲</td><td>ㅂ 彆初聲
邑終聲</td><td>ㅅ 戌初聲
衣終聲</td><td>ㆁ 業初聲
凝終聲</td></tr>
</table>

위의 〈諺字初中終聲之圖〉은 종성에 대한 의식이 드러난 부분만 따로 제시한 것이다. 洪啓禧는 위에서 '初終聲通用八字'라는 제목으로 종성 의식의 일면을 드러냈다. 그런데 이 '初終聲通用八字'의 내용을 보면, 그것이 훈민정음 해례의 '八終聲可足用'의 규정에 따른 여덟 자를 노출하고 있지만, 자모의 배열은 崔世珍의 '初聲終聲通用八字'의 배열이다. 그리고 'ㄱ君初聲役終聲', 'ㄴ那初聲隱終聲' 등과 같이 각 자모가 종성에서 쓰일 수 있는 한자를 최세진의 '初聲終聲通用八字'의 한자와 일치시키고 있다.

홍계희의 종성 의식은 훈민정음 해례의 종성 의식을 바탕으로 하고 있으면서 구체적으로 실현되는 형식은 최세진의 '初聲終聲通用八字'에서 드러난 형식을 변형하고 있음을 알 수 있다. 그런 점에서 궁극적으로 홍계희 종성 의식은 훈민정음 해례 규정을 계승한 종성 의식으로 파악할 수 있겠다.

③ 李思質의 종성 의식

이사질의 종성 의식을 엿볼 수 있는 또다른 부분은 그의 저서 『訓音宗編』〈第八終聲起例〉에서 발견된다. 여기서 그는 그의 八終聲論을 전개하고 있다. 다음의 내용을 보도록 하자.

ㄱ終聲革	牙音見母
ㆁ終聲疑	牙音疑母
ㄷ終聲東俗末字查音	舌音屬母未詳
ㄴ終聲紉	舌音泥母
ㅂ終聲法	脣音非母
ㅁ終聲梵	脣音明母
ㅅ終聲東俗衣字查音	齒音當屬疑母
ㄹ終聲例	半舌未母

그는 분명히 위의 八終聲을 그의 종성 체계로 제시하고 있다. 물론 이 八終聲은 훈민정음 해례의 '八終聲可足用論'과 崔世珍의 '初聲終聲通用八字論'이라는 조선 전기의 종성 의식이 반영된 것이다. 그러나 이 八終聲論이 훈민정음 예의의 '終聲復用初聲'과 모순되는 것은 아니다. 李思質이나 石帆이 '終聲復用初聲'을 해석한 내용을 보면 초성을 모두 종성으로 쓴다는 의미를 띠고 있는 것이 아니기 때문이다.

그런데 이사질은 종성의 음가가 초성의 음가와는 다르다고 하여 종성을 표시하는 한자를 초성과 同母가 아닌 다른 한자로 대체하고 있다. 예컨대 위에서 볼 수 있듯이 'ㄱ終聲革, ㆁ終聲疑, ㄴ終聲紉…'등으로 바꾸어 제시하고 있음을 알 수 있다.

따라서 그는 崔世珍의 '初聲終聲通用八字'에서 종성을 표시하기 위해 제시된 한자, 洪啓禧의 『三韻聲彙』에서 종성을 표시하기 위해 제시된 한자를65) 인정하지 않고 있는 셈이니, 그의 종성 의식은 앞서 홍계희의

---

65) 종성 표시를 위해서 洪啓禧가 제시한 한자는 崔世珍의 것을 그대로 이어받고 있

종성 의식과는 그 내용 상 약간의 차이가 있음을 알 수 있다.

'ㄷ, ㅅ'은 각각 '東俗末字査音', '東俗衣字査音'이라고 위에서 언급하고 있는데, 나머지 6 종성이 운서의 종성례에 따른 것이나 이 'ㄷ, ㅅ' 둘은 국어에 나타나는 것이라고 했다[66]. 그 설명은 李思質이 제시한 다음의 원문을 보면 알 수 있다.

> ㄷㅅ字閉音入聲之類 雖其終聲同音 同而中有異 一則出於舌 卽卽也 一則
> 出於齒脣之間而其終之者齒 故屬齒卽ㅅ也

위에 의하면 'ㄷ, ㅅ' 字는 閉音入聲에 속하기 때문에 종성으로는 같다는 것을 언급하고 있다. 그러나 두 자가 같은 가운데도 차이가 있는데 'ㄷ'은 설음으로 'ㅅ'은 치음 계열로 인식하고 있음을 알 수 있다. 그래서 우리 나라 사람들이 위에서 보이는 예와 같이 구별할 수 있다고 하였으나, 'ㄷ'과 'ㅅ'을 구별하는 데 혼란스러움과 어려움이 있음을 언급하고 있다. 이것은 'ㄷ'과 'ㅅ'이 어말에서 중화되는 현상을 언급하고 있는 바, 姜信沆(1995)에서는 'ㄷ'과 'ㅅ'이 동일하게 발음되고 있었을 것으로 보고 있다. 그럼에도 불구하고 李思質은 이 八終聲에 대한 의식을 저버리지 않고 있음은 그가 훈민정음의 규정을 이어받겠다는 뜻으로 해석된다.

결국, 이러한 그의 종성 의식은 훈민정음 해례의 '八終聲可足用'이라는 종성 의식을 계승하고자 하는 면을 내재하고 있는 것이다. 그것은 훈민정음 예의의 '終聲復用初聲'이라는 대전제를 자신의 관점에서 해석하면서 해례의 '八終聲可足用'을 현실적인 종성 체계의 참모습으로 받아들이고자 했던 조선 후기 연구자의 한 견해라고 할 수 있을 것이다.

다.

66) 兪昌均(1995), p269. 참조할 것.

제3부 조선 후기 훈민정음 연구를 통해 본 미시적 문자 의식 ■ **241**

④ 琴榮澤의 종성 의식

금영택은『晚寓齋集』권 3에서 그가 추구하려고 했던 종성 의식의 단면을 보여주고 있다. 그는『晚寓齋集』의 〈諺文字音起例〉에서 8종성의 체계로 자신의 종성 의식을 드러냈다. 아래의 내용을 보도록 하자.

> 初聲終聲通用八畫 以其初而從中聲而其終事物成音
>
> ㄱ 其役 ㄴ 尼隱 ㄷ 池末 ㄹ 梨乙 ㅁ 眉音 ㅂ 非邑 ㅅ 時衣 ㅇ 異凝
> 其尼池梨眉非時異初聲也 役隱末乙音邑衣凝終聲也 末衣從俚語

위의 내용을 보면 알 수 있듯이 그의 종성 의식은 기본적으로 훈민정음 해례의 八終聲可足用의 원칙을 계승하고 있다. 그러나 그 계승의 구체적인 내용은 崔世珍의 諺文字母式이며, 금영택 본인이 밝혔듯이 朴性源의『華東正音通釋韻考』의 〈諺文初中終三聲辨〉를 그 기반으로 하고 있음을 알 수 있다.

그러면서도 초성과 중성에서도 드러났지만, 금영택은 자신만의 독특한 용어를 전개하면서 그의 종성 의식을 제시하고 있다. 최세진과 박성원이 '初聲終聲通用八字'라 했던 표현을 위에서 그는 '初聲終聲通用八畫'이라는 표현으로 대체하고 있다. 즉 그는 '字'라는 글자를 '畫'이라는 표현으로 바꾼 셈이다. 그의 초성 의식에서도 이미 언급한 점이 있지만, 그는 음절에 해당하는 표현을 '字'라고 일컬었으며, 자음과 모음 따위를 '畫'이라고 했다. 俞昌植(1958)에서는 금영택의 이러한 술어의 사용은 일찍이 보지 못한 창안이라고 높이 평가하고 있다.

⑤ 鄭允容의 종성 의식

鄭允容은 그의 저서 『字類註釋』 부록의 '諺文反切' 항에서 그의 종성 의식을 전개하고 있다. 그는 여기서 洪啓禧의 〈諺字初中終聲之圖〉와 거의 유사한 표를 제시하고 다음과 같이 8 종성을 그의 종성 체계로 의식하고 있다.

圈標比有數木字或不仝	用諺釋故	末끝몰衣옫의	ㆁ	ㅅ	ㅂ	ㅁ	ㄹ	ㄷ	ㄴ	ㄱ	初終聲通用八字
			異初聲凝終聲	時衣初終此見記略	非邑初終	未音初終	里乙初終	池末初終	尼隱初終	其役初聲終聲	

우리는 초성과 중성에 대한 정윤용의 태도에 대하여 홍계희의 〈諺字初中終聲之圖〉를 근거로 삼는다면 그의 초성 및 중성 의식이 홍계희의 관점을 답습했거나 계승한 것으로 앞에서 파악하였다. 종성 의식도 마찬가지여서 위에서 제시한 표는 그의 초성 의식에서도 언급한 바 있거니와 홍계희의 체계와 차이가 거의 없다. 따라서 그가 위에서 제시한 '初終聲通用八字'는 곧 훈민정음 해례의 '八終聲可足用', 崔世珍의 '初聲終聲通用八字', 그리고 홍계희의 '初終聲通用八字'로 이어지는 종성 의식의 역사적 전통성의 흐름에 따른 것으로 그의 종성 의식을 파악할 수 밖에 없다.

⑥ 姜瑋의 종성 의식

강위는 그의 저서 〈東文字母分解〉에서 그의 종성 의식을 드러내고 있다. 그는 三十七字母, 내지는 三十五字母를 '擬定'이라는 명목으로 제시하고 있는데, 두 곳에서 똑같이 종성의 수를 8 종성으로 제한하고 있다.

그가 擬定이라는 명목을 세우고 초성과 중성과 종성을 제시하고 있으나, 궁극적으로 그의 독창적인 '擬定'은 초성에만 국한되는 것이다. 중성의 11자는 역시 훈민정음 예의에서 제시된 11 중성 체계와 일치하고 그의 종성 8자 역시 훈민정음 해례의 8 종성에서 벗어나지 않는다. 따라서 姜瑋의 종성 의식은 훈민정음 해례의 '八終聲可足用'의 규정을 역사적으로 계승하고 있다고 볼 수 있다.

3.2.3 독자적 경향의 종성 의식

① 崔錫鼎의 종성 의식

최석정은 그의 저서 『經世正韻』에서 그의 또다른 종성 의식을 전개하고 있다. 그는 '論諺文終聲' 조에서 훈민정음의 '終聲復用初聲'에 대한 자신의 견해를 예를 들어 설명하였다. 그러나 '論諺文終聲'에서와는 달리 '終聲十六'에서는 終聲 16자를 제시함으로써 이원적인 종성 의식을 드러낸 셈이다. 그의 16 종성자 보면 아래와 같다.

終聲十六

牙音	ㆁ 凝	ㄱ 億		二合	舌牙	ㄺ 乙億
舌音	ㄴ 隱	ㄹ 乙	ㄷ 得		舌脣	ㄻ 乙邑
脣音	ㅁ 音	ㅂ 邑			舌齒	ㄽ 乙思
齒音	ㅿ 而	ㅅ 思	ㅈ 叱		舌喉	ㅀ 乙益
喉音	ㅇ 矣	ㆆ 益[1]				

위의 표에 의거하면 그는 종성이 單字 12자, 二合字(합용병서) 4자를 합친 16자가1 된다고 하였으며, 종성은 초성으로써 쓰게 되나, 初終聲字 중에서 次淸字와 純濁(全濁)字는 종성에서 제외된다고 하였다. 또한 한자음의 경우는 위의 표에서 'ㄷ, ㅈ'이 제외되고 대신 순경음에 해당하는 'ㅱ, ㅸ' 두 자가 첨가된다고 하였다67). 이렇게 되면 국어 표기를 위한 종성은 16자에 해당하며, 한자음 표기를 위한 종성은 12자에 해당하게 된다. 二合字에 해당하는 4자는 한자음 표기를 위한 종성이 될 수 없으므로 한자음을 위한 종성은 12자가 되는 셈이다.

김석득(1983)에서는 이 16 종성 체계가 훈민정음 해례의 八終聲法과 崔世珍의 八終聲法에 대한 거부라고 할 만하다고 하였다. 특히 둘을 합한 글자(二合之字)의 종성 가능설은, 맞춤법상 음절 위주 표기에서 형태소 단위 표기인 표의적 표기로 발전시키는 계기를 만들어 주었다고 할 수 있는 것이라 하였다. 따라서 崔錫鼎의 종성설은 훈민정음 해례 이래 학문적으로 발전한 새로운 학설로서 국어학사 상에 그 중요한 의의를 갖는다고 하였다.

그 반면에 兪昌均(1995)에서는 위의 종성 체계와 '論諺文終聲' 조에서 언급한 '終聲復用初聲'을 비교해 볼 때 최석정의 논거는 일관성이 없다고 언급하고 있다. '論諺文終聲'에서는 次淸字들이 종성으로 쓰이고 있는 예를 보이고 있지만 '終聲十六'에서는 그렇지 않기 때문이다. 그래서 兪昌均(1995)에서는 '終聲十六'은 四象을 배합하기 위한 이상적인 체계, 즉 보편적 구조를 가정한 것이라 하겠고, '論諺文終聲'은 현실음을 반사하려는 것이라고 하였다.

그런데 '終聲十六'에서 최석정이 次淸字와 純濁(全濁)字를 종성에서 제외하고자 했던 점에 주목할 필요가 있다. 즉 종성은 모든 초성 글자에서 次淸字와 純濁(全濁)字의 글자를 제외한 12 글자를 얻을 수 있다(所

---

67) 兪昌均(1995)에서 재인용.

謂終者卽初聲諸字是已除次淸及純濁之字得終聲十二)는 표현은 비록 훈민정음 해례의 八終聲法은 아니나, 종성으로 초성 모든 글자를 쓴다는 관점도 아니다. 그것은 그가 현실적으로 東音이나 華音 표기에서 표음적 사고를 하고 있었던 것은 아닌가 하는 점을 시사한다.

따라서 이 글에서는 崔錫鼎의 진정한 종성 의식은 '終聲十六'에서 드러나 있다고 보고자 한다. '論諺文終聲'의 '終聲復用初聲'은 단지 훈민정음 예의의 '終聲復用初聲'을 자신의 입장에서 해석하고자 했던 것에 불과하다68). 그 반면에 '終聲十六'의 종성 의식은 실제와는 모순되는 점이 있으며, 훈민정음 해례와 같은 八終聲法은 아니나, 그 나름대로 현실적이면서도 독자적인 체계를 갖춘 최석정의 종성 의식이라고 할 수 있다. 결국 최석정은 조선 전기의 '終聲復用初聲'에 대하여 언급하면서도 한편으로 그는 독자적인 16 종성(한자음은 12 종성)을 제시함으로써 이원적인 종성 의식을 드러내고 있다. 조선 후기라는 시대적 상황을 반영하는, 종성에 대한 독특한 의식이다.

② 신경준의 종성 의식

신경준의 종성 의식은 그의 저서 『韻解』의 〈終聲解〉에서 드러나고 있다. 그의 〈終聲解〉 '象數條'에 의하면 그는 초성은 象으로 중성은 數로 보고 있는데 종성은 象의 方圓과 曲直, 輪의 縱橫과 奇耦을 합하여 쓴다고 하였다.

> 初聲用方圓曲直中聲用縱橫奇耦終聲合方圓縱橫而用之

우선 여기서 우리는 신경준의 종성 의식의 실마리를 얻을 수 있다.

---

68) 그는 終聲復用初聲에 대하여 초성을 모두 종성으로 쓴다는 뜻으로 해석하였다.

종성을 초성과 종성을 합하여 쓴다는 의미는 초성과 중성은 곧 종성이 될 수 있다는 뜻이다. 이 중 초성이 종성이 될 수 있다는 것은 종성자를 따로 만들지 않고 초성자를 종성으로 쓸 수 있다는 '終聲復用初聲'의 올바른 해석이며, 중성이 종성이 될 수 있다는 것은 다음과 같은 그의 '中聲兼終聲' 의식이다.

> 縱橫者中聲兼終聲者也 ㅣㅡㅗㅛㅜㅠㅓㅕㅏㅑㅘㆇㅝㆊ也 世謂此十四字無終聲 而凡字必合三聲而聲 若無終聲 則是不成字也 故謂之中聲兼終聲則可 謂之無終聲則不可

그는 縱橫인 중성은 종성을 겸할 수 있다고 하고 그 중성은 위에서 열거한 14 중성이라고 하였다. 그리고 무릇 자는 반드시 삼성이 합해져야 자를 이룰 수 있고, 종성이 없으면 자를 이룰 수 없다고 하였다. 그리하여 '中聲兼終聲'은 옳은 것이며, 종성이 없으면 옳지 않다고 하였다. 이 의미는 곧 초성을 다시 쓰는 종성이 없을 경우, 즉 중성으로 끝나는 자는 중성이 곧 종성이 된다는 뜻이다. 그래서 중성으로 끝난 것은 이를 종성이 없음을 말하는 것이 아니라 '中聲兼終聲'이라고 했다. 결국 그는 개음절로 끝나는 경우 중성이 그 음절에는 종성의 역할을 한다고 보았던 것이다

그리고 '入聲條'에서 다음과 같은 언급을 통하여 그의 진정한 종성 의식으로 결론을 짓게 된다.

> 初聲之中取其八字 兼作終聲用 附於上則爲初聲 附於下則爲終聲 ㄱㄴㄷㄹㅁㅂㅅㆁ是也

위에서 '初聲之中取其八字 兼作終聲用'라 함은 모든 초성을 종성으로 쓴다는 의미라기 보다는 종성으로 쓰기 위해 초성 중에서 8자를 취한다는 뜻이다. 그래서 申景濬은 뒤이어 8 종성의 구체적인 예를 제시하고 있다. 즉 그는 훈민정음 해례의 '八終聲可足用' 규정을 계승하고 있는 셈이다.

따라서 申景濬은 훈민정음 해례의 '八終聲可足用'의 규정을 계승한 연구자라 할 수 있을 것이다. 그러나 이에 덧붙여 그는 중성을 종성으로 보는 독특한 종성 의식도 전개함으로써 훈민정음 해례의 규정이나 崔世珍의 八終聲法을 단순히 계승한 것이 아니라 종성의 영역을 보다 심층적으로 이해하고자 자신의 종성 의식을 전개한 연구자로도 평가할 수 있겠다.

③ 黃胤錫의 종성 의식

황윤석의 종성 의식은 그의 저술 〈字母辨〉에서 드러나고 있다. 그는 초성을 종성으로 도로 쓸 수 있는 것은 13자에 해당한다고 하였으며, 이 중에서 華語(중국어)를 번역하는 그 외에는 속용으로 8종성이 쓰임을 아래와 같이 언급하고 있다.

> …又反用初聲定十三終聲而自譯華語以外俗用八終聲也
>
> ㄱㄷㅂㅸㅈㆅㅇㄴㅁㆁㄹㅿㅅ(反用初聲終聲)
> ㄱㄷㅂㅇㄴㅁㄹㅅ(俗用終聲)

위에서 13종성은 華音 표기를 위한 종성이므로 종성의 보편적 체계에 해당한다. 그리고 속용 8 종성은 東音 표기, 즉, 국어 표기를 위한 종성 체계이다. 이 중 우선 13종성 체계를 보면 崔錫鼎의 16종성 체계와 비교할 만하다. 최석정의 16 종성 체계 중 한자음 표기를 위한 12종성 체계와 유사하다. 최석정의 12종성 체계에 들어있는 'ㅱ, ㅸ' 두 자가 黃胤錫의 12종성 체계에서 모두 반영되어 있다. 차이가 있다면 전자에서는 제외된 'ㄷ, ㅈ'이 후자의 체계에는 속해 있고 최석정의 12 종성 체계에는 들어가 있는 'ㅇ'이 황윤석의 체계에는 빠져 있다. 그러나 그 수는 다르다 할지라도 두 체계가 중국 한자음(華音) 표기를 위한 체계라는 점에서 공통적이다.

속용 8종성은 역시 훈민정음 해례의 八終聲을 계승한 체계이며 그것은 당대 현실음을 위한 체계라고 할 수 있다. 그런데 우리는 위의 원문에서 볼 수 있듯이 황윤석의 8종성 의식을 '終聲反用十三…俗用八終聲'이라는 표현을 통해 새롭게 인식할 수 있다. 즉 그의 8종성은 종성을 도로 쓴 13종성 중 8종성이다. 이것에 따르면 황윤석은 소위 '終聲復用初聲'의 의미를 '終聲反用'으로 이해하고 있으며, 그 '終聲反用'을 8종성과 연관시키고 있다. 이 말은 그가 '終聲復用初聲'의 의미를 받아들이는 태도에 있어서 종성은 초성을 모두 다시 쓴다는 의미가 아니라 종성은 따로 글자를 만들지 않고 속용일 경우 8종성만으로 족하다는 八終聲可足用의 규정을 계승하고 있다는 의미이다.

따라서 황윤석의 종성 의식은 보편적 체계로서 13종성과 현실적 체계로서 8 종성을 함께 제시한 이원론적 의식이다. 이러한 이원론적 의식은 그만의 독특한 의식으로 독자적 경향을 띠는 태도와 인식이라는 점에서 주목해 볼 필요가 있는 것이라 생각된다.

④ 柳僖의 종성 의식

柳僖는 그의 저서 『諺文志』에서 그의 종성 의식을 드러나고 있는 바, 그는 다음과 같은 7종성의 자신의 종성 체계로 제시하였다.

> 柳氏校定終聲正例六韻
>
> ㄱㄷㅂㆁㄴㅁ
>
> 終聲變例一韻
>
> ㄹ 每於全字之下及下左邊着之

이 종성 체계는 훈민정음 해례의 8종성에서 'ㅅ'을 제외하고 正例에 해당하는 6종성과 여기에 變例에 해당하는 1종성을 합쳐 7종성이 된다. 그는 역대 운서에서 'ㅇ, ㅱ, ㅸ, ㆆ, ㅿ' 등을 종성으로 나타냈으나, 이 중에서 'ㅇ'은 음가가 없으므로 종성이 되지 못하고, 그 나머지는 본시 종성이 될 수 없다는 것이라[69] 하였고 'ㄹ'은 본시 종성이 아니며, 이것은 한자음에서 'ㄷ'이었던 것이 東俗音에서 'ㄹ'로 변해서 된 것이라고 하였다. 또한 항간에 부녀자들이 'ㅅ'으로 'ㄷ'을 대신하는 경향이 있는데, 이것은 'ㅅ'이 종성으로 쓰이지 않음을 알지 못하기 때문이라고 하였으며, 그 'ㅅ'은 두 말(兩語)이 연결되는 데 쓰임을 언급하였다. 즉, 사이 'ㅅ'의 역할을 언급하고[70] 이 'ㅅ'은 '但以聯意而自生'이라 하여 단지 말(낱말)과 말을 잇는 뜻으로서 스스로 생겨난 것임을 밝히고 있다.

여기서 우리는 柳僖가 7종성을 세운 근거를 알 수 있는데, 우선 三平과 三入으로 각각 'ㆁ, ㄴ, ㅁ'과 'ㄱ, ㄷ, ㅂ'으로 양분하여 6종성을 설정하였으며, 여기에 'ㄷ' 종성에 해당하는 華音에 대응하는 東音을 고려한 'ㄹ'의 變例 설정이 있었으며, 마지막으로 東俗音에서 중화 현상을 경험하는 'ㄷ'과 'ㅅ' 중에서 'ㄷ'만을 설정하여 훈민정음 해례의 팔종성에서 'ㄷ'과 'ㅅ'이 공존하는 체계로부터 벗어났다.

요컨대 유희의 7종성은 'ㅱ, ㅸ, ㆆ, ㅿ' 등을 설정한 다른 역대 운서

---

69) 兪昌均(1995)에서 재인용.

70) 김석득(1983)에서는 柳僖의 'ㅅ'에 대한 인식을 사잇소리에 대한 형태적 인식으로 바라보고 있으며 더 정확히는 형태배합론에서 합성법의 인식이라고 보았다.

들의 종성 체계보다는 현실적이었으나, 초성과 중성 체계가 이상적인 의식을 반영한 것이었듯이 이 종성 체계 역시 그 근본적 의식은 보편적 종성 의식을 구현하고자 했던 점이라 아니할 수 없다. 다만 '擬定'의 성격을 지닌다는 면에서 柳僖의 독자적인 의식이라고 할 수 있겠다.

⑤ 朴慶家의 종성 의식

박경가의 종성 의식은 그의 저서 〈四七正音韻考〉에서 드러나는 데, 그는 華音을 기준으로 한 종성 의식과 東音, 곧 우리 한자음을 기준으로 한 종성 의식의 이원론적 경향을 제시하고 있다.

> 華音 기준 - ㄴ, ㅁ, ㅇ, ㅗ, ㅜ, ㅣ (終聲六字)
> 東音 기준 - ㄱ, ㄴ, ㄷ, ㄹ, ㅁ, ㅂ, ㅅ, ㅇ, ㅣ (終聲九字)

위에서 알 수 있듯이 華音을 기준으로 한 박경가의 종성 체계는 독특하다. 우선 자음 중에는 'ㄴ, ㅁ, ㅇ'을 종성으로 삼았고, 모음 중에는 'ㅗ, ㅜ, ㅣ'만을 종성으로 삼아 합하여 6종성을 화음의 종성으로 설정하였다. 여기에 종성으로 들어갈 법한 'ㄱ, ㄷ, ㅂ'은 빠져 있다. 짐작컨대 이 종성 체계는 중국 운학에서 운미에 해당하는 것들 중에 入聲類를 제외한 체계로 이해된다. 'ㄱ, ㄷ, ㅂ'은 입성류에 해당하는 것으로 위에서 누락된 것이다. 그리고 'ㄴ, ㅁ, ㅇ'의 경우는 운미에서 陽聲類에 해당하는 것으로 알려져 있으며, 'ㅗ, ㅜ, ㅣ' 따위는 운미의 陰聲類에 해당하는 것이라고 한다71). 이렇게 본다면 위의 6종성 체계는 華音을 중심으

______

71) 兪昌均(1995)에서는 운학에서 운미는 종래에 다음과 같이 분류되어 있다고 하였다. 양성류 : -ㅇ, -ㄴ, -ㅁ, 음성류 : -ㅇ, -ㅣ, -ㅱ(오/우), 입성류 : -ㄱ, -ㄷ, -ㅂ 등이다.

로 입성을 종성과는 다른 체계로 보고 양성류와 음성류의 운미를 종성으로 삼은 체계라고 할 수 있겠다.

한편 東音 기준의 종성 체계는 훈민정음 해례의 ‘八終聲可足用’ 규정을 계승하면서 여기에 ‘ㅣ’를 추가하여 9종성 체계를 설정하였다. 그런데 8종성에 ‘ㅣ’를 설정한 근거를 알기가 쉽지 않다. 이것이 洪啓禧의 『三韻聲彙』에서 重中聲 ‘ㅣ’를 가리키는 것 내지는 柳僖의 중성 체계에서 變例의 ‘ㅣ’를 가리키는 것이라면, 이 딴이가 다른 중성의 오른쪽에 덧붙을 수 있으니 이것을 다른 중성에 붙는다 하여 종성으로 파악한 것은 아닌가 하는 추측을 해 보게 된다.

요컨대 朴慶家는 그의 종성 체계에 대한 이원론적 의식을 드러내고 있는데, 이것은 철저하게 華音을 기준으로 한 체계와 東音을 기준으로 한 체계로서 독자적인 그의 종성 의식이라고 할 수 있겠다.

⑥ 權靖善의 종성 의식

권정선은 그의 저서 『音經』에서 ‘終聲新釋’이리고 하여 그의 독자적인 종성 의식을 드러내고 있다. 그는 아래 보는 바와 같이 종성을 모두 16자로 설정하고[72] 그 16자를 세 부류로[73] 나누어 설명하고 있다.

> 韻部音七字 - ㅇ, ㆁ, ㄱ, ㄴ, ㄹ, ㅁ, ㅂ
> 閉音終聲五字 - ㄷ, ㅌ, ㅅ, ㅈ, ㅊ
> 半入聲四字 - ㅸ, ㅱ, ㆆ, ㅿ

---

72) 부록에 해당하는 <萬國等韻合圖>에서는 双終聲으로 각자병서로 된 7자와 합용병서로 된 세 자를 더 들었다.

73) 兪昌均(1995)에서 재인용.

이 16종성은 그 분류로 보아 東音을 기준으로 세운 체계라기 보다는 주로 華音을 기준으로 세운 체계로 이해된다. 위의 세 부류 중 韻部音은 운미 부분의 종성에 해당하는 음이라고 생각된다. 왜냐하면 韻部音 7 字 중에서 'ㄱ, ㄹ, ㅂ'을 제외하면 중국 운학에서의 운미에 해당하기 때문이다. 그리고 閉音終聲은 종성에서 막히는 閉鎖音을 일컫는 것이라고 짐작된다. 다만, 韻部音의 'ㄱ, ㅂ'이 왜 이 閉音終聲에 속하지 않는 지는 의문이다. 그리고 半入聲 4자는 權靖善이 언급한 대로 漢音의 正音에서 소실된 입성 운미와 또 半母音으로 끝나는 운미의 半入聲이다74).

결국 그의 종성 체계는 훈민정음 예의의 '終聲復用初聲'의 원칙이나 훈민정음 해례의 '八終聲可足用'의 규정을 계승한 체계라기 보다는 그의 독자적인 체계로 중국 운학에 입각한 종성 의식의 구현이라고 할 수 있겠다.

이상으로 우리는 조선 후기 연구자들의 훈민정음 종성에 대한 의식을 살펴보았다. 조선 후기의 여러 학자들 모두 훈민정음의 종성에 대하여 다양한 견해를 전개하고 있음을 알 수 있었다. 이들이 그러한 훈민정음 종성에 대한 의식은 다음과 같이 정리될 수 있겠다.

크게 조선 후기의 종성 의식은 세 가지 경향으로 나뉠 수 있다. 그런데 훈민정음 예의와 해례에서 각각 제시된 규정, 즉 '終聲復用初聲'과 '八終聲可足用'은 절대적인 모순 관계가 아니라 표면적인 차이라고 볼 수 있을 것이다. 그러나 조선 후기의 연구자들이 그들의 문헌에서 문자 의식의 차원에 입각해서 어느 것에 더 초점을 두었는가 하는 점은 조선 후기의 종성 의식을 나누는 기준이 될 수 있다.

우선 그 첫째가 훈민정음 예의의 '終聲復用初聲' 규정을 받아들인 종성 의식이다. 두 번째는 훈민정음 해례의 '八終聲可足用' 규정을 받아들

---

74) 姜信沆(1995), p147에서 재인용.

인 의식이고, 마지막이 독자적인 종성 의식이다.

먼저 훈민정음 예의의 '終聲復用初聲'의 규정을 받아들여 종성 의식을 전개한 연구자는 崔錫鼎, 鄭東愈, 李思質, 石帆, 盧正燮이다. 최석정은 '論諺文終聲'에서 예의의 '終聲復用初聲'에 대한 나름의 해설을 덧붙여 그 의미를 '則初聲十七字 皆可爲終聲'이라고 이해하고 예의의 종성 의식을 계승하였다. 그리고 정동유 역시 최석정과 같은 견해를 취하며 그의 종성 의식을 전개하였다. 이사질은 '終聲復用初聲'의 규정에 대한 해석으로 그 의미는 '音'이 아니라 '字'로써 종성은 초성을 다시 쓴다고 이해함으로써 예의에 대한 종성 규정을 문자론적 관점에서 파악하고자 하였다. 석범 역시 '終聲復用初聲'의 의미를 받침 글자를 따로 만들지 않고 초성으로 쓴다는 해석을 내림으로써 그 규정에 대하여 보다 정확하게 이해하고자 했다. 한편 노정섭의 종성 의식은 정동유의 종성론을 전재함으로써 곧 정동유의 종성 의식을 그대로 계승한 꼴이었다.

다음으로 훈민정음 해례의 종성 규정, '八終聲可足用'을 받아들인 연구자들로는 朴性源, 洪啓禧, 李思質, 琴榮澤, 鄭允容, 姜瑋 등이 있다. 박성원은 전래해온 '初聲終聲通用八字'의 규정을 그의 종성 의식으로 받아들였으며, 그 양상은 그대로 금영택이 이어받았다. 홍계희 역시 '初終聲通用八字'를 통해 '八終聲可足用'의 규정을 계승했으며, 이사질도 그의 '八終聲論'을 통해 '八終聲可足用'의 규정을 따랐다. 다만 홍계희는 崔世珍에 경도된 내용의 종성 의식을 전개하였고, 이사질은 종성을 위해 표시하는 한자를 홍계희와는 다르게 제시하였다. 정윤용은 해례와 최세진, 그리고 홍계희의 규정을 이어받은 종성 의식을 제시하였던 연구자였으며, 마지막으로 강위도 그러한 부류에 속하는 연구자였다.

세 번째로는 독자적인 경향의 종성 의식을 드러낸 연구자로서 崔錫鼎, 申景濬, 黃胤錫, 柳僖, 朴慶家 등을 들 수 있다. 최석정은 '終聲十六'을 통해 '論諺文終聲'에서 보여준 종성 의식과는 달리 16종성을 單字와

二合字로 구분하여 제시하고 있다. '論諺文終聲'의 '終聲復用初聲'이 훈민정음 예의에 대하여 해설적 차원에서 이루어진 종성 의식이라면 이 16자 종성 의식이 그의 독자적인 종성 의식으로 이해할 수 있을 것이다. 신경준은 그의 〈終聲解〉에서 '中聲兼終聲'이라는 의식을 제시함으로써 종성의 위상을 좀더 본질적으로 이해하고자 했던 연구자라 할 수 있겠다. 황윤석은 〈字母辨〉에서 13자 종성 의식을 전개하여 이 중 8자 종성을 속용으로 보고 그의 종성 의식의 결론을 삼았다. 즉 그는 보편적인 관점으로서의 13자 종성, 현실적 관점으로서의 8자 종성을 제시하여 이원론적 의식을 보여 주었다. 유희의 경우는 變例 'ㄹ'을 포함해 7자 종성 의식을 제시하여 'ㄷ'과 'ㅅ'이 공존하는 '八終聲可足用'의 종성 의식으로부터 벗어나 독특한 종성 인식 태도를 보여 주었다. 박경가는 華音을 기준으로 6종성을, 東音을 기준으로 9종성을 제시하였으며, 權靖善은 '終聲新釋'이라 하여 종성을 16자로 설정하고 세 부류로 나누어 종성을 설명하는 의식을 전개하였다. 이러한 종성 의식 역시 예의나 해례의 종성 의식과는 구별되는 독자적인 것이었다.

조선 후기 연구자들의 다양한 종성 의식은 초성, 중성 의식과 더불어 그 다양성이 두드러진다. 이러한 종성 의식은 물론 음운사적인 차원에서 논의될 성질의 것이 아니다. 다만 조선 전기에 훈민정음 창제 당시에 제시된 두 규정이 문헌의 성격, 이상음과 현실음의 표기 문제, 華音과 東音 등과 맞물려 연구자들에게 다양한 종성 의식으로 전개되었다는 사실은 분명한 것이었다. 그것은 연구자들이 훈민정음이라는 문자의 종성을 받아들이는 관점의 차이라는 점에서 조선 후기 문자 의식사의 한 양상으로 이해될 수 있을 것이다.

 4 훈민정음 자모 배열에 대한 의식

4.1 조선 전기의 자모 배열 의식

우리는 조선 후기 자모 배열 의식의 면모를 다음 절에서 살펴보기 전에 우리는 먼저 崔世珍의 『訓蒙字會』(1527)의 범례에 실린 '諺文字母'를 살펴볼 필요가 있다. 여기서는 그는 훈민정음의 자모 배열과는 다른 자모의 순서를 제시하고 있다. 그 중 자음의 순서는 문자 운용의 형편을 고려하고, 모음은 개구도에 따라 발음운동의 형편을 고려하여 조화 되도록 한 배열의 순서였다75).

> 初聲終聲通用八字 - ㄱㄴㄷㄹㅁㅂㅅㆁ
>
> 初聲獨用八字 - ㅋㅌㅍㅈㅊㅿㅇㅎ
>
> 中聲獨用十一字 - ㅏㅑㅓㅕㅗㅛㅜㅠㅡㅣㆍ

이것은 국어학사 상에서 큰 의의를 지니고 있는 부분으로 『訓民正音』의 자모 배열의 규범적인 틀에서 벗어나는 것이며, 조선 후기 국어 연구자들에게 대단히 많은 영향을 준 그의 언어 의식의 한 단면이다. 주지하다시피 『訓民正音』의 제자 원리 및 그 구성은 성리학과 역학적 배경에 입각하여 이루어졌다. 그러나 훈민정음이 창제된 지 100년도 되지 않아서 『訓民正音』의 틀에서 벗어나는76) 자모 배열 순서를 처음 구

---

75) 金敏洙(1987). "崔世珍의 『訓蒙字會』"에서 재인용. p 134.
76) 諺文字母의 세 구분의 하나로 'ㄱㄴㄷㄹㅁㅂㅅㆁ'을 初聲終聲通用八字라고 한

체적으로 제시한 것은 그의 언어관의 한 양상을 보여주는 좋은 예가 된다. 그렇다고 그가 성운학적 지식이 없는 학자가 아니었다는 점은[77] 그의 자모 배열 의식이 무지에서 비롯된 것이 아님을 익히 알 수 있다.

따라서 그 배열이 그 이전부터 전해오는 것이었다[78] 할지라도 그의 문헌에서 구체적으로 처음 등장하는 이상 그가 위와 같은 자모 배열에 대한 의식을 했다는 것은 중세적 언어 의식의 규범성으로부터의 일탈이라고 볼 수도 있다. 『訓蒙字會』라는 문헌이 한자 교육을 위한 책이지만 '諺文字母'의 위와 같은 배열은 문자 교육적 측면에서도[79] 그 실용적 언어관의 면모를 엿볼 수 있는 것이기 때문이다. 그는 특히 역관으로서 살아있는 중국어에 대한 탁월한 실력을 갖춘 인물이기 때문에 누구보다도 외국어 교육에 대한 관심이 많았다. 따라서 외국 문자에 대한 언어 교육적인 면을 고려했다는 것은 그의 사회적 지위를 살펴보더라도[80] 당연한 것이었는 지도 모른다.

이런 점으로 미루어 보아 우리는 崔世珍의 자모 배열 의식과 사회적

것은 '然ㄱㅇㄷㄴㅂㅁㅅㄹ八字可足用也'라 한 「訓民正音解例」(1446) <終聲解> 규정이 계승된 것으로 보았다(金敏洙, 1980:150). 그리고 훈민정음 해례의 <制字解>에서 발음 기관의 안쪽에서부터 喉牙舌齒脣의 순서로 자음에 대하여 설명하는 부분이 있다. 그러나 『訓蒙字會』諺文字母의 자음 배열은 분명히 훈민정음 예의에서 보여주는 牙舌脣齒喉 五音에 의한 훈민정음의 배열과는 달랐다.

77) 그는 『訓蒙字會』가 나오기 10년 전인 1517년에 당대의 중요한 운서로 평가되는 『四聲通解』를 편찬하였다.

78) 이러한 세 구분은 이미 成俔(1439~1504)의 『慵齋叢和』에 기록되어 있다. 권7에 '世宗設諺文廳, 命申高靈·成三問等製諺文, 初終聲八字, 初聲八字, 中聲十二字. 其字體依梵字爲之…'라는 기록이 있다. 金敏洙(1980)에서 재인용.

79) 정광(1992)에서는 '諺文字母'에 대하여 다음과 같이 언급하고 있다. "이 '諺文字母'는 崔錫鼎의 『經世正韻』(1678)이나 朴性源의 『華東正音通釋韻考』(1747) 등의 중요한 근대국어 초기의 한자음 연구서에서 凡例로 抄錄되었으며 姜瑋의 『擬定國文字母分解』(1869) 등에서도 『訓蒙字會』와 '언문자모'를 참고한 것으로 보아 19세기말까지 이 땅에서의 언문 교육은 거의 '언문자모'에 의거하여 이루어졌음을 알 수 있다."

80) 이상혁(1996). "崔世珍의 사회적 위치에 대한 국어학사적 의의." 「한국어학」4 참조.

지위를 통해서 그의 국어 의식의 미시적 측면과 거시적 측면을 개괄적으로 짐작해 볼 수 있다. 그것은 한편으로 당대의 규범이나 이론이 실용적인 면으로 전환되었음을 의미하는 것이요, 다른 한편으로는 최세진이 우리말 자모에 대하여 인식한 역관으로서 의식이다. 따라서 이러한 그의 국어 의식은, 임진·병자 양난을 겪고 조선 후기 국어 시기의 많은 연구자들에게 영향을 주었기 때문에 조선 후기 자모 배열 의식의 흐름을 고찰하는 데 역사적 전제가 될 수 있다고 생각한다. 그것은 곧 연산군 시대를[81] 지나 중세 국어 의식의 부분적인 극복이자, 비록 시간적 거리는 멀지만 조선 후기의 출발을 알리는 遠因으로서 충분한 연구 성과이다.

4.2 조선 후기의 자모 배열 의식

　　조선 후기 국어 시기의 국어학 연구자들의 자모 배열 의식은 각 학자들에 따라 크게 세 가지 부류로 나뉠 수 있다. 첫째 부류는 崔世珍의 '諺文字母' 배열의 순서와 거의 일치하거나 그에게 영향을 받은 연구자들이다. 둘째는 훈민정음의 자모 배열 체계, 즉 역이론에 근거한 五音의 체계를 그대로 받아들인 연구자들이다. 셋째는 자기만의 독자적인 자모 배열을 제시하면서 자음의 경우 발음기관의 위치에 따른 현대 음성학적 면모를 부분적으로 드러내는 연구자들이다. 이 세 부류만을 보더라도 정음 연구의 다양한 접근과 더불어 자모 배열의 다양성을 이 시기의 연구자들은 보여주고 있는 것이다. 먼저 이 장에서는 시대 순으로 각 연구자들의 자모 배열의 양상을 살펴보기로 하자.

---

80) 연산군 10년(1504)에 갑자사화가 있은 후, 언문 금지령이 내려지면서 한 동안 국어학 연구는 공백기를 맞이하는 시련을 겪게 되었다.

① 崔錫鼎의 자모 배열 의식

최석정의 『經世正韻』(1678)은 훈민정음을 대상으로 한 조선 후기 국어 시기의 최초 연구로 알려져 있다. 그는 『經世正韻』의 〈十七聲分配五聲圖〉에서 다음과 같이 국어의 자음 배열을 제시하고 있다.

ㄱ 君	ㅋ 快	ㆁ 業	牙音	角
ㄷ 斗	ㅌ 呑	ㄴ 那	舌音	徵
ㅂ 彆	ㅍ 漂	ㅁ 彌	脣音	宮
ㅈ 卽	ㅊ 侵	ㅅ 戌	齒音	商
ㆆ 挹	ㅎ 虛	ㅇ 欲	喉音	羽
		ㄹ 閭	半舌音	
		△ 穰	半齒音	

위의 표에서는 초성 17자를 牙舌脣齒喉의 五音으로 나누어 樂音 角徵宮商羽의 五音에 각각 배열하였다. 이 배열 체계는 초성 분배에 해당하는 것이지만, 여기서 우리는 최석정의 자음 배열 의식을 엿볼 수 있다. 이 자음 배열은 『訓民正音』의 초성 분배와 완벽하게 같다.[82] 곧 15세기의 자모 배열과 일치한다. 그러나 주목해야 할 것은 아래의 표이다.

	牙	舌	脣	齒	喉	半舌	半齒
	角	徵	宮	商	羽	變宮	變徵
沈	見 ㄱ	端 ㄷ	幫 ㅂ	精 ㅈ	影 ㆆ	來 ㄹ	
中	溪 ㅋ	透 ㅌ	滂 ㅍ	淸 ㅊ	曉 ㅎ		
浮	疑 ㆁ	泥 ㄴ	明 ㅁ	心 ㅅ	喩 ㅇ		目 △

---

82) 그러나 그의 〈성분청탁도〉 배열에서는 청탁에 따른 분류이기 때문에 후음의 ㅎ, ㆆ이 치음의 ㅅ보다 배열상 앞에 있음을 확인할 수 있다.

이 표는 『訓民正音』에서는 볼 수 없는 崔錫鼎의 독창적인 체계이자 배열이다. 그는 五音을 각각 浸·中·浮로83) 나누고 이것을 三才(天地人)을 본 뜬 것이라고 하였다. 모음이 아닌 자음에서 삼재를 본 뜬 배열을 제시하는 것은 분명히 『訓民正音』과는 거리가 있는 것이다. 삼재 역시 역철학의 요소이고 외형적인 자음 배열의 양상이 『訓民正音』의 체계와 같다고 할지라도 자음 분배에 새로운 기준을 제시했다는 점에서 그의 자음 배열은 중세적 규범을 벗어나는 변형된 틀이이라는 특징을 보여 주는 것이다.

모음의 경우 〈十一音取象八卦圖〉에서 다음과 같이 그 배열을 보여주고 있다.

```
ㅏ 阿 太陽
ㅑ 也 太陰              一 應動
ㅓ 於 少陽
ㅕ 與 少陰

                     · 兒一動一靜之間

ㅗ 烏 少剛
ㅛ 要 少柔              ㅣ 伊動
ㅜ 于 太剛
ㅠ 由 太柔
```

여기에서 최석정은 『訓民正音』에서는 그 初聲字標로 君, 快 등의 글자를 쓰고, 中聲字標로 君, 業 등의 글자를 썼으나 여기서는 中聲字標로

---

83) 김석득(1983)에서는 浸聲을 무성음 계열로, 中聲을 유기음 계열로, 浮聲을 유성음 계열로 분류하였으나 위의 표에서 보다시피 각 계열에 속하지 않는 예들이 있기 때문에 그렇게 판단하기에는 무리가 있다. 음성학 연구자들의 좋은 연구 대상이 될 수 있는 자료이다.

『訓蒙字會』 소재의 阿, 也 등을 써서 초·중성 글자표를 구분한다고 말하고84) 있다. 이것을 보면 崔錫鼎이 崔世珍의 『訓蒙字會』를 분명히 보고 모음의 배열을 했음을 알 수 있다. 물론 『訓蒙字會』의 中聲字標와 완벽하게 일치하지는 않지만 그가 최세진의 실용적 언어 의식의 영향을 받았음을 알 수 있다.

그런데 이 모음의 배열은 『訓民正音』의 배열과 다르다. 제자 원리상 『訓民正音』에서는 三才인 ·ㅡㅣ 가 먼저 나오고 그 가획으로 나머지 글자들이 배열되었다. 그러나 여기에서는 그 배열만을 보면 『訓蒙字會』의 경우와 완벽하게 일치한다. 물론 〈音分闢翕圖〉에서는 華音에 쓰이는 비현실적 모음도 들어가 있기 때문에 그 배열이 다르나 현실에서 쓰이는 모음의 경우 최세진의 완벽한 계승이다.

이와 같이 본다면 최석정은 『訓民正音』이 창제되고 최세진의 『訓蒙字會』가 나온 후 얼마 동안 침체기를 경험한 국어 연구에서 『經世正韻』을 저술하여 조선 후기 국어 시기의 정음 연구의 기운을 불러일으킨 선각자의 역할을 한 셈이다.

② 朴性源의 자모 배열 의식

박성원의 『華東正音通釋韻考』(1747)의 범례와 권말의 〈諺文初中終三聲辨〉에서 그의 자모 배열 의식이 드러난다. 범례에 제시된 〈五音初聲〉를 보면 자음의 배열 순서를 다음과 같이 보여주고 있다.

---

84) '…初聲字標君快等字用訓民本字中聲字票則訓民復出君業等字故今用訓蒙字會
　　所載阿也等字以別之…'

五音初聲〔五音合二變爲七音〕

角 牙音	ㄱ ㅋ ㆁ		
徵 舌音	ㄷ ㅌ ㄴ	變徵 半舌音	ㄹ洪武韻作半徵半商
商 齒音	ㅈ ㅊ ㅅ		
羽 脣音	ㅂ ㅍ ㅁ ◇		
宮 喉音	ㅇ ㅎ	變宮 半喉音	△洪武韻作半商半徵

아래의 표에서는 그의 자음 배열이 『訓民正音』이나 『經世正韻』의 五音 체계와는 어긋나는 점을 발견할 수 있다. 오음의 牙舌脣齒喉의 배열이 아닌 牙舌齒脣喉의 배열을 보여 주고 있는 것이다. 그가 정음의 배열을 이렇게 바꾼 것은 『廣韻』 이후의 모든 운서들의 배열과도 다른 것이 특징인데, 柳僖 이러한 朴性源의 배열 방법이 樂律에 맞는다 하여 이를 찬동하였다85) 한다. 그러나 정작 유희 자신은 오히려 오음의 체계에 맞는 자음의 배열을 제시하고 있으니 어찌된 일인지 알 길이 없다. 그러나 그가 『訓民正音』에는 나타나지 않았던 ◇ 글자를 새로 만들어 脣音 계열에 소속시켜 배열한 것과 羽(脣音)와 商(齒音)의 뒤바뀜을 보면서 그 사실들을 한편으로는 그의 실수라고도 볼 수 있지만 다른 한편으로는 중세적 규범에서 일탈된 양상이라고 해석해 볼 수도 있을 것이다. 곧 그 것을 자모 배열의 탈중세적 모습을 반영하는 것이라 생각된다. 또한 『訓蒙字會』에 나오는 '諺文字母 俗所謂反切二十七字'의 내용과 거의 같은 기사가 실려 있는 권말의 〈諺文初中終三聲辨〉이 최세진의 영향을 입은 학문적 내용이라는 주장을86) 받아들인다면 그의 자음 체계는 단순히 우연적 실수에 의한 체계라고 보기는 어렵다고 생각한다.

---

85) 김병제(1984) p126에서 재인용.
86) 姜信沆(1995) p74에서 재인용.

③申景濬의 자모 배열 의식

신경준의 『韻解』(1750)의 〈訓民正音圖解〉에서는 아래와 같은 주목할 만한 자모 배열 의식이 엿보인다.

宮	喉音		ㅇ 影	ㆆ 挹	ㅎ 曉	ㆅ 匣	
角	牙音		ㆁ 疑	ㄱ 見	ㅋ 溪	ㄲ 群	
徵	舌音	舌頭音	ㄴ 泥	ㄷ 端	ㅌ 透	ㄸ 定	
		舌上音	ㄴ 孃	ㄷ 知	ㅌ 徹	ㄸ 澄	
商	齒音	齒頭音	ㅅ 審	ㅈ 照	ㅊ 穿	ㅆ 禪	ㅉ 牀
		正齒音	ㅅ 心	ㅈ 精	ㅊ 淸	ㅆ 邪	ㅉ 從
羽	脣音	重脣音	ㅁ 明	ㅂ 幫	ㅍ 滂	ㅃ 並	
		輕脣音	ㅱ 微	ㅸ	ㆄ 敷	ㅹ 奉	
變徵	半舌喉音		ㄹ 來				
變商	半齒喉音		ㅿ 日				

申景濬은 위에서 보는 바와 같이 〈訓民正音韻解〉에서 五音의 차례를 宮, 角, 徵, 商, 羽의 순으로 하고 자음의 수를 36자로 설정하였다. 이 배열을87) 잘 보면 그 기준이 소리를 내는 발음 기관의 위치, 즉, 자음

이 발음되는 조음 위치이다. 따라서 구강 안쪽에서부터 바깥쪽으로 그 차례가 매겨져 있는 것을 알 수 있다. 이것은 그 전까지 볼 수 없었던 그의 새로운 착안으로 현대 음성학의 조음 위치(place of articulation)에 의한 배열과 일치한다. 다만, 五音의 체계에 들어가지 못하는 반설음 '르'과 반치음 'ㅿ'의 경우 각각 變齒와 變上에 해당하므로 이 두 음이 조음 위치와는 무관하게 제시된 점이 그 한계이다. 이러한 한계는 申景濬 자신이 자신만의 독특한 자음 배열을 보여주었으면서도 한편으로는 역철학의 큰 틀을 벗어나지 못했다는 점과 무관하지 않다. 『訓民正音』의 오음 체계에서도 이 두 음은 그 체계 속에 들어가지 못하기 때문이다.

또한 설두음과 설상음, 치두음과 정치음, 중순음과 경순음의 구별과 관련하여 그는 이 자모가 지금은 분명하지 않으나 옛날에는 존재하였으며 중국에서는 비록 쓰이지 않으나 다른 나라에서 쓰이는 곳도 있었다고 말하고, 설상음의 경우 우리 나라의 서북 지방과 서울에 사는 반촌인들도 간혹 쓰고 있으니 그전과 같이 36자음를 설정한다 하였다88). 그 음들이 국어 현실 한자음에서 진정으로 반영되었는지를 판단하는 일은 이 글에서 벗어나는 논지이기는 하나 자음의 배열에서 설음, 치음, 순음을 하위 분류한 것은 역사적으로 큰 의의를 지닌다고 볼 수 있다. 특히 설두음과 설상음을 설정한 것은 그가 처음으로 착안한 새로운 견해라고 볼 수 있다89).

申景濬은 모음의 경우에도 다음과 같은 특이한 배열을 제시하고 있다.

---

87) 姜瑋의 『東文字母分解』에서의 자모 배열도 申景濬의 그것과 매우 유사함을 알 수 있다.
88) ···今雖不明而古有存者中土雖不行而他國有用處至於知徹澄澄孃我國西北人多用之在京中泮村人亦或用之故今依舊法備三十六母焉(<訓民正音圖解>의 初聲解).
89) 김병제(1984)에서 p.134에서 재인용.

중성			正(陽)	· ㅏ ㅚ ㅐ
	입벌림소리 (開口音)(陽)	正(陽)	副(陰)	― ㅓ ㅢ ㅔ
		副(陰) 齊齒音	正(陽)	ᅟᅵ ㅑ ᄡᅵ ㅒ
			副(音)	ㅣ ㅕ ㅣㅣ ㅖ
		正(陽)	正(陽)	ㅗ ㅘ ㅚ ㅙ
	입오르림소리 (合口音)(陰)		副(陰)	ㅜ ㅝ ㅟ ㅞ
		副(副) 撮口音	正(陽)	ㅛ ㆇ ㆉ ㅒ
			副(陰)	ㅠ ㆊ ㆌ ㅖ

이 표를 보면 자음과 달리 모음은 그 조음 방법(manner of articulation)에 의해서 분류된 것을 알 수 있다. 申景濬은 중성을 분류할 때 현대 음성학적 개념이 도입된 것을 알 수 있다. 김석득(1983)에서는 이 개념을 입 벌림(開口)과 입 오므림(合口)에 주목하여 개구도, 간극(aperture)이라고 해석하였다. 입 벌림이 큰 것은 개구도가 큰 것이요, 입 오므림은 개구도가 작은 것으로 본 것으로 그는 이 모음의 배열을 조음 음성학적으로 볼 때 매우 합리적인 분류로 평가하고 있다. 덧붙여 '음양'의 역철학 가미하여 중성의 체계를 제시한 점은 중성의 갈래와 배열을 밝히는 데 기여한 점이 또한 크다. 그러나, 실제 현실음이 아닌 새로운 글자를 만들어 낸 것은 음양 대립의 중성 체계에서 짝을 맞추기 위한 형식적인 틀로서 그의 한계로 지적될 수 있는 점이다.

결론적으로 신경준은 자음과 모음의 배열에서 중세의 역철학-음양 원리-에 깊게 경도되어 있어 그 틀을 벗어나지 못하는 약점을 지니고 있으면서도 그 틀 속에서 현대 음성학적 탁견-조음 위치와 조음 방法-을 제시했다는 점에서 그의 자모 배열 의식이 가지고 있는 탈중세적인 일면을 엿볼 수 있다.

④洪啓禧의 자모 배열 의식

홍계희가 편찬한 『三韻聲彙』(1751)의 〈諺字初中終聲之圖〉에서는 가장 주목해야 하는 자모 배열 의식을 보여주고 있다.

初終聲通用八字	初聲獨用六字	中聲十一字	合中聲二字	重中聲一字
ㄱ 君初聲 役終聲	ㅈ 卽初聲	ㅏ 覃中聲 ㅗ 洪中聲	ㅘ 光合 中聲	
ㄴ 那初聲 隱終聲	ㅊ 侵初聲	ㅑ 穰中聲 ㅛ 欲中聲		
ㄷ 斗初聲 末終聲	ㅌ 呑初聲	ㅓ 業中性 ㅜ 君中聲	ㅝ 月合 中聲	
ㄹ 閭初聲 乙終聲	ㅋ 快初聲	ㅕ 彆中聲 ㅠ 戌中聲		
ㅁ 彌初聲 音終聲	ㅍ 漂初聲	ㅡ 卽中聲		
ㅂ 彆初聲 邑終聲	ㆆ 虛初聲	ㅣ 侵中聲		ㅣ 橫重中聲
ㅅ 戌初聲 衣終聲		· 呑中聲		
ㆁ 業初聲 凝終聲				

이 표에서 알 수 있는 것은 그가 문자를 설명함에 있어 『訓民正音』의 한자들을 그대로 제시했다는 점과 자모 배열의 순서를 『訓民正音』의 五音에 의한 배열과는 달리 『訓蒙字會』의 범례와 같은 俗間의 배열법에

따라 했다는 점이다. 자음의 경우 현대 자음의 배열과 비교해 볼 때 ㅋ 과 ㅌ이 바뀐 셈이다. 물론『訓蒙字會』의 배열과 완벽하게 일치하지는 않는다. 그런데 이러한 배열법이 의의를 가지는 이유는 東音 곧 조선 한 자음을 위한 자모 배열을, 자모가 쓰이는 분포와 더불어 조선의 연구자 가 조선 후기 국어 시기에 처음으로 보여주고 있다는 점에서 찾을 수 있 다. 최세진의 '諺文字母'의 배열을 약 230년 후에 진정으로 계승한 것이 다. 이 자음의 경우 그의 배열은 거의 오늘날과 같아서 홍계희의 자모 배열 의식은 국어학사적으로 높게 평가할 만하다.

그런데 그가〈諺字初中終聲之圖〉은『訓民正音』본문의 차례에 의거 하지 않고 민간에서 말하는 반절의 차례에 의거하여 만들었다고 한 점 으로90) 미루어 보아 그는 사람들이 소위 '諺文字母' 식 배열에 익숙하다 는 점에 착안하여 분명히 의식적으로 자음의 배열을 위와 같이 했음을 알 수 있다. 그것은 곧 문자 교육의 실용성을 강조한 그의 의지라고 밖 에 볼 수 없다.

더욱이 이『三韻聲彙』라는 책은『訓民正音』에 대한 해설서가 아니고 운서이다. 운서의 성격은 華音의 표기를 위한 수단으로써 문자를 주목 하기 마련이다. 그러나 이 문헌에서 화음은〈洪武韻字母之圖〉라 하여 따라 제시하고 따로〈諺字初中終聲之圖〉라는 東音의 배열을 보여주고 있으니 이 내용이 갖는 역사적 무게를 실감할 수 있다.

모음의 경우도〈諺字初中終聲之圖〉에서 각각의 모음이 쓰이는 분포 를『訓民正音』의 한자를 이용하여 제시하고 있으며 모음 배열의 양상은 최세진의 순서를 그대로 따르고 있다. 또한 중성 11자 이외에 合中聲 2 자와 重中聲 1자를 표 안에 따로 설정하였다. 이러한 글자의 설정은 당 시에 민간에서 쓰이는 현실음을 반영한 것이다. 그런데『訓民正音』이나 『訓蒙字會』에서는 그 글자의 설명이 없었던 것을 그는 독창적 견해

---

90) 김병제(1984), p.146에서 재인용.

에91) 따라 설명하고 있으니 모음의 배열에서 동음 현실음의 '과, ㅓ, ㅣ
(따이)' 등장은 모음에서도 또한 그의 국어 연구의 탈중세적 특징을 대변
해 주는 것이라 하겠다.

요컨대 그는 자음과 모음에서 『訓民正音』의 문자 설명을 계승하고
『訓蒙字會』의 俗間 배열법을 바탕으로 모음의 현실음 배열을 대단히 합
리적으로 제시한 국어 연구자라고 할 수 있겠다. 따라서 그 배열법은 당
대 현실에 맞는 편리하고 실용적인 체계로 이루어낸 것으로 조선 후기
의 특징을 대변하는 자모 배열 의식이다.

⑤黃胤錫의 자모 배열 의식
황윤석의 『頤齋遺稿』에 실려 있는 〈字母辨〉에서 다음과 같은 자모
배열의 모습을 제시하고 있다.

初聲(俗用 14)…ㄱㅋㅇㄷㅌㄴㅂㅍㅁㅈㅊㅅㅎㄹ
中聲(俗用 19)…ㅏㅑㅓㅕㅗㅛㅜㅠㅡㅣ·ㅐㅔㅖㅘㅚㅓㅓㅟ

여기서 그는 자음의 경우 '初聲三十一俗用十四'라 하여 초성에서 14
초성의 제시하였고, 중성의 경우 '中聲三十三俗用十九'라 하여 19 초성
을 열거하였다. 한편, 종성의 경우 '終聲反用初聲十三俗用八'이라 하여
재래의 8종성을 보여 주었다. 여기서 말하는 초성 31자는 최세진의 『四
聲通解』 권두에 실려 있는 〈洪武正韻三十一字母之圖〉에 한글로 표기된

---

91) 김병제(1984)에서는 '과'는 'ㅗ'와 'ㅏ', 'ㅓ'는 'ㅜ'와 'ㅓ'의 거듭이지만, 'ㅚ', 'ㅐ'
  는 종래에 'ㅗ'와 'ㅣ', 'ㅏ'와 'ㅣ'의 거듭으로 보아 오던 관점을 깨뜨리고 '횡(橫)'
  자의 중성인 'ㅚ'에서의 'ㅣ'를 따이로 봄으로써 중중성의 본질을 밝히어낸 것은
  그의 견해의 중요한 부분의 하나라고 밝히고 있다.

한글 자모임을 밝히고 속용 14자는 당시 국어와 우리 한자음 표기에 사용된 한글 자모를 가리키는 것이라고 말하고 있다. 그런데 이 초성의 배열을 보면 전통적인 五音 체계의 배열임을 알 수 있다. 그러나 그의 五音 체계는 다른 연구자의 오음 체계에서 보여주는, 華音의 표기를 위한 초성-각자병서의 자음-이나 현실적으로 사용되지 않는 △, ㆆ 등이 빠져 있어 당대 현실음을 위한 자모 배열의 의식을 발견할 수 있다.

중성의 경우도 마찬가지여서 한자음 가운데 모음과 반모음으로 끝나는 화음의 중성이 33자임을 밝히고 있으나 이 가운데 속용을 19자로 명시함으로써 崔世珍의 모음 배열에 덧붙여 合中聲字의 배열도 연이어 보여주고 있다. 그런데 주목할 일은 그가 東音 표기를 위해서 전면적으로 合中聲字를 배열한 것은 매우 역사적 가치가 있다. 그 이전의 연구자들도 모음의 배열에서 合中聲자의 예를 부분적으로 보여주기도 했고 또한 전면적으로 보여주기도 했지만 모두 화음 표기를 위한 비현실적 모음을 포함하여, 현실적인 모음과의 구별을 굳이 하지 않은 배열이었다. 그러나 그는 이 33의 중성에서 당대 현실적인 모음을 '俗用'이라는 언급과 함께 제시함으로써 合中聲字를 포함하는 모음 배열 의식의 새로운 양상을 보여주고 있다.

⑥ 洪良浩의 자모 배열 의식

홍양호『經世正韻圖說』序의92) 〈附訓民正音初聲象形圖〉에서 자음의 배열을 보여주고 있다.

---

92) 洪良浩의『經世正韻圖說』序와 <初聲象形說>을 보면 서두에 다른 학자들과 마찬가지로 운학의 필요성, 훈민정음 창제로 우리 문화가 크게 발전하게 되었다는 것 등을 말하고『經世正韻圖說』에 '制字之意'가 언급되어 있지 않다고 하여 발음 기관의 상형설을 보충하고 있다.

ㄱ 牙音	ㄴ 舌音	ㅂ 脣音	ㅅ 齒音	ㅇ 淺喉音	ㄹ 半舌音
ㅋ 牙音, 重聲	ㄷ 舌	ㅍ 脣音	ㅈ 齒舌間音	ㆆ 喉齒間音	△ 半齒音
ㆁ 喉牙間音	ㅌ 舌音	ㅁ 脣音	ㅊ 喉舌間音	ㅎ 深喉音	

이 표에서 그는 『訓民正音』 초성의 배열과 약간 다른 배열을 보여주고 있다. 牙音, 舌音, 脣音, 齒音, 喉音의 차례로 되어 있는 것은 『訓民正音』의 자모 배열과 맞기 때문에 얼핏 보기에는 일치하는 듯이 보인다. 그러나 자세히 보면, 설음의 경우 『訓民正音』은 ㄷ, ㅌ, ㄴ의 배열 순서인데 반하여 여기서는 ㄴ, ㄷ, ㅌ의 순서로 되어 있다. 또한, 치음의 경우 『訓民正音』은 ㅈ, ㅊ, ㅅ인 반면 여기는 ㅅ, ㅈ, ㅊ,의 순이다. 후음의 경우도 『訓民正音』은 ㆆ, ㅎ, ㅇ의 차례인데 여기서는 ㅇ, ㆆ, ㅎ의 배열을 보여 주고 있다. 그러한 배열이라면 순음도 역시 위와 같은 기본자에서 가획에 따라 ㅁ, ㅂ, ㅍ으로 해야 되는데 표에서 보면 그렇지 않다. 따라서 그에게서 일관성을 찾을 수 없는 점이 약간의 의문이 생기는 부분이다. 그러나 글자의 획이 간단한 것에서 복잡한 것으로 자음을 배열하려 했다는 시도는 그만의 독특한 입장이었다. 따라서 그의 자음 배열 의식은 五音의 체계를 따르는 역 이론의 규범을 준수하는 입장이지만 그 체계 안에서 변화를 시도한 조선 후기 국어 시기의 다양성의 일면을 엿볼 수 있는 의식이라고 볼 수 있다.

⑦ 柳僖의 자모 배열 의식

유희의 「諺文志」(1824) 〈初聲例〉에서 자음의 배열을, 〈中聲例〉에서 그가 제시하고 있는 모음의 배열을 유추할 수 있다. 다음은 그것을 金敏洙(1980)에서 한데 모아 구성한 초성과 중성의 자모 배열이다.

柳氏校定初聲二十五母

ㄱㅋㄲㅇㄷㅌㄸㄴㅂㅍㅁ병뼝ㅈㅊㅉㅿㅅㅆㅇㅎㆅㄹㆆ

柳氏校定中聲正例十五形

ㅏㅑㅘㅙㅓㅕㅝㅞㅗㅛㅜㅠㅡㅣㆍ

中聲變例一形 ㅣ〔每於全字右旁加之〕

위에 제시된 柳僖의 자모 배열 중 자음의 경우를 먼저 살펴보면, 우선 五音의 체계를 완벽하게 지키고 있음을 볼 수 있다. 그리고 당시 국어의 현실음(東音)이 아닌 자음의 경우도 각각 五音의 체계 속에 들어가 있다. 따라서 소위 '柳氏校定'이라고 일컬어지는 이 자음 25자에 全濁音 6母, 脣輕音 2母 및 影母(ㆆ), 日母(ㅿ)까지도 세운 것은 비현실적이어서 華音 표기나 이상적인 체계의 수립을 뜻하는 것이다[93].

그런데 여기서 우리는 두 가지 점에서 그의 자음 배열 의식과 관련된 近代性을 포착할 수 있다. 하나는 모음의 배열에서도 걸치는 내용이지만 그가 한자음을 표기하려고 했던 자모의 설정을 '柳氏校定'이라는 자기의 독창적 관점에서 이루어냈다는 점이다. 이것은 중세의 『訓民正音』의 초성 배열과는 상당히 다른, 변화된 양상이다. 그리고 다른 하나는 〈初聲例〉 끝에서 'ㅿ'와 '병'자의 음가와 관련하여 그가 교정하려고 한 것은 단순히 한자음을 표기하려고 한 것만이 아니라는 다음의 언급에서이다.

"…이제 내가 이 諺文지를 비록 간간이 한자음을 가지고 설명하고 있으나, 애당초 한자음을 위하여 마련한 것이 아니고 다만 사람 입에서 나오는 소리를 다 기록하고자 할 뿐인 것이다(今余此志雖間間發明以字音初非爲字

---

93) 金敏洙(1980), p.174에서 재인용.

音設也只欲寫盡人口所出之聲而已).

이 언급은 『諺文志』를 통해서 최소한 초성의 경우 華音과 東音의 한 자음뿐만이 아니라 과거(15세기)에 존재했던 정음의 음가까지도 표기하려고 했던 그의 국어 의식을 엿볼 수 있게 하는 대목이다. 그것은 조선 후기 국어의 시기에 한 연구자가 'ㅿ'와 'ㅸ'자를 자음 배열에 넣게 된 결과를 가져온 것이다. 따라서 '柳氏校正初聲二十五母'는 그가 그 이전의 초성 체계 내지 자음 배열을 비판하고 귀납한 그의 독창적 체계라는 점은 그 나름대로 설득력을 갖는다.

모음의 경우도 그는 자기만의 독창적인 배열을 보여주고 있다. 위에서 보는 바와 같이 中聲正例 15 모음과 中聲變例 1 모음을 합쳐 16 모음을 제시하고 있다. 전자의 15 모음의 경우는 崔世珍의 모음 배열에 비현실적 자음이 개입된 배열을 이루고 있는 독특한 순서를 보여주고 있다. 후자의 경우는 洪啓禧의 『三韻聲彙』에 등장하는 重中聲字에 해당하는 'ᆐ'의 계승이다. 이것을 통하여 그는 그 이전 시기의 중성 배열을 바탕으로 새로운 중성 배열을 보여주고 있는 것이다.

⑧石帆의 자모 배열 의식
『諺音捷考』(1846)에서는 다음과 같은 자모의 배열은 보여주고 있다.

자음—ㄱㄴㄷㄹㅁㅂㅅㅇ(初終聲通用八字)ㅈㅊㅋㅌㅍㅎ
모음—ㅏㅑㅓㅕㅗㅛㅜㅠㅡㅣ·

그는 崔世珍의 『訓蒙字會』의 영향을 받은 흔적이 뚜렷한데 『訓蒙字會』와는 약간의 차이가 있다. 모음의 경우는 완벽하게 『訓蒙字會』와 일치하지만 자음의 경우 『訓蒙字會』의 '初聲獨用八字'에 해당하는 것들 중에서 'ㅈㅊ'과 'ㅋㅌㅍ'의 뒤바뀌어 있음을 알 수 있다. 비슷한 시기의 李圭景의 자모 배열에서도 그와 같다. 이것은 두 가지 의미에서 의의를 갖는다. 이 시기부터 이제는 五音 체계에 의한 자음 배열이 변형되어 그 원칙이 반영되지 않는다는 점이 그 하나이다. 즉 역철학에 근거한 자모 배열이 그 의의를 상실하고 실용적 차원에서 그 배열이 이루어지고 있다는 점을 알 수 있다. 두 번째로 이 시기의 자모의 배열은 결국 현대적 자모 배열의 성립에 큰 영향을 주는 결과를 낳았다는 점이다. 19세기 중반 이후 개화기에 이르기까지 여러 문헌에서 등장하는 자모 배열은 거의 대부분 石帆이나 李圭景에 제시하는 틀에서 벗어나지 않기 때문이다94). 위의 틀에서 벗어나지 않는다는 말은 『訓蒙字會』의 '諺文字母'의 자모 배열 의식이 조선 후기, 근대계몽기, 현대에 이르기까지 엄청난 영향을 미쳤다는 것을 입증하는 것이다. 그것은 곧 '諺文字母'의 역사성이며 조선 후기 국어 시기의 자모 배열 의식의 기저는 한편으로는 바로 『訓蒙字會』의 '諺文字母'에서 출발한다는 사실을 말해주고 있다.

⑨姜瑋의 자모 배열 의식

姜瑋의 『東文字母分解』(1869) 〈初中終三音成字圖〉에서 자음과 모음의 배열을 보여 주고 있다.

> 자음— 喉音二 ㅇㅎ, 舌本音三 ㄱㄲㅋ, 舌上音四 ㅅㅆㅈㅊ,
>   舌尖音四 ㄴㄷㄸㅌ, 轉舌音一 ㄹ, 脣音四 ㅁㅂㅃㅍ.
> 모음— ㅏㅑㅓㅕㅗㅛㅜㅠㅡㅣ·

---

94) 權靖善이 지어 1906년에 나온 『音經』에서 중국 한자음 표기를 위한 자모까지 포함하여 五音의 체계에 따라 자음의 배열을 보여주고 있다. 모음에 있어서 현실적으로 사용되지 않는 모음이 독특한 체계 속에서 배열되어 있다.

이 〈初中終三音成字圖〉는『東文字母分解』의 맨 마지막에95) 제시된 자모 배열과 관련된 내용이다. 이 부분에서 주목할 것은 특히 자음의 배열이다. 申景濬의 자모 배열 의식에서도 언급을 하였지만, 이 배열을 잘 보면 그 기준이 소리를 내는 발음 기관의 위치, 즉 자음이 발음되는 조음 위치(place of articulation)임을 알 수 있다. 申景濬 이후 처음으로 등장하는 것으로 한편으로는 신경준의 한계를 뛰어넘고 있다. 신경준에서는 반설음 'ㄹ'과 조음 위치와는 무관하게 배열된 점이 그 한계로 지적되었다. 그러나 여기서는 이러한 한계를 벗어나 자기 나름대로 'ㄹ' 자음을 순음 앞에 배열하고 轉舌音이라 칭하였다. 그리고 ㅌㄸㄷㄴ를 한데 묶어 舌尖音, ㅊㅈㅉㅅ을 舌上音, ㅋㄲㄱ을 舌本音, ㅎㅇ을 喉音이라 하였다. 각각의 명칭은 현대 조음 음성학적 의미에서 문제가 되지만 조음 위치에 따른 자모 배열은 그 의의가 대단히 크다.

모음의 경우는 崔世珍의 모음 배열을 완벽하게 따르고 있다. 역사적으로 보면 모음 배열의 경우 거의 대부분『訓民正音』과 최세진의『訓蒙字會』모음 배열에서부터 그리 크게 벗어나지 않음을 확인할 수 있었는데 여기에서도 예외는 아니다. 다만 모음의 명칭은 과거와는 달리 언문의 위상이 격상하면서 한자로 그 명칭을 제시하는 방법에서 벗어나 우리말로 표기하는 변화를 보여주고 있다.

자음에서 조음 위치에 따른 배열, 모음에서 '諺文字母'의 모음 배열을 완벽히 계승했다는 점은 姜瑋의 자모 배열이 五音 체계에 사로잡힌 중세적 규범에서 완전히 벗어난 새로운 자모 배열의 절정을 이루는 의식으로 이해할 수 있겠다.

우리는 지금까지 조선 후기 국어학 연구의 흐름의 하나로 당대 연구

---

95) 현재까지 전하는『東文字母分』의 이본은 金允經의『朝鮮文字及語學史』(1937)에 인용된 원문『東文字母分解』와 國文研究所의「國文研究案」(1907)에 李能和가 등재한 기록『擬正國文字母分解』두 종류이다. 이 중 〈初中終三音成字圖〉는 金允經의『朝鮮文字及語學史』(1937)에만 들어 있다.

자들의 자모 배열 의식에 대한 다양한 양상을 살펴보았다. 자모 배열 의식이라는 기준이 반드시 조선 후기 국어 연구 흐름의 전체를 보여주는 것은 아니지만 당대 연구들이 가졌던 국어 의식의 한 단면을 보여준다는 연역적 가정 하에 국어 의식에 대한 새로운 면모를 다음의 정리를 통해 추론해 볼 수 있겠다.

研究者 및 文獻	자음 배열의 특징	모음 배열의 특징
崔錫鼎, 『經世正韻』(1678)	오음 체계. 침,중,부 설정	언문자모 계승
朴性源, 『華東正音通釋韻考』(1747)	오음 체계에서 벗어남	×
申景濬, 『韻解』(1750)	조음 위치식의 배열	조음 방법식 배열
洪啓禧, 『三韻聲彙』(1751)	오음 체계에서 벗어남 언문자모 계승	언문자모 계승, 발전
洪良浩, 『經世正韻圖說』序 (18C중반)	오음 체계에서 벗어남	×
柳 僖, 『諺文志』(1824)	오음 체계 준수	화음 표기를 포함한 언문자모
黃胤錫, 『字母辨』(1829)	오음 체계 준수	언문자모 계승, 발전
石 帆, 『諺音捷考』(1846)	언문자모 계승 발전	언문자모 계승
姜瑋, 『東文字母分解』(1869)	조음 위치식 배열	언문자모 계승

표를 보면 자음 배열에서 중세적 자음 배열의 규범인 五音 체계에서 벗어나는 연구자들의 국어 의식을 쉽게 포착할 수 있다. 崔錫鼎과 柳僖, 黃胤錫을 제외하고는 모두 崔世珍의 '諺文字母'의 배열과 그것을 원용한 배열을 보여주는 학자가 자음의 배열에서는 대부분이다. 이것은 중세적

국어 의식에서 벗어나 자모의 배열이 그 다양성을 추구했다는 사실을 대변하는 것이다. 특히 洪啓禧는 그가 저술한 책이 운서임에도 불구하고 五音 체계에 의한 배열의 양상을 보인다. 이 점은 조선 후기 국어 시기에 탈중세적 특성의 전형을 보여주는 대단히 특기할 만한 것이다. 또한 申景濬과 姜瑋가 제시하는 자음 배열은 현대 음성학의 조음 위치를 이용한 과학적 의식의 소산이며 국어 음성학 연구의 새로운 전환의 계기를 마련했다는 점에서 그 의의가 크다.

모음의 경우도 그 모음 배열 의식은 중세적 모음 배열 의식과 차이를 보인다. 중세적 모음 배열 의식이 모음의 생성 원리에 의한 차원이라면 조선 후기의 모음 배열 의식은 거의 철저하게 崔世珍의 모음 배열을 그대로 또는 응용하여 계승한 점을 위의 표를 통해서 알 수 있다. 더욱 의미 있는 일은 운서의 성격을 지니고 있는『經世正韻』이나『三韻聲彙』와 같은 문헌에서도 그러한 배열이 분명히 제시되고 있다는 점이다. 이러한 양상 역시 중세적 규범에서 벗어나는 모음 배열의 근대적 특성을 부여해 볼 수 있는 당대 연구자들의 국어 의식이라고 할 수 있겠다. 여기서 우리는 당대 연구자들이 보여주는 자모 배열 의식을 다음과 같이 정리할 수 있겠다.

1) 자음의 배열은 역사상에 입각한 五音 체계에서 벗어나 있었고, 모음의 배열은 자모의 생성 원리에 따른 순차적 배열에서 벗어났다.

2) 자모 배열은 현실음(東音)에 대한 적극적인 고려와 관련이 있으며 실용적 성격을 지녔다.

3) 자모의 배열은 최세진의 '諺文字母'의 계승 혹은 발전의 양상이었다.

4) 자모 배열은 중세 국어와 현대 국어 사이에서 중세를 벗어나며, 현대를 지향하는 근대 지향적인 다양성의 모습이었다.

결론적으로 이야기한다면 근대 국어학사의 기술에서는 당시의 시대적·사회적 배경론에 입각한 단순한 정음 연구의 활성화라는 기존의 논의 뿐만 아니라 당대 연구자들의 연구 성과가 어떤 점에서 좀더 근대적 요소를 지니고 있는가 하는 점을 통시적 맥락에서 짚어보는 것이 조선 후기 국어학사 기술에서 설득력을 제공하는 방법이라고 생각한다.

제 **4** 부

결 론

　이상으로 우리는 국어학사의 관점에서 조선후기 훈민정음 연구의 역사적 변천을 문자 의식이라는 시각을 중심으로 살펴보았다.

　훈민정음이라는 문자와 관련된 현대의 주된 연구는 훈민정음이 창제된 당시, 즉 15세기에 치우쳐 있었다는 점을 지적하고 이 글에서는 조선 후기에도 훈민정음에 대한 활발한 연구가 진행되었음을 문자 의식사라는 관점에서 확인할 수 있었다. 다만 현재의 입장에서 볼 때 조선 후기의 국어학적 견해들이 체계성을 갖춘 연구라기보다는 동양적 類推 내지는 의식에 해당하는 것이었음을 부인하기는 어렵다. 그런데 이러한 여러 언어 의식을 체계성이 갖추어 있지 않다는 이유만으로 무시할 수 없었기 때문에 이 글에서는 당시의 국어 의식을 문자 의식으로 구체화하여 이 글에서 조선 후기 국어학사를 의식사의 시각에서 다루어 본 것이다.

　우선 이 글의 서론에서는 조선 후기 국어학사 서술을 위한 전제로 의식사의 서술을 강조하였다. 그것은 국어학사의 대상과 그 범위를 넓히는 문제와 관련을 맺는 것임을 지적하였다. 따라서 이 논문에서는 우선 국어학사를 새롭게 재정의하여 '국어학사'를 '언어학의 하위 분야로서 국어 연구의 역사와 제반 국어 의식의 역사'라고 규정하였다. 그리고 재정의된 국어학사의 개념을 바탕으로 '의식'이라는 용어를 서술의 중요한 요소로 삼았으며 그 대상을 훈민정음으로 국한하였다. 그러한 맥락에서 이 글의 서술은 주제별 문자 의식사로서의 국어학사의 입장을 일관되게 유지하려고 했다.

따라서 본론에서는 훈민정음 연구를 통해서 본 거시적 문자 의식과 미시적 문자 의식이라는 두 축으로 논의를 전개하였다. 우선 거시적 문자 의식의 양상으로 크게 다섯 가지의 주제를 설정하여 기술하였다. 그 첫째가 훈민정음 전체 혹은 일반에 관한 의식이었으며, 둘째는 훈민정음 명칭에 대한 의식이었다. 그리고 문자가 운용되는 차원에서 훈민정음 통용에 대한 의식을 세 번째 주제로 기술하였고, 훈민정음 기원에 대한 의식과 훈민정음의 제자 원리로서의 상형 의식을 의도적으로 구분하여 논의를 전개하였다.

훈민정음 전반 혹은 일반에 대한 의식에서는 당시 연구자들이 훈민정음이라는 문자 전체를 과연 어떻게 의식하고 있었고 그 의식의 양상은 과연 어떤 의의를 띠고 있는가 하는 문제를 살펴보았다. 즉 그들은 훈민정음의 우수성을 찬양하고 있으며 그 구체적인 내용으로 표음적 특성, 글자의 간결성, 反切法을 대체할 수 있는 편리성, 의사 전달의 용이성 등이 있었다. 이것을 통해 당시 연구자들이 의식했던 우리 문자에 대한 근대 지향적 양상의 한 단면을 구체화하였다.

훈민정음 명칭에 대한 의식에서는 훈민정음의 명칭과 '諺文'이라는 명칭이 가지는 의미에 주목하였다. 그 결과 당시 연구자들은 '언문'이라는 표현을 천한 것으로 인식한 것이 아니라 훈민정음이라는 표현과 동등한 개념으로 파악했다는 점을 확인할 수 있었다. 기존의 연구는 훈민정음과 언문의 개념에서 둘 사이의 뉘앙스가 차이가 나는 것으로 이해했지만, 역사적으로 살펴본 결과 두 개념은 그 명칭과 그 의미에서 큰 차이를 보이지 않는다는 것을 실증적으로 제시하였다.

훈민정음 통용에 대한 의식에서는 조선 후기에 연구자들이 의식한 문자 통용의 문제에 대하여 살펴보았다. 즉 조선 후기라는 시대에 이미 당시의 학자들은 우리 훈민정음이라는 문자가 머지 않아 우리 나라의

公用 문자가 될 것이라는 예측을 하고 있었다는 점을 문헌을 통해 확인하였다. 이것을 통해 당시의 연구자들이 훈민정음을 진정한 우리의 國字로 의식하고자 했던 점을 알 수 있었다. 이것 역시 당시 연구자들의 근대 지향적 문자 통용 의식의 모습이었으며 그 이전의 문자 통용 의식과는 구별되는 양상이었다. 그 결과 조선 후기는 삼중의 문자 통용 의식 -훈민정음, 한자, 이두가 공존하며 사용된 시기로 이해하고자 하였다. 이것은 문자로서의 훈민정음의 위상이 높아진 결과에 따른 것이었음을 강조하였다. 근대 지향적 문자 통용 의식의 싹이 트기 시작한 것이다.

훈민정음 기원에 대한 의식에서는 당시 연구자들이 우리 문자 기원 의식에 대하여 살펴보았다. 이 기원 의식도 상형 의식이나 이 논문에서는 제자 원리로서의 상형 의식과 구별하였다. 그 기원 의식은 古篆 기원 의식, 梵字 기원 의식, 蒙古字 기원 의식으로 나누어질 수 있었다. 현재의 입장에서 보면 대개 그 근거가 희박한 주장들이었다. 그러나 그러한 견해들은 당시 연구자들이 전개한 우리 문자의 기원에 대하여 다양한 의식들이며, 그것은 우리 문자의 정체성을 찾고자 하는 노력의 일환이었다. 그러한 문제 의식 또한 당대 문자 의식의 탈중세적 다양성의 면모를 알게 하는 것이었다.

훈민정음 제자 원리로서의 상형 의식에서는 당시 연구자들이 의식했던 제자 원리로서의 상형 의식의 두 견해, 즉 발음 기관 상형 의식과 圓方 상형 의식의 구체적인 내용을 훈민정음의 기원 의식과는 구별하여 살펴보았다. 특히 전자가 오늘날까지 훈민정음의 상형설로 가장 설득력 있게 인정받는 가설이라는 점을 조선 전기와 조선 후기에 이르기까지의 그 역사적으로 계승에서 찾을 수 있었다.

훈민정음 연구를 통해서 본 미시적 문자 의식은 크게 네 주제에 걸쳐 살펴보았다. 그 네 가지의 소주제를 다음과 같이 설정하여 기술하였다. 우선 그 첫째가 훈민정음 초성자에 대한 의식이었으며, 둘째는 훈민정음 중성자에 대한 의식이었다. 그리고 셋째는 훈민정음 종성자에 대한 의식이었으며, 마지막으로는 훈민정음 자모의 배열에 대한 의식에 대한 논의였다.

훈민정음 초성자에 대한 의식에서는 훈민정음 초성자가 창제 당시(조선 전기)와는 다르게 당시 연구자들에 의해 다양하게 의식되고 있는 양상을 살펴보았다. 훈민정음 예의의 체계를 계승하는 초성 의식, 훈민정음 해례의 체계를 계승하는 초성 의식, 독자적인 초성 의식 등으로 나누어 조선 후기의 초성 의식의 변천 양상을 논의했다.

훈민정음 중성자에 대한 의식에서는 훈민정음 중성자가 창제 당시(조선 전기)와는 다르게 당시 연구자들에 의해 어떻게 의식되고 있는 여러 양상을 살펴보았다. 훈민정음 예의의 체계를 계승하는 중성 의식, 훈민정음 해례의 체계를 계승하는 중성 의식, 독자적인 중성 의식 등으로 나누어 조선 후기의 중성 의식의 변천 양상을 논의했다.

훈민정음 종성자에 대한 의식에서는 훈민정음 종성자가 창제 당시(조선 전기)와는 달리 연구자들에 의해 의식되고 있는 여러 양상을 살펴보았다. 훈민정음 예의의 규정-終聲復用初聲을 계승하는 종성 의식, 훈민정음 해례의 규정-八終聲可足用을 계승하는 종성 의식, 독자적인 종성 의식 등으로 나누어 조선 후기의 종성 의식의 변천 양상을 논의했다

훈민정음 자모 배열에 대한 의식에서는 훈민정음 초성과 중성으로 쓰이고 있는 자모가 창제 당시와는 다르게 연구자들에 의해 다양하게 배열된 순서에 대한 여러 양상을 살펴보았다. 조선 전기의 배열 순서를 그대로 지키고 있는 것-五音 체계를 준수하는 것, 독자적인 배열을 제시하고 있는 것 등에 대한 여러 논의를 하였다.

조선 후기는 조선 전기에서 근대 계몽기와 현대로 넘어오는 중간 단계의 시기이다. 이 시기에 훈민정음에 대한 관심의 고조는 곧 도래할 근대 계몽기와 현대 시대에 훈민정음이 진정한 한 나라의 國字로 우뚝 서

게 만든 맹아였다. 그런 의미에서 조선 후기 연구자들이 보여준 훈민정음 연구의 다양한 양상은 문자 의식 중심의 국어학 연구가 전근대에서 근대로 가는데 있어 결코 간과될 수 없는 역사적 성격을 지니는 것과 동시에 국어학사의 관점에서 중요한 연구 성과들이라고 아니할 수 없다.

참고문헌

감　메(1932). "訓民正音의 글자의 모양과 벌림에 대하여." 「한글」5호.

姜吉云(1972). "訓民正音 創製의 當初目的에 대하여." 「국어국문학」55~57(합병호).

姜吉云(1992). 「訓民正音과 音韻體系」, 서울:螢雪出版社.

강만길(1977). "한글 창제의 역사적 의미." 「창작과비평」12.2 통권44호.

姜信沆(1958). "李朝中期國語學史試論." 「國語硏究」4.

姜信沆(1958). "申景濬의 基本的 國語學硏究態度." 「국어국문학」20.

姜信沆(1963). "訓民正音解例理論과 性理大全과의 聯關性." 「국어국문학」26.

姜信沆(1963). "燕山君 諺文禁壓에 대한 揷疑." 「震檀學報」24

姜信沆(1965). "申景濬." 「韓國의 人物像」4.

姜信沆(1967). "韓國語學史(上)." 「韓國文化史大系」V, 高麗大 民族文化硏究所.

姜信沆(1967). 「韻解訓民正音硏究」, 서울: 韓國硏究院.

姜信沆(1969). "韓國韻書에 대한 基礎的 硏究.", 「成大論文集」14.

姜信沆(1970). "韓國韻書硏究-三韻聲彙와 奎章全韻을 中心으로-" 「成大文學」(成均館大)15·16.

姜信沆(1973). 「四聲通解硏究」, 서울: 新雅社.

姜信沆(1979). 「國語學史」 서울:普成文化社.

姜信沆(1982). "李圭景의 言語·文字硏究." 「大東文化硏究」16(成均館大 大東文化硏究院).

姜信沆(1985). "國語學史의 諸問題 -國語學史의 記述方法-." 「國語學」14.

姜信沆(1986). "朝鮮後期 正音學者들의 正音觀." 「若泉金敏洙敎授華甲紀念論叢 國語學新硏究」 서울:塔出版社.

姜信沆(1986). "畫永編內 訓民正音 관계기사에 대하여." 「鳳竹軒朴鵬培博士回甲紀念論文集」.

姜信沆(1986). "實學時代學者들의 業績에 대하여." 「敎育論叢」1(成大敎育大學院).

姜信沆(1987). 「訓民正音硏究」, 서울:成均館大學校出版部.

姜信沆(1991). "黃胤錫과 皇極經世聲音唱和圖.", 「東方學志」71·72.

姜信沆(1993). "韻解(訓民正音韻海)와 申景濬." 「훈민정음과 국어학」(전남대 어학연구소).

姜信沆(1995). 「國語學史」(增補改訂版), 서울:普成文化社.

姜信沆(1996). 「訓民正音 硏究」(增補版), 서울:成均館大學校出版部.

康允浩(1965). "柳僖."「韓國의 人物像」4(서울 : 新丘文化社).

康允浩(1967). "19世紀初에 있어서 西洋人 宣敎師의 韓國語 硏究",「東亞文化」(啓明大) 1호.

康允浩(1969). "諺文志."「韓國의 名著」(서울: 玄岩社).

姜昶錫(1996). "훈민정음 연구 성과와 과제.",『光復 50週年 國學의 成果』(한국정신문화연구원).

高永根(1985).「國語學硏究史」, 서울:學硏社.

高永根·成光秀·沈在箕·洪宗善 편(1992).「國語學硏究百年史(Ⅰ~Ⅳ)」, 서울:一潮閣.

고영근(1995).「통일시대의 語文問題」, 서울: 도서출판 길벗.

高在變(1938). "諺文再認識論."「批判」6권 6호.

孔在錫(1967). "한글 古篆起源說에 대한 한 考察."「中國學報」6호.

孔在錫(1968). "한글古篆起源說의 根據가 되는 起一成文說."「우리문화」2.

權悳奎(1922). "朝鮮語文의 淵源과 그 成立."「東明」1호.

權悳奎(1923).「朝鮮語文經緯」, 광문사.

권재선(1986). "강위의 동문자모분해와 의정국문자모분해의 별서 고증.",「영남어문학」13.

권재선(1989).「간추린 국어학 발전사」, 대구:우골탑.

國語硏究會(1990).「國語硏究 어디까지 왔나」, 서울대 대학원.

김광익(1962). "우리 글자의 자모수와 자모 차례의 변천."「말과글」1호.

김동언(1985). "<훈민정음> 국역본의 번역 시기 문제."「한글」189호.

金武林(1990), "洪武正韻譯訓의 音韻論的 硏究", 高麗大 大學院(博士學位 論文)

金敏洙(1957). "訓民正音 解題."「한글」121.

金敏洙(1964).「新國語學史」, 서울:一潮閣.

金敏洙(1964). "柳僖의 傳記."「陶南趙潤濟博士回甲紀念論文集」(서울: 新雅社).

金敏洙(1967). "韓國語學史(下)."「韓國文化史大系」Ⅴ, 高麗大 民族文化硏究所.

金敏洙(1973).「國語政策論」, 서울: 高麗大出版部.

金敏洙(1980).「新國語學史(全訂版)」, 서울: 一潮閣.

金敏洙(1981). "姜瑋의 '東文字母分解'에 대하여."「國語學」10.

金敏洙(1987).「國語學史의 基本理解」, 서울:集文堂.

金敏洙(1990). "本院 所藏 稀貴資料 解題 -諺音捷考-."「정신문화연구」(13-1)통권38(한국정신문화
　　　　연구원).

김민수외(1997).「외국인의 한글 연구」, 서울:태학사.

김병제(1984). 「조선어학사」, 평양;과학,백과사전출판사.

김석득(1971). "한국 三大韻書의 言語學史的 의의." 「人文科學」(延世大 人文科學硏究所)24 · 25.

김석득(1972). "국어학 형성에 있어서 인문과학적 가치관(I)." 「인문과학」26.

金錫得(1972). "經世訓民正音圖說의 易理的 構造." 「東方學志」13.

金錫得(1973). "韓國語 硏究史에 나타난 東洋哲學." 「省谷論叢」4.

金錫得(1973). "權靖善의 音經을 통해본 국어학자의 의식구조 모색." 「人文科學」(延世大 人文科學硏究所)29.

金錫得(1975). "실학과 국어학의 전개-최석정(崔錫鼎)과 신경준(申景濬)과의 학문적 거리-.", 「東方學志」16.

김석득(1977). "국어학 연구의 사조사적 개관." 「나라사랑」26.

김석득(1979). 「韓國語硏究史(上.下)」, 서울:연세대출판부.

김석득(1983). 「우리말연구사」, 서울;정음문화사.

金錫得(1985). "國語學史의 諸問題-국어학사를 보는 시각-." 「國語學」14.

김선기(1969). "한글의 새로운 기원설." 「明知大論文集」3집.

김선재(1972). "국어학 형성에 있어서 인문과학적 가치관(Ⅱ)." 「인문과학」26.

김성규(1997). "최석정의 경세정운도설 1." 「문헌과 해석」1.

김성규(1998). "최석정의 경세정운도설 2." 「문헌과 해석」2.

김성규(1998). "『경세정운도설』에 대한 洪良浩의 서평." 「문헌과 해석」3

金永萬(1987). "訓民正音 字形의 原形과 生成體系 硏究." 「國語國文學論叢(張泰鎭博士 回甲紀念).

김영환(1987). "<해례>의 중세적 언어관." 「한글」198.

김영황(1956). "오주 리규경의 언어학 연구." 「어문연구」3.

金完鎭(1974). "世宗의 語文政策에 對한 硏究", 「省谷論叢」3.

金完鎭(1975). "訓民正音 子音字와 加劃의 原理." 「語學硏究」7 · 8합병호.

김완진(1979). "한국어의 연구 동향과 과제." 「한국의 민족문화」(한국정신문화연구원).

金完鎭(1983). "訓民正音 制字經緯에 대한 새 考察." 「김철준박사화갑기념 사학논총」.

金完鎭(1984). "訓民正音 創製에 관한 硏究." 「韓國文化」5(서울대).

김완진 · 안병희 · 이병근(1985). 「국어연구의 발자취(1)」, 서울대 출판부.

金允經(1929). "한글의 起源." 「別乾坤」4권7호.

金允經(1931). "諺文志에 대하여." 「學燈」14.

金允經(1932). "한글 起源 諸說."「한글」5호(1권5호).

金允經(1938).「朝鮮文字及語學史」, 京城; 朝鮮紀念圖書出版館.

金允經(1939). "柳僖."「朝鮮人名傳」2(京城:朝鮮日報社出版部).

김윤경(1963).「새로 지은 국어학사」, 서울:을유문화사.

金應模(1993).「國語移動自動詞 낱말밭」, 서광학술자료사.

金仁經(1986). "'화동정음통석운고'고(기이).",「東泉趙健相先生古稀紀念論叢」.

金鍾塤외(1986).「國語學史 論攷」, 서울:集文堂.

金智勇(1968). "經世訓民正音圖說."「人文科學」19.

김창근(1978). "한글과 훈민정음(訓民正音)."「부산교육」191(부산시교육국).

金鉉奎(1976). "訓民正音 字素體系의 修正."「韓國語文學3-朝鮮前期의 言語와 文學」, 서울:형설출
    판사

김현권(1991). "언어학사 기술과 인식론의 문제."「언어학연구사」, 서울대출판부.

金亨奎(1954).「國語學史(上)」, 서울: 白映社.

金亨奎(1955).「國語學史(下)」, 서울: 白映社.

김형주(1992).「국어학사」, 대구 :형설출판사.

도수희(1992). "정동유의 언어관."「춘강유재영박사화갑기념논총」, 이회문화사.

도수희(1992). "유희의「諺文志」에 대하여."「훈민정음과 국어학」(전남대 어학연구소).

민족문학사연구소 한문학분과 옮김(1997),「18세기 조선 인물지-병세재언록-」, 서울: 창작과 비평
    사.

朴炳采(1967). "韓國 文字 發達史."「韓國文化史大系」5.

朴炳采(1972). "論著를 통해 본 國語學 研究史.",「民族文化研究」6.

朴炳采(1976). "國語學", 韓國文化史大系Ⅱ:學術·思想·宗敎史, 高麗大 民族文化研究所.

박병채(1989).「국어발달사」, 서울:世英社.

박수영譯(1992).「언어학의 사상사」, 서울:이목.

박종국(1994).「국어학사」, 서울: 문지사.

박지홍(1963). "국어학사의 시대구분고."「부산교대연구보고」2-1(부산교육대학).

박지홍(1984).「풀이한 훈민정음」, 서울: 과학사.

朴泰權(1959). "柳僖의 語學史的 位置."「釜山大學校文理大學報」2.

朴泰權(1970). "황윤석의 어학설에 대하여."「한글」146.

朴泰權(1976). "유희의 어학사적 위치(개고)." 서울: 샘문화사.

朴泰權(1976). 「國語學史 論考」. 서울: 샘문화사.

方鍾鉉(1948). 「訓民正音通史」, 서울:一成堂書店.

方鍾鉉(1954). "訓蒙字會攷", 「東方學志」1.

方鍾鉉(1963). 「一蓑國語學論集」, 서울:民衆書館.

배윤덕(1990). "최석정의 경세정운 연구-운섭도와 관련하여-" 「국어국문학」104.

배윤덕(1991). "崔錫鼎의 「經世正韻」 연구." 「東方學志」71·72.

배윤덕(1994). "柳僖의 諺文志 研究-四聲通解·訓蒙字會와 관련하여-." 「우리말 연구의 샘터-도수
　　　희선생화갑기념논총-」.

배윤덕(1995). "최석정의 경세정운 연구-외내사섭부터 외내팔섭까지-." 「국어국문학」114.

배윤덕(1997). "黃胤錫의 理藪新編 연구 -四聲通解와 관련하여-.", 「東方學志」97.

배현숙(1991). "북한의 국어학사 연구사." 「북한의 조선어 연구사1」, 서울:녹진.

徐炳國(1973). 「新講國語學史」, 서울:형설출판사/학문사.

서병국(1978). "조선후기 국어 연구의 회고와 전망.", 한국어문학총서Ⅳ,서울:형설출판사.

徐炳國(1982). 「大學國語學史」, 학문사.

徐鍾學(1990). "文獻 및 註釋."「國語研究 어디까지 왔나」(서울大學校 大學院 國語研究會編), 서울:
　　　東亞出版社.

신정아(1961). "유희와 《諺文志》.", 「말과글」4.

沈在箕(1992). "國語學史 敍述의 變遷.", 「國語學研究百年史」 서울:一潮閣

안병희(1973). "석범언음첩고 저자고." 「국학자료」7.

안병희(1990). "훈민정음의 제자원리에 대하여." 「姜信沆教授回甲紀念 國語學論文集」

安秉禧(1985). "訓民正音 使用에 관한 歷史的 研究." 「東方學志」46·47·48.

安自山(1922). "朝鮮語原論.", 朝鮮文學史(全) 附篇一 朝鮮語學史, 韓一書店.

安自山(1938). "諺文名稱論", 「正音」26호(朝鮮語學研究會).

安春根(1973). "石帆 音韻(諺音) 捷考 著者考." 「국학자료」7.

俞昌均(1959). 「國語學史」, 서울:英文社.

俞昌均·姜信沆(1961). 「國語學史」, 서울:民衆書舘.

俞昌均(1965). "東國正韻 研究." 「震檀學報」28호.

俞昌均(1966). "象形而字倣古篆에 대하여." 「震檀學報」 29·30합집.유창균

유창균(1968). "국어학사의 개념 규정에 대하여." 「행정이상헌선생 회갑기념논문집」

兪昌均(1969). 「新稿國語學史」, 서울:螢雪出版社.

유창균(1974). "《한글갈》, 국어학사.", 「나라사랑」14.

유창균(1988). "국어학사 시대 구분에 대한 관견.", 「동양문화」6 · 7(영남대).

유창균(1989). "皇極經世書가 國語學에 끼친 影響.", 「石堂論叢」제15집(東亞大).

兪昌均(1995). 「國語學史」, 서울:螢雪出版社.

劉昌惇(1958). "諺文志箋註." 「新興大學 論文集」Ⅰ.

劉昌惇(1958). "諺文志註解." 서울: 新丘文化社.

兪昌植(1958). "琴 晩寓齊의 한글 學說.", 「國語國文學研究」(대구청구대학교).

李光麟(1976). "姜瑋의 人物과 思想." 「東方學志」17.

李光麟(1978). "「姜瑋全集」 解題." 「姜瑋全集」(서울: 亞細亞文化社).

李光麟(1979). 「韓國開化思想研究」, 서울: 一潮閣.

이광정(1991), "근대 문법의 수용과 전개, 근대전환기의 언어와 문학, 고려대 민족문화연구소.

李基文(1971). 「訓蒙字會研究」, 서울대출판부.

이기문(1972). "「국어학 연구사와 앞으로의 과제." 「민족문화연구」6.

李基文(1976). "最近의 訓民正音研究에서 提起된 몇 問題.", 「震檀學報」42.

이근수(1979). 「조선조의 어문정책 연구」, 서울: 개문사.

이근수(1987). 「조선조의 어문정책 연구(개정판)」, 서울: 홍익대 출판부.

이근수(1995). 「훈민정음신연구」, 서울:보고사.

이근수(1997). 「훈민정음신연구(개정판)」, 서울:보고사.

李敦柱(1977). "華東正音通釋韻考의 俗音字에 대하여.". 「李崇寧先生古稀紀念國語學論叢」.

이돈주(1992). "최세진과 그의 학문적 업적." 「훈민정음과 국어학」(전남대 어학연구소).

李東林(1980). "諺文과 訓民正音의 관계." 「연암현평효박사회갑기념논총」

李萬珪(1937). "柳僖先生略傳." 「한글」5-1.

이만성(1981). "언문지의 자모." 충주공전논문집 14-1.

이미숙(1984). "국어학사 시대 구분 문제." 「논문집」(경기대 대학원).

李秉根(1986). "國語辭典 編纂의 歷史." 「국어생활」7.

李秉根(1988). "'訓民正音'의 初 · 終聲 體系." 「훈민정음의 이해」, 서울:한신문화사.

李秉根(1992). "近代國語 時期의 語彙整理와 辭典的 展開." 「震檀學報」74호.

李秉根(1995). "《芝峰類說》의 國語學史上의 性格.", 「大東文化硏究」第30輯(成均館大 大東文化硏究院).

이상혁(1996ㄱ). "崔世珍의 사회적 위치에 대한 국어학사적 의의." 「韓國語學」(가을호)4.

이상혁(1996ㄴ). "국어학사의 서술과 관련된 몇가지 문제.", 「어문논집」(고려대)35.

이상혁(1997ㄱ). "실학 시대 국어 의식의 흐름-당대 연구자들의 자모 배열 인식을 중심으로-, 고려대 민족문화연구소 발표문.

이상혁(1997ㄴ). "우리말글의 명칭의 역사적 변천과 그 의미." 「한국어학의 이해와 전망」(一菴金應模敎授華甲紀念論叢).

이상혁(1998). "언문과 국어의식", 「국어국문학」121.

이상혁(1999). "문자 통용과 관련된 문자 의식의 통시적 변천 양상.", 「한국어학」10.

이상혁(2000). "訓民正音解例 <用字例> 분석." 「21세기 국어학의 과제」, 서울:도서출판 월인.

이상혁(2002). "국어학사의 관점에서 바라본 柳僖의 언어관." 「韓國學論集」36(한양대 한국학연구소).

이상혁(2002). " 조선 후기 국어 연구자들의 종성 의식에 대하여." 「우리어문연구」19.

이상혁(2003). " 훈민정음의 창제 목적에 대한 인문학적 시론(試論)과 15세기 언어관." 「國語學의 새로운 照明」, 도서출판: 亦樂.

이숭녕(1948). 「조선어음운론연구 제 1집 . 음고」(조선문화총서 제7집), 서울:을유문화사.

李崇寧(1956). "國語學史." 「思想界」 34~41호.

李崇寧(1965). "崔世珍硏究", 「亞細亞學報」1.

李崇寧(1970). "〈皇極經世書〉의 李朝後期 言語硏究에의 影響." 「震檀學報」33.

李崇寧(1976). 「革新國語學史」, 서울: 博英社(博英文庫101).

이숭녕(1986). "「말」과 「말씀」의 의미 식별에 대하여" 동천 조건상선생 고희기념논문집.

李佑成(1976). "朝鮮王朝의 訓民政策과 正音의 機能." 「震檀學報」42.

이 탁(1940). "언문지(강의대본)." 조선어학회.

이현희(1992). "북한의 국어사 및 국어학사 연구." 「어학연구」28-3.

李賢熙(1996). "國語學史 硏究 50년(1945~1995)", 『光復 50週年 國學의 成果』(한국정신문화연구원).

李熙昇(1937). "諺文志解題", 「한글」5-1.

임기중(1993). 「우리의 옛노래」. 「현암신서」90.

임용기(1995). "한결 선생의 「조선 문자사」연구에 대하여.", 「東方學志」89·90.

林榮澤(1997). "이규상과 『병세재언록』", 「18세기 조선 인물지」, 서울:창작과비평사.

任桓宰 譯(1984). 「言語學史」, 서울;經文社.

장향실(1998). "翁齋 李思質의 訓音宗編考." 안암어문학회 겨울발표회 발표문.

전성기(1996). 「메타 언어, 언어학, 메타언어학」, 고려대 출판부.

정경일(1984). 「奎章全韻 硏究」, 高麗大 碩士學位論文.

鄭卿一(1989). 「華東正音通釋韻考 漢字音聲母硏究」, 高麗大 博士學位論文.

鄭卿一(1990). "「華東正音」의 성격과 초성체계에 대하여.", 「語文論集」29(高麗大).

정 광(1981). "The Hunmin Chungum and the Cause of King Sejong's Language Policy.", 「덕성여대 논문집」10.

정 광(1992). "근대국어 연구에 대한 반성과 새로운 연구 방법의 모색." 「語文論集」(高麗大)31.

정 광·김완진·장소원(1997). 「국어학사」, 서울:한국방송통신대출판부.

鄭尙均(1986). 「韓國中世詩文學史硏究」, 서울:翰信文化社.

정순기(1988). "공화국의 기치밑에 언어학연구분야에서 이룩한 빛나는 성과." 「조선어문」3.

趙健相(1978). 「해설역주 諺文志」, 서울,대구: 螢雪出版社.

최범훈(1982). "국어사, 국어학사, 현대국어(방언학 포함): 해방 이후 새로운 자료 발굴, 편찬, 주석, 간행." 「국어국문학」88.

최현배(1940). 「한글갈(正音學)」 서울:정음문화사.

최현배(1961). 「고친 한글갈」 서울:정음문화사.

한 결(1938). "諺文志에 나타난 柳僖 先生의 學說." 「한글」54(6-3).

허 웅(1974). "국어학, 어디까지 와 있나." 「나라사랑」14.

허 웅(1974). "한글과 민족문화." 세종대왕기념사업회.

허 웅(1979). "국어학의 학보." 「우리 말과 글에 쏟아진 사랑」, 문성출판사.

黃希榮(1974). "華東正音通釋韻考", 「韓國學」2.

황희영(1977). "국어학 연구의 현황." 「나라사랑」26.

洪起文(1946). 「正音發達史」上下, 京城: 서울신문社出版局.

小倉進平(1920). 「朝鮮語學史」, 京城:大阪屋號書店.

小倉進平(1940). 「增訂 朝鮮語學史」, 東京: 刀江書院.

小倉進平(1968). 「增訂補注 朝鮮語學史」, 東京: 刀江書院.

伊藤英人(1995). “申景濬의『韻解訓民正音』에 대하여.「國語學」25.

Milka Ivić(1965), Trendsin Linguistics, Janua Linguarum, Series minor, Nr.XLII, The Hague.

Milka Ivić(1975), Wege der Sprachwissenschaft, Müchen:Max Hueber Verlag.

Robins(1979), A Short History of Linguistics, London:Longman.

어 휘

저 · 자 · 소 · 개

이상혁

서울 출생

서울 중앙고등학교 졸업(1986)
고려대학교 문과대학 국어국문학과 졸업(1990)
동 대학원 국어국문학과 문학석사(1992)
동 대학원 국어국문학과 문학박사(1999)
고려대, 성신여대, 홍익대, 한성대, 경기대, 동서울대 강사 역임.
고려대 민족문화연구원 국어사전편찬실 선임 연구원 역임(2003)
현 고려대, 성신여대 강사.
현 서울대학교 인문학연구원 연구원

주요논저

훈민정음의 창제 목적에 대한 인문학적 시론(試論)과 15세기 언어관.
「國語學의 새로운 조명」, 서울: 도서출판 亦樂 외 20여 편의 논문이 있음.

조선 후기 훈민정음 연구의 역사적 변천

인 쇄 2004년 2월 10일
발 행 2004년 2월 15일
저 자 이 상 혁
펴낸이 이 대 현
편 집 이태곤 안현진 권분옥 박윤정
펴낸곳 도서출판 **역락** / 서울 성동구 성수2가 3동 301-80
     (주)지시코 별관 3층(우133-835)
전 화 3409-2058(대표) 3409-2060(편집부) FAX 3409-2059
이메일 yk3888@kornet.net / youkrack@hanmail.net
등 록 1999년 4월 19일 제2-2803호

정 가 15,000원

ISBN 89-5556-311-6-93710
* 잘못된 책은 교환해 드립니다.